50 Jahre Zukunft

Der Weg vom Regensburger Siemens Bauelementewerk
zum Innovationsstandort der Infineon Technologies AG

Herausgeber: Gerd Otto · Kurt Rümmele · Hermann Jacobs

Verlag Friedrich Pustet

Bibliografische Information der Deutschen Nationalbibliothek

Die Deutsche Nationalbibliothek verzeichnet diese Publikation
in der Deutschen Nationalbibliografie; detaillierte bibliografische
Daten sind im Internet über http://dnb.d-nb.de abrufbar.

www.pustet.de

ISBN 978-3-7917-2235-1
© 2009 by Verlag Friedrich Pustet, Regensburg
Buch- und Einbandgestaltung: grafica – Astrid Riege, Regensburg
Druck und Bindung: Friedrich Pustet, Regensburg
Printed in Germany 2009

Inhalt

Vorwort 7
Von Gerd Otto, Kurt Rümmele, Dr. Hermann Jacobs

Daheim verwurzelt und dennoch in der Welt zu Hause 9
Von Gerd Otto

Meilensteine des Standorts Regensburg West 14

„Im Flug" zu neuen Ufern: Professor Mühlbauer entdeckt den Westen 18
Von Gerd Otto

Ausbildung gestern und heute 20
Von Christian Hoferer, Günter Kirchberger, Karl-Heinz Matz, Klaus Streer

Schon bald war klar: „Da gehen wir hin!" 30
Von Gerd Otto

Die Rolle der Meister an den Nahtstellen des Betriebs 32
Von Gerd Otto

Lärm, Schmutz und große Hitze: Keine Reinraum-Bedingungen! 34
Von Gerd Otto

Der MESA-Transistor und die Tunesierinnen 37
Von Gerd Otto

Im Wandel der Zeit: Passive elektronische Bauelemente aus Regensburg 39
Von Jürgen Pütz

MKL-Kondensatoren – die Zuverlässigkeits-Profis für die Kommunikations- und Raumfahrttechnik 42
Von Dr. Walter Böld

MK-Schichtkondensatoren – ein Massenprodukt für die Elektronik 45
Von Hartmut Keßler

Die Absorberhalle – ein Meilenstein für den Funkschutz 48
Von Eberhard Ristig

Der Weg zur ersten „Waferfab": Halbleiter-Technologie ab 1965 51
Von Walter E. Hupf

„Die Autobahn dorthin ist ja auch noch nicht fertig!" 55
Von Gerd Otto

Backend – eine Erfolgsgeschichte im Halbleiter-Werk Regensburg 61
Von Klaus Obermeier

Solartechnik in Regensburg war ein Versuch … 65
Von Gerd Otto

Optohalbleiter: Von der Fotodiode über die LED zum Halbleiter-Laser 67
Von Dr. Werner Späth, Dr. Norbert Stath, Dr. Klaus Panzer, Johann Luft, Hans-Ludwig Althaus

Burgweinting auch in Zukunft Kompetenz-Zentrum für LED 82
Von Gerd Otto

Der 1M-Transfer von Japan nach Regensburg 85
Von Professor Dr. Helmut Hummel, Professor Dr. Ernst Wild, Professor Dr. Alfred Lechner

„Lieber konzentriert arbeiten
und dann mehrere Tage hintereinander frei machen" 89
Von Gerd Otto

Modische Zeitreise durch fünf Jahrzehnte:
Von der Kittelschürze zum Reinraumanzug 92
Von Barbara Zierer

Architektur im Einklang mit dem Qualitätsbegriff des Unternehmens 96
Von Gerd Otto

„Siemens war immer ein ganz besonderer Mosaikstein" 98
Von Gerd Otto

Wie man sich als Handwerksbetrieb an den Standard der Industrie anpasst.
Beispiel: Die Spenglerei Jakob Zirngibl 100
Von Angelika Zirngibl

Vom Pförtner zum Werkschützer – der Werkschutz im Wandel der Zeit 102
Von Alois Grabsch

„Als Menschen noch entschieden, nicht nur Gremien" 105
Von Gerd Otto

Technoplast als Zulieferer für die Halbleiter-Industrie seit den 80er Jahren 106
Von Katharina Lenz

Der Reinraum – das Allerheiligste der Mikroelektronik-Produktion 109
Von Lodevicus Hermans

Paradigmenwandel in der Arbeitsmedizin 116
Von Dr. Michael Stein

Heiße Diskussionen um „Die dreckige Arbeit am sauberen Chip" 118
Von Gerd Otto

Gemeinschaftserlebnis beim Rama dama-Frühjahrsputz 122
Von Alois Grabsch

Von VV über 3i zu Yip 123
Von Artur Meller

Gründung der Infineon Technologies AG – kein Aprilscherz des Jahres 1999 124
Von Gerd Otto

Gegenwart und Aufbruch in die Zukunft 127
Von Dr. Hermann Jacobs

Mitarbeiter-Weiterbildung und -Qualifizierung 134
Von Erika Bauer und Georg Forster

20 Millionen E-Mails pro Woche 137
Von Gottfried Schmid

Zwei Erfolgsgeschichten: 50 Jahre Siemens/Infineon –
50 Jahre Ingenieurausbildung an der Hochschule Regensburg 139
Von Professor Dr. Josef Eckstein und Professor Hanns Georg Hofhansel

Infineon und die Universität Regensburg – mehr als nur ein Zweckbündnis 142
Von Professor Dr. Thomas Strothotte

Schulpartnerschaft mit der Beruflichen Oberschule Regensburg –
mehr als eine Schein-Ehe 144
Von Karl-Heinz Kirchberger und Sabine Schmitt

Zukunftssicherung durch Innovation und Entwicklung 146
Von Bernd Römer, Gottfried Beer, Bernd Waidhas, Thorsten Meyer,
Reinhard Hess, Dr. Gunther Mackh

Innovationstreiber Chipkarten-Gehäuse 156
Von Peter Stampka

Industrialisierung in Regensburg am Beispiel des Infineon-Standorts 162
Von Dieter Daminger

50 Jahre Standort Regensburg 167
Von Dr. Reinhard Ploss

Autoren und Bildnachweis 168

Vorwort

Seit zehn Jahren strahlt das Logo der Infineon Technologies AG über dem Industriestandort im Westen der Stadt. Vor exakt 25 Jahren begann mit dem MEGA-Chip-Projekt nicht nur für Regensburg und den Siemens-Konzern eine neue Ära. Gestartet wurde freilich schon vor einem halben Jahrhundert, als Siemens auf dem ehemaligen Messerschmitt-Gelände ein Bauelementewerk errichtete.

Für die Verantwortlichen von Infineon Regensburg bestand also ein dreifacher Anlass, das Jahr 2009 zu einem Rückblick der besonderen Art zu nutzen. Von Anfang an war klar, diese Jubiläen nicht in der Form einer Festschrift abzufeiern. Vielmehr wollten wir, die Herausgeber und das gesamte Projektteam, diese 50 Jahre weniger aus dem Blickwinkel der Vorstandsetage eines Konzerns, sondern vor allem aus Sicht eines Standorts und der hier arbeitenden Menschen beschreiben, um damit auch ein Stück Regensburger Wirtschaftsgeschichte zu vermitteln. Schließlich zieht sich durch die gesamte Ära wie ein roter Faden der feste Wille der Oberpfälzer, sich den Herausforderungen zu stellen und nicht locker zu lassen, ehe das Ziel erreicht ist! Dies war vor 50 Jahren nicht anders als heute. Das Spannungsfeld zwischen den Anforderungen globalisierter Märkte und dem Willen der Menschen, ihre Wurzeln nicht zu verleugnen, ist inzwischen noch intensiver geworden.

Dank gebührt deshalb vor allem einer Vielzahl von aktiven wie ehemaligen Mitarbeitern der Unternehmen Siemens, Osram und Infineon. Stellvertretend sei hier der Betriebsratsvorsitzende Gerd Schmidt genannt. In den Arbeitsgruppen, die sich den unterschiedlichsten Perioden der Werksgeschichte widmeten, engagierten sich zudem Persönlichkeiten wie Dr. Leonhard Ochs (passive Bauelemente), Dr. Werner Späth (Opto Halbleiter) oder Professor Dr. Helmut Hummel, der zu MEGA-Zeiten eine Menge „Exotik" erlebte und davon zu erzählen weiß. Aber auch und gerade bei den aktiven Infineon-Mitarbeitern möchten wir uns sehr herzlich bedanken, die sich nicht scheuen, mit ganz konkreten Erinnerungen und Bekenntnissen zur Vielfalt dieses Buches beizutragen.

Als sehr angenehm empfanden die Herausgeber die Zusammenarbeit mit Verleger Fritz Pustet und der für die grafische Gestaltung dieses Buches verantwortlichen Designerin Astrid Riege. Herzlichen Dank!

Und dann vor allem Barbara Zierer und Georg Forster: Ohne dieses unermüdliche Kommunikations-Duo bei Infineon hätten wir das Ziel wohl kaum geschafft – jedenfalls nicht rechtzeitig!

Und so können wir uns allen nur eines wünschen: Noch weitere „50 Jahre Zukunft" – dann wären auch die ersten nicht umsonst gewesen.

Gerd Otto   Kurt Rümmele   Dr. Hermann Jacobs

▲ Der ehemalige Messerschmitt-Hangar im Jahr 1959

Daheim verwurzelt und dennoch in der Welt zu Hause

Von Gerd Otto

Etwa hundert der inzwischen über 160 Jahre hatte Siemens die Stadt an der Donau mehr oder weniger links liegen gelassen. Dann aber spielte Regensburg durchaus eine bemerkenswerte Rolle. Einige Erfolgsgeschichten dieses Konzerns haben hier ihren Anfang genommen.

Die „Siemens-Familie" ist jedenfalls ein gutes Beispiel dafür, wie sehr man im Heimatmarkt verwurzelt sein muss, um letztlich in der Welt erfolgreich sein zu können. Von den derzeit rund 400.000 Mitarbeitern der Siemens AG mit ihren ebenfalls kräftigen Wurzeln in der ostbayerischen Region macht die deutsche Belegschaft immerhin 126.000 aus, auch wenn Siemens seine innovativen Techniken und sein Know-how in 190 Ländern anbietet. Ähnliches gilt für den einstigen Halbleiter-Bereich, der heute als Infineon Technologies AG auf sich selbst gestellt agieren muss.

Wo also BMW, Siemens, Infineon, Osram, Maschinenfabrik Reinhausen, die Krones AG und andere Unternehmen internationalen Zuschnitts tätig sind, dort sollte man besonders wachsam auf die Balance zwischen Großunternehmen sowie kleinen und mittleren Betrieben achten. Und dem eigenen Potential mehr Bedeutung beimessen! Denn wer verwurzelt ist daheim und dennoch in der Welt zu Hause, der erst bringt uns voran. Wir brauchen beide Perspektiven. Und das war letztlich schon immer so. Mit diesem

> 1911 war Siemens zum ersten Mal in Regensburg mit einem „Bureau" vertreten.

„Wir"-Gefühl sind über Jahrzehnte hinweg auch die Konzerne sehr gut gefahren. Schließlich begann alles einmal sehr klein. Jeder war mal Mittelständler. Bei Werner von Siemens, dem Firmengründer, reichten 6842 Taler seines Vetters Johann Georg, mit denen sich dieser an der „Telegraphen-Bau-Anstalt von Siemens&Halske" beteiligte, um starten zu können. Und dies sogleich sehr international! Schon Mitte des 19. Jahrhunderts entstanden Niederlassungen in Großbritannien, Russland und Österreich, aber auch die Anfänge des Japan-Geschäfts von Siemens reichen bis in diese Zeit zurück. 1879 wurde in Shanghai der erste Stromgenerator Chinas von Siemens&Halske installiert. Zeitweilig waren damals mehr Siemens-Mitarbeiter im Ausland tätig als in Preußen, wo alles in einer unscheinbaren Hinterhofwerkstatt begonnen hatte. Kurz vor der Jahrhundertwende legte sich das Familienunternehmen die Rechtsform einer Aktiengesellschaft zu.

Das war auch jene Zeit, in der vor dem Hintergrund der vielzitierten industriellen Revolution Regensburg einen beachtlichen Aufschwung nahm. Am einstigen Sitz des Immerwährenden Reichstags lebten 1840 knapp 19.000 Menschen, siebzig Jahre später waren es immerhin mehr als 52.600 Einwohner. Recht spät entwickelten sich hier Industrie und Gewerbe, doch: Zwischen 1903 und 1913 stieg die Zahl der Unternehmen von 680 auf 1379 Betriebe mit fast 9000 Beschäf-

▲ Siemens Installationswerk An der Irler Höhe (ehemaliges Heeresnebenzeugamt) in den 50er Jahren

tigten! Dieser Wirtschaftsboom war auch für Siemens das Signal, sich in der Domstadt anzusiedeln, freilich in einem recht bescheidenen Umfang. Das am 1. Januar 1911 eröffnete „Technische Bureau" am Kornmarkt war den Verantwortlichen der Siemens-Schuckert-Werke GmbH mit Sitz in Nürnberg nur ein Zwei-Mann-Team wert: Der Regensburger Ingenieur Keller betreute mit lediglich einem Mitarbeiter von hier aus die gesamte Oberpfalz, in Regensburg etwa das Elektrizitätswerk oder die städtische Straßenbahn.

Und sehr selbstständig durften die beiden Regensburger offenbar auch nicht auftreten. Jedenfalls legte das Hauptbureau in Nürnberg großen Wert darauf, von jedem Zahlungseingang „unter Bekanntgabe der erforderlichen Einzelheiten einer ordnungsgemäßen Empfangsbestätigung" unterrichtet zu werden. Kein Wunder, dass unter diesen Bedingungen das Technische Bureau noch vor Ausbruch des Ersten Weltkriegs wieder geschlossen wurde. Der zweite Anlauf von Siemens, in der Stadt an der Donau Fuß zu fassen, war nicht minder erfolglos. Die Weltwirtschaftskrise der 20er Jahre erstickte manch hoffnungsvollen Ansatz. Erst einige Jahre später wurde es besser, der Umzug in ein größeres Gebäude an der Bahnhofstraße machte dies auch nach außen sichtbar. Die heutige Siemens-Niederlassung beschäftigt im Regensburger Gewerbepark mehr als 270 Mitarbeiter.

Zu einem wirklichen Siemens-Standort entwickelte sich Regensburg aber erst als Folge der geopolitischen Veränderungen des II. Weltkriegs, als die Siemens&Halske AG nach und nach wesentliche Teile der am Stammsitz Berlin vorhandenen Produktion zu verlagern begann. Beispiel: Die Fertigung von Installationsmaterial wurde 1940 im „Installationsgerätewerk Hof" konzentriert, wo man drei Jahre später bereits an die 3400 Mitarbeiter beschäftigte! Als dieser oberfränkische Standort im Gefolge der Teilung Deutschlands von seinem thüringischen und sächsischen Hinterland abgeschnitten war, musste sich Siemens nach einer Alternative umsehen: Die Wahl fiel auf Regensburg!

Ebenso wie zehn Jahre später im Westen Regensburgs konnte die Stadt auch 1948/49 mit einer besonderen Trumpfkarte aufwarten. Die Gebäude des ehemaligen Heeresnebenzeugamtes An der Irler Höhe – also im Osten – waren zwar zum Teil zerstört, dennoch offenbar gut geeignet, um hier das Installationsgerätewerk (IW) Regensburg in Betrieb zu nehmen. Wie richtig die Entscheidung zugunsten Regensburgs war, sollte sich in den folgenden Jahren zeigen. Hier konnte das Unternehmen nicht nur zusätzliche Flächen erwerben, als viel wichtiger erwies sich das Mitarbeiter-Potential. Nur so war es möglich, die technologischen Herausforderungen ebenso zu bewältigen, wie es dem Regensburger Gerätewerk – etwa in der Ära von Standortleiter Günter Seip – auch gelang, von der Donau aus dieses immer internationaler aufgestellte Geschäftsgebiet „Installationstechnik" zu lenken.

Ende der 90er Jahre waren von den insgesamt 6500 Mitarbeitern, die Installationsgeräte und -systeme erstellten, allein 2000 „Siemensianer" im Osten Regensburgs tätig. 90 Millionen Produkteinheiten verließen damals jährlich das Gerätewerk, wobei es sich um 8000 Typen für die unterschiedlichsten Anwendungen handelte. Ob in Wohnhäusern oder Industrieanlagen, in Krankenhäusern, Hotels oder Bankgebäuden, überall – so die Installationstechniker – „ist Siemens drin". Heute gehört man mit rund 1350 Mitarbeitern zum Industriesektor der Siemens AG, exakt zur Division Building Technology als Geschäftsbereich Electrical Installation Technology.

Besonders stolz war man auf eigene Entwicklungen wie das Steuerbussystem „instabus EIB", mit dem die steigenden Anforderungen des Marktes in Bezug auf Sicherheit, Wirtschaftlichkeit, Umweltschutz und Komfort bewältigt werden konnten. Diesem „instabus" verdanken wir es, dass man auf dem Nachhauseweg vom Skifahren schon von unterwegs aus für die richtige Temperatur daheim sorgen kann – auf Knopfdruck quasi. Da nimmt es nicht wunder, dass dieser Siemens-Standort immer dann gefragt war,

Dr. Ralf Jetzfellner
Nach vier Jahren bei Siemens/Infineon in München wechselte ich 2003 nach Regensburg, um neue Aufgaben im Backend zu übernehmen. Manche sagten: „ein Schritt von der Millionenstadt in die Provinz". Ich aber habe es weder beruflich noch privat je bereut. Regensburg hat seinen ganz eigenen Reiz und bietet eine hohe Lebensqualität, welche ich andernorts so nicht finden würde.

▲ Der Kasten des Zeigertelegraphen von 1847 aus glänzendem Messing und lackiertem Holz war eine Wiege des Informationszeitalters.

wenn es darum ging, sich innerhalb des Konzerns neuen Herausforderungen zu stellen. „Diese Herausforderungen nehmen wir gerne an", so CEO Godehardt Schneider anlässlich des 60-jährigen Standortjubiläums, das im Juni 2008 bei der „Elektrischen Installationstechnik" mit Mitarbeitern und Gästen gebührend gefeiert wurde.

Es war natürlich kein Zufall, dass auch der Bereich Automobiltechnik innerhalb des Siemens-Konzerns seinen Ursprung im Gerätewerk Regensburg hatte. Seit 1981 als Geschäftsgebiet „Steuer-, Regel- und Informationssystem" bezeichnet, avancierte dieser Sektor 1989 zum Unternehmensbereich „Automobiltechnik" mit weltweiter Bedeutung. Der anhaltende Siegeszug der Elektronik im Automobil brachte speziell in den 90er Jahren einen rasanten Umsatzanstieg mit sich. Als die Siemens AG im Jahre 1997 ihren 150. Geburtstag begehen konnte, waren in der Automobiltechnik des Konzerns weltweit bereits 18.000 Mitarbeiter tätig, davon in der Zentrale Regensburg immerhin 2600.

Im Jahr 2001 kam es zur Fusion der Siemens Automotive AG mit dem Traditionsunternehmen VDO, so dass von Regensburg aus damals weit über 50.000 weltweit tätige Mitarbeiter geführt wurden. Kurz nach dem Börsengang im Frühjahr 2007 erwarb die Continental AG mit Sitz in Hannover die Siemens-Tochter für einen Kaufpreis von 11,4 Milliarden Euro. Inzwischen verfügt die Schaeffler-Gruppe in Herzogenaurach über die Aktienmehrheit. Unabhängig davon wird am Standort Regensburg mit hoher Intensität und Professionalität weiter geforscht, was 2005 zum Beispiel durch die Verleihung des Deutschen Zukunftspreises an Dr. Klaus Egger und Professor Dr. Hans Meixner von Siemens VDO zum Ausdruck kam – ein Beweis für die hohe Innovationskraft der Regensburger.

Gerade der zweite Meilenstein, den Siemens im Westen der Donau-Stadt Ende der 50er Jahre setzte, ist dafür ein besonders treffendes Beispiel. 1959, als der Elektrokonzern Siemens&Halske einen völlig neuen Standort für den Bereich Bauelemente suchte, kam die vorausschauende Flächenpolitik des gebürtigen Regensburgers, Professor Eduard Mühlbauer, ebenso zum Tragen wie mehr als zwei Jahrzehnte später, als man mit dem MEGA-Chipwerk einen wahren „Quantensprung" in die Halbleitertechnologie wagte! In beiden Fällen zeigte es sich, wie wichtig es ist, wenn ein Unternehmen kurzfristig die nötigen Flächen für einen Produktionsstandort bereitstellen kann. Nicht minder bedeutsam freilich erweist es sich immer wieder, das nötige Knowhow liefern zu können, also eine qualifizierte Belegschaft.

Wurden hier anfangs nur passive Bauelemente wie Kondensatoren und Widerstände hergestellt, so kam es Mitte der 60er Jahre zu einer Erweiterung um Halbleiter wie Dioden und Transistoren. Aus der Hangar-Ära, die an diesem Regensburger Standort mit dem Namen des Flugpioniers Messerschmitt verbunden war, wurde 1965 die MESA-Periode, benannt nach jenen Transistoren, deren Montage man damals endgültig von München nach Regensburg verlagerte. Die Belegschaft – gestartet wurde am 17. Dezember 1959 mit exakt 17 Arbeiterinnen – hatte sich zehn Jahre später auf 4500 Beschäftigte erhöht. Kurz darauf erweiterte der Standort seine Fertigung bereits um optoelektronische Halbleiter, woraus später die Osram Opto Semiconductors GmbH hervorgehen sollte.

Was Mitte der 70er Jahre am Standort Regensburg begann, ist längst zu einer weltweit beachteten Technologie geworden, die auch heute noch von hier aus ihre führende Position permanent ausbaut: Für die Entwicklung etwa der Dünnfilm-Chiptechnik wurde das Team von Osram Opto Semiconductors mit Dr. Klaus Streubel und Dr. Stefan Illek an der Spitze 2008 mit dem Deutschen Zukunftspreis des Bundespräsidenten ausgezeichnet! Die heute hundertprozentige Tochter des Lichtherstellers Osram, als Teil des Siemens-Sektors Industrie, wäre ohne den Standort Regensburg West undenkbar. Hier hatte alles begonnen, was sich heute im Ortsteil Burgweinting so strahlend präsentiert. Regensburg vereint alle Funktionen des Unternehmens und bietet ideale Voraussetzungen für mehr Forschung und Entwicklung. Die Fertigung erfolgt außer am Oberpfälzer Standort mit seinen derzeit 1730 Mitarbeitern auch in Penang (Malaysia), die Nordamerika-Zentrale befindet sich in Santa Clara (USA), das Asien-Headquarter in Hongkong.

> SIEMENS SETZTE SICH DAS ZIEL, INNERHALB KÜRZESTER ZEIT HOCHINTEGRIERTE SCHALTUNGEN MIT EINER SPEICHERKAPAZITÄT VON 1 MEGABIT ZU ENTWICKELN UND AUF DEN MARKT ZU BRINGEN.

Dass die Regensburger es immer wieder schafften, auch auf noch so schnelle Entscheidungen der Vorstandsebene positiv zu reagieren und diese Herausforderungen letztlich auch zu meistern, diese Fähigkeit zeigte der Standort gerade auch Anfang der 80er Jahre. Siemens setzte sich das Ziel, innerhalb kürzester Zeit hochintegrierte Schaltungen mit einer Speicherkapazität von 1 Megabit zu entwickeln und auf den Markt zu bringen – und Regensburg stand bereit, nicht zuletzt als es galt, nach der Gründerphase rund um den historischen Hangar und der für die Basis ganz entscheidenden MESA-Epoche die dritte aus heutiger Sicht wohl entscheidende Weichenstellung voranzubringen: Das Kürzel MEGA hat die Zukunft eingeläutet, jedenfalls in Regensburg! Dass Infineon in den letzten Jahren gleich zweimal mit dem Innovationspreis der Deutschen Wirtschaft ausgezeichnet wurde, bestätigt diese Entwicklung.

Klaus Schnabl
1984 begann ich als einer der ersten MEGA-Mitarbeiter bei Siemens in München; September 1985 folgte der Umzug in provisorische Büros nach Regensburg. Unvergesslich bleibt die erste Installation von Equipment im neuen Reinraum, ein Mittelstrom-Implanter. 25 Jahre sind wie im Flug vergangen. Für die Zukunft sehe ich das enorme Potential von Regensburg vor allem in der Zusammenarbeit von Frontend und Backend.

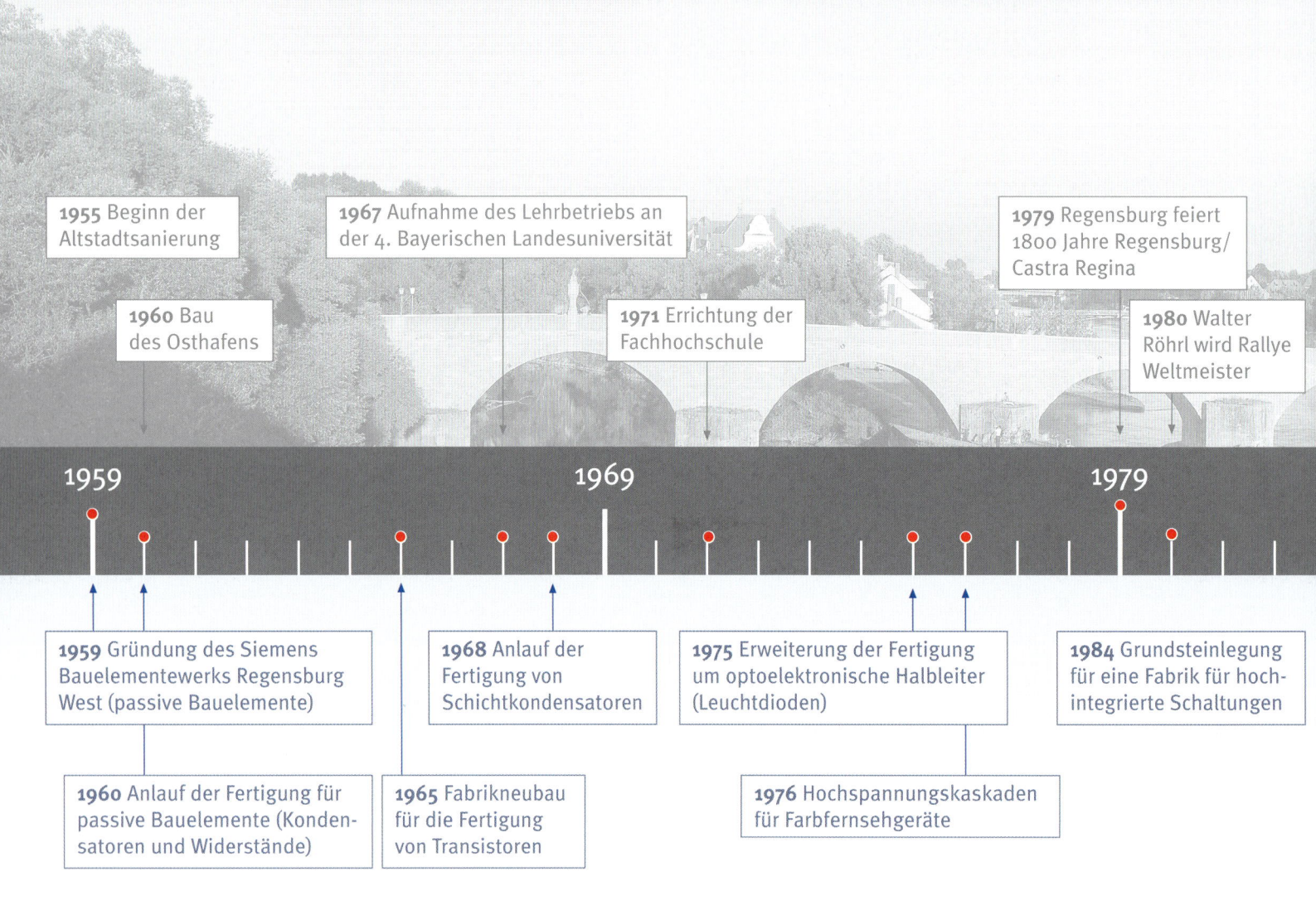

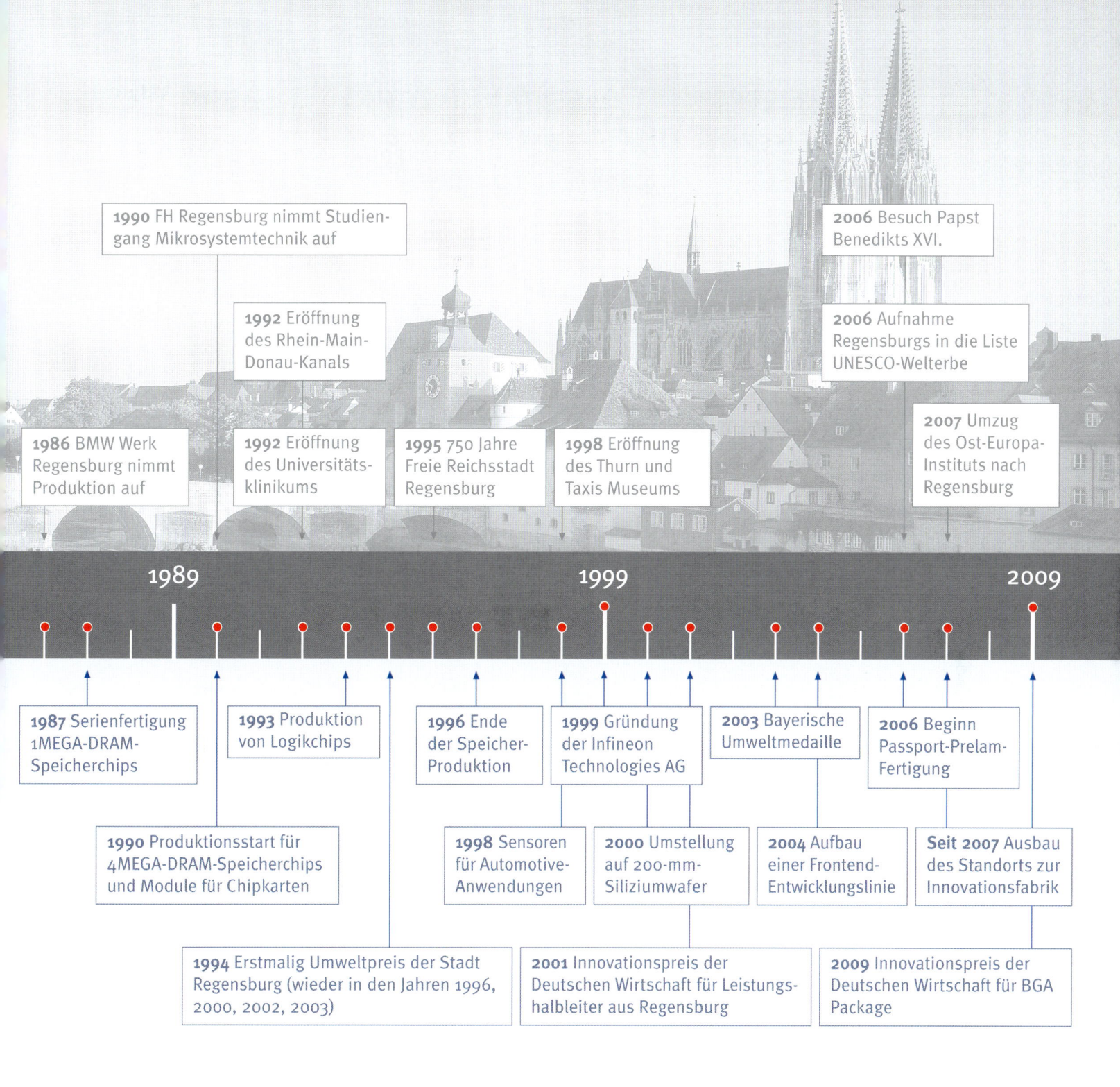

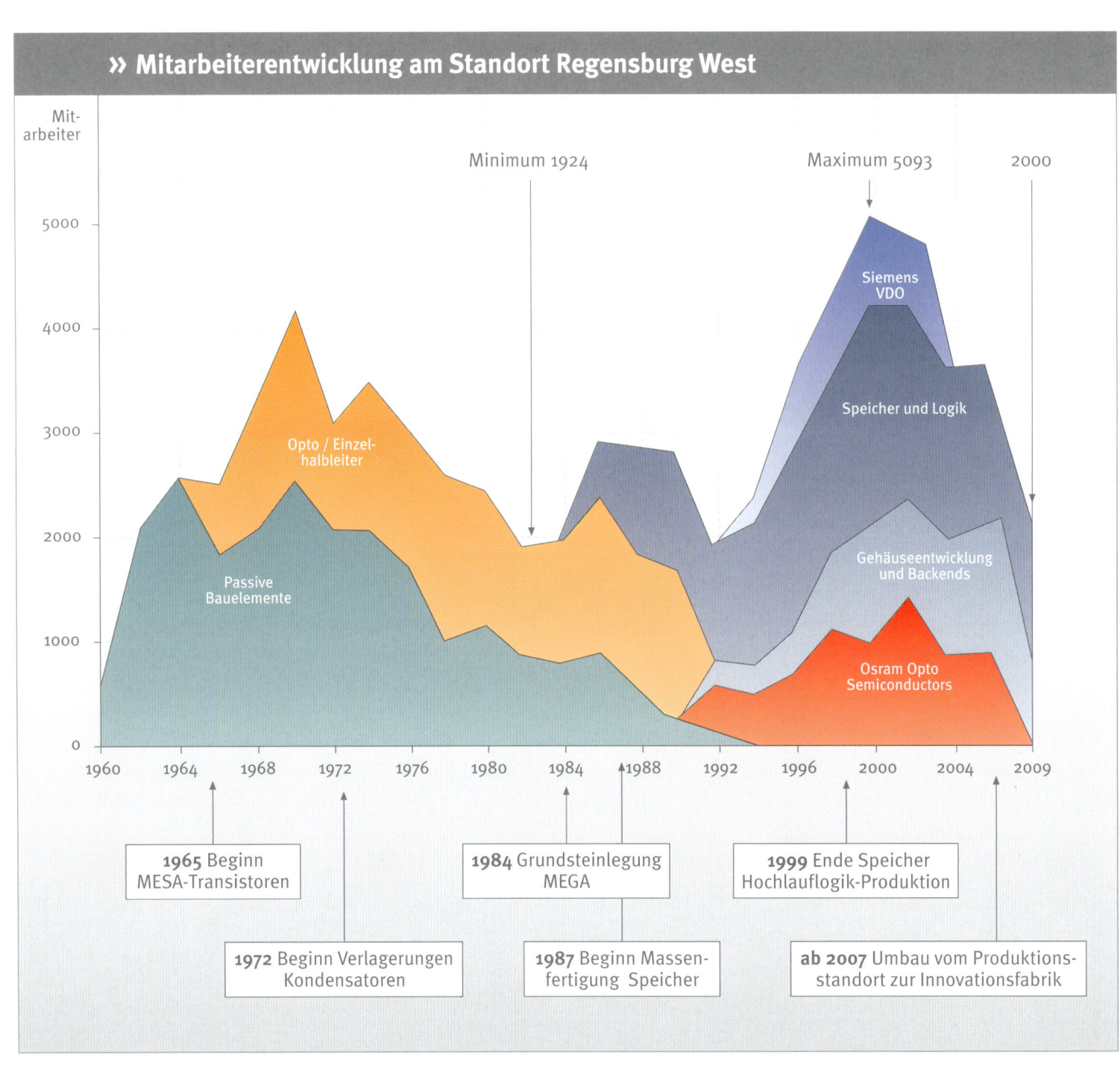

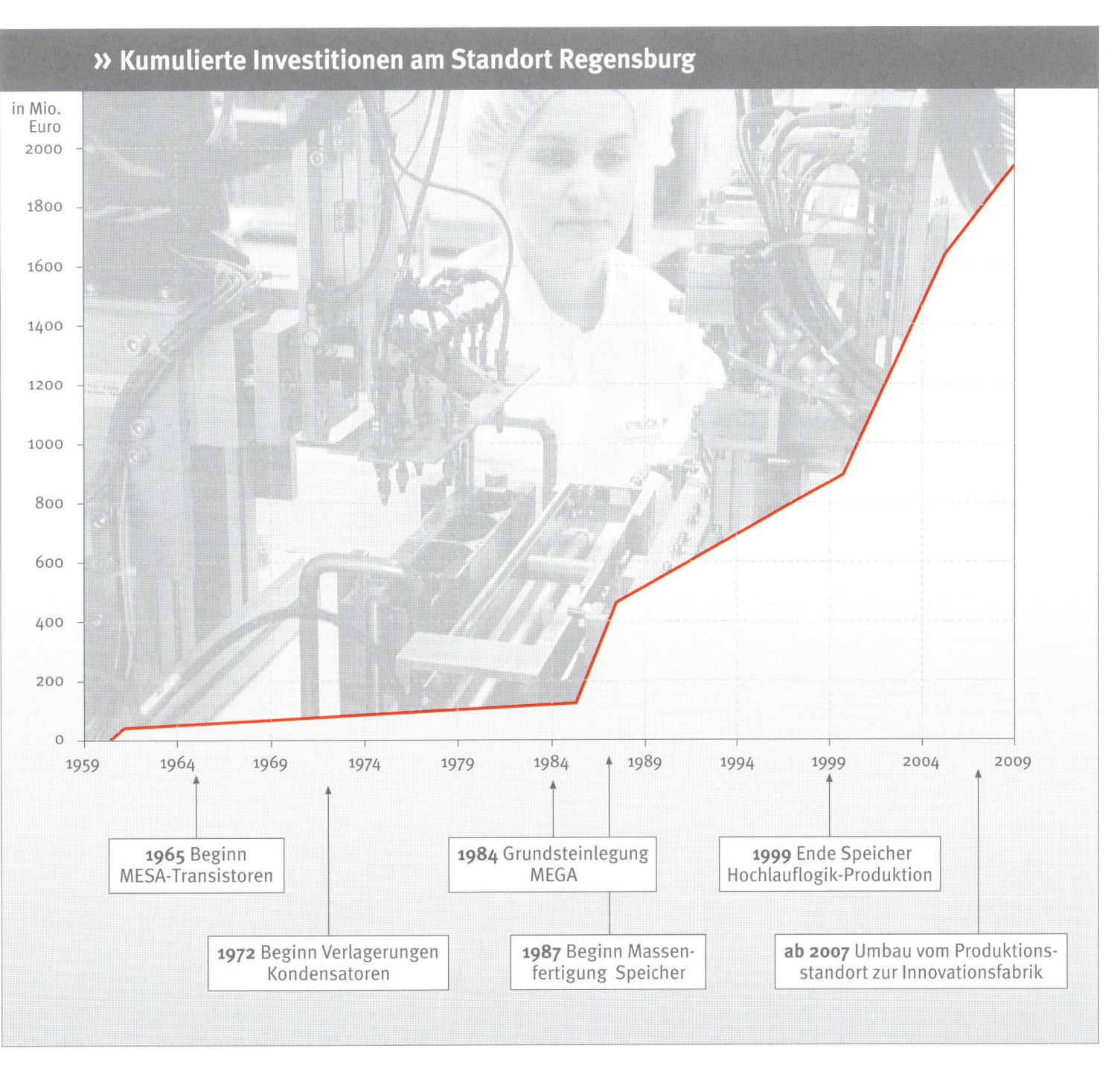

„Im Flug" zu neuen Ufern:
Professor Mühlbauer entdeckt den Westen

Von Gerd Otto

Begonnen hat alles „wie im Flug", was aber ausnahmsweise nicht nur etwas mit Tempo, mit Geschwindigkeit zu tun hat, sondern mit einem nicht unbedeutenden Kapitel Regensburger Stadtgeschichte. Von 1937 bis zum Ende des II. Weltkriegs und der Nazi-Herrschaft 1945 wurden hier, im Westen Regensburgs, und im nahegelegenen Obertraubling von den Messerschmitt-Werken nämlich Flugzeuge hergestellt. Als die Siemens&Halske AG in den späten 50er Jahren dann auf der Suche nach einem geeigneten Grundstück für ein Bauelementewerk in der Oberpfalz fündig wurde, landete man bezeichnenderweise in der Messerschmittstraße. Dieser Stadtteil ist auch heute noch sehr geprägt von der Erinnerung an Flugpioniere. Nach Otto Lilienthal, Ernst Heinkel, Hermann Köhl oder auch Ernst Udet benannten die Regensburger damals ihre Straßen.

Speziell die Udetstraße Nummer 3 spielt in der Regensburger Siemens-Geschichte eine entscheidende Rolle, wurde doch am 17. Dezember 1959 im dritten Flur der Kleiderfabrik Kaiser die erste Anlernwerkstatt eingerichtet, damit 17 Arbeiterinnen auf einer Fläche von 930 Quadratmetern mit der Fertigung von Styroflex-Kondensatoren beginnen konnten. Ob die Zahl 17 tatsächlich diese Symbolkraft hatte oder nur uns im Rückblick so erscheint, mag dahingestellt bleiben. Der Grundlohn für Zeitlöhner betrug damals (in Lohngruppe 02) 1,35 DM. An einem – immerhin – anderen 17. Monatstag im Februar 1960 sprach Professor Dr. Eduard Mühlbauer nämlich nur von 14 Regensburgerinnen, die kurz vor Weihnachten ihre Arbeit begonnen hatten. Doch mit solchen Haarspaltereien hielten sich Professor Mühlbauer und seine Mitstreiter nicht auf, auch wenn die

▲ Der Pakt mit der Stadt: Professor Eduard Mühlbauer mit Oberbürgermeister Rudolf Schlichtinger und Wirtschaftsminister Otto Schedl im Hotel Maximilian im Jahr 1959 (von links nach rechts)

Ansprachen des Siemens-Vorstandsmitgliedes und gebürtigen Regensburgers aus heutiger Sicht geradezu detailverliebt wirken, vor allem aber eine eindrucksvolle Allgemeinbildung verrieten: „Es tut gut, mitunter seine Arbeit in einem größeren Zusammenhang zu sehen und eine Bestimmung des geistigen Standorts vorzunehmen, und das insbesondere in einer Zeit, in der die Entwicklungen sich in einem immer schnelleren Tempo vollziehen, einem Tempo, das noch unseren Eltern nicht vorstellbar war. Es ist klar, dass wir in einer Welt, die in einem turbulenten Umbau begriffen ist wie unsere heutige, nur dann bestehen können, wenn wir bereit sind, mit unserer Arbeit beizutragen, dass dieser Umbauprozess sich in Formen vollzieht, die dem Wohle der Menschheit dienlich sind. Wir fragen uns: Erfüllen wir nun, wenn wir nach Regensburg gehen, um dort elektrische Bauelemente zu fertigen, diese Voraussetzung?"

Was Eduard Mühlbauer – nach ihm ist in Regensburg in Königswiesen-Süd wenigstens ein Weg benannt – Anfang 1960 an Nachdenklichkeit formulierte, gilt auch heute noch. Mühlbauer versuchte damals seine Frage nach dem Sinn der Produktion von Bauelementen auch selbst zu beantworten: „Sie sollen als dienende Elemente in Geräten eingesetzt werden, mit denen wir vielen Menschen ein besseres Leben gestalten helfen wollen". Als Beispiel bemühte er die Medizintechnik, indem etwa der „Takt eines müden Herzens durch die elektrischen Impulse eines winzigen Senders so gesteuert wird, dass das Herz wieder im richtigen Rhythmus schlägt". Er wollte damit zeigen, dass die Entwicklungen auf dem Bauelementegebiet nicht nur zur Verbesserung der Nachrichtentechnik taugen oder von Rechenmaschinen oder gar nur zur Unterhaltung, „sondern dass sie in nicht zu ferner Zukunft sogar das Weiterleben vieler Menschen erreichen lassen".

Und warum sollte all dies ausgerechnet in Regensburg auf den Weg gebracht werden? Professor Mühlbauer nannte damals drei sachliche Gründe, die für „sein" Regensburg sprachen: die schon bestehenden Arbeitsplätze der Forschung, Entwicklung und technischen Bearbeitung dieses großen Aufgabengebiets des Hauses Siemens; zweitens geographische und verkehrsmäßige Erwägungen und – zum Dritten – den hier vorhandenen Arbeitsmarkt! Vor allem aber erinnerte Eduard Mühlbauer an Otto von Guericke, der 1654 auf dem Reichstag zu Regensburg sein berühmt gewordenes Experiment mit den beiden eisernen Halbkugeln präsentierte, bei dem es auch mehreren Pferden nicht gelang, die Vakuum-Kugeln zu trennen. Oder auch an Johannes Kepler, den kühnen Entdecker der Gesetze der Planetenbewegung, der 1630 in Regensburg starb. Letztere Erwägungen reihte Mühlbauer in die Rubrik „gefühlsmäßige Gründe" ein.

Den Repräsentanten aus Wirtschaft, Verwaltung und Politik sowie den Bürgern seiner Geburtsstadt versicherte Eduard Mühlbauer, der 1920 an der Oberrealschule sein Abitur abgelegt hatte, dass Siemens mit sehr viel gutem Willen und mit großer Einsatzbereitschaft seine Arbeit in Regensburg aufnehmen werde: „Wir sind uns der Verpflichtung bewusst, die sich aus der großen und vornehmen Tradition ergibt, die Ihre Heimatstadt wie wenige andere Städte Deutschlands aufzuweisen hat!"

Und es ging Anfang 1960 auch gleich richtig los: Aus den 14 oder 17 Arbeiterinnen wurde schon zwei Monate später eine Belegschaft von 151 Beschäftigten – 142 waren in Regensburg neu eingestellt worden, vier Führungskräfte kamen aus München und fünf aus der Bauelementefabrik in Heidenheim.

Bereits in jenen Wochen setzten die Regensburger ein Zeichen – Abschied von der Flugzeug-Ära, Start in eine Zukunft der Elektroindustrie: Der Stadtrat beschloss am 4. Juli 1960, die Messerschmittstraße zwischen Hochweg und Hermann-Köhl-Straße in Wernerwerkstraße umzubenennen! Siemens war auch in Regensburgs Westen angekommen, auf dem Gelände selbst aber blieb der Hangar immer dominant – ein Symbol bis zum heutigen Tag.

Bruno Englert
Am schönsten waren die Jahre 1983 bis 2003 in der Dauernachtschicht im Bau 23/24 im 6. Flur. Es herrschte Teamgeist: Frühschoppen nach Feierabend, Fußball- und Kegelturniere, Grillabende. Die Firmen-Weihnachtsfeier 1989 habe ich mit einem Kollegen frühzeitig verlassen, um in Berlin die Aufbruchstimmung bei der Maueröffnung live mitzuerleben.

Ausbildung gestern und heute

Von Christian Hoferer, Günter Kirchberger, Karl-Heinz Matz, Klaus Streer

▲ Handarbeitsplätze, Wernerwerkstraße 2, Gebäude 6912   ▲ Maschinenarbeitsplätze

»» Ausbildung 1960 bis 1972

In den ersten Jahren wurde die Ausbildung an verschiedenen Orten in der Udet- bzw. Michael-Burgau-Straße und der Wernerwerkstraße durchgeführt. Ausbildungsleiter war Siegfried Giera, zuständig auch für Werkzeugbau, Teilefertigung und Konstruktion. Ca. 30 Auszubildende pro Jahr wurden in den ersten Jahren für mechanische Ausbildungsberufe eingestellt und an entsprechenden Hand- und Maschinenarbeitsplätzen ausgebildet.

Ab 1964 wurde die Ausbildung am Standort Michael-Burgau-Straße konzentriert und verblieb dort für die nächsten 26 Jahre. Weitere Meilensteine waren die Ausbildung von Elektromechanikern ab 1963, die Umschulung zum Mechaniker 1970, die Ausbildung von Mess- und Regelmechanikern 1972 und ab 1971 die Durchführung von Praktika in Kooperation mit der Fachoberschule Regensburg.

1972 erfolgte im Rahmen einer Berufsbildungsreform für Industrieberufe die Einführung der Stufenausbildung, z. B. in den Elektroberufen der Nachrichtengerätemechaniker (Stufe 1) und Informationselektroniker (Stufe 2).

Ab 1964 wurde der Werkunterricht zur Ergänzung der theoretischen Kenntnisse eingeführt.

◀ 1968 entwickelten die Ausbilder den Experimentierkasten Multitest A1400, der auch ca. 500 Mal für andere Siemens-Ausbildungsstandorte gefertigt wurde.

▲ Ausbildungsgruppe 1. Lehrjahr 1961/62 in der Wernerwerkstraße vor dem Gebäude 6912. Links im Bild Wilhelm Schafberger, rechts Siegfried Giera und Klaus Streer

◀ Ausbildungslabor für Elektronikberufe in der Michael-Burgau-Straße mit dem Ausbildungsmeister Peter Klette

Ausbildung 1973 bis 1984

Start des WEPLAMAT-Projektes. 16 Stück dieser Fertigungsautomaten für Folienkondensatoren wurden bis 1975 gebaut und in Betrieb genommen.

Netzgerät, Durchgangsprüfer und Transitest wurden als Projekte für die Grundausbildung in allen Berufen eingeführt.

Eine weitere Maßnahme im gleichen Jahr war der Auftrag des Arbeitsamtes und der Spanischen Botschaft, eine Gruppe von in Deutschland arbeitenden Spaniern zu Mechanikern und Elektronikern umzuschulen.

1979 wurde in Zusammenhang mit dem Arbeitsamt die Modulausbildung kreiert und mit der Einführung eines Berufsbildungspasses anstatt eines Umschulungsvertrages Neuland betreten.

▲ Projekt: Durchgangsprüfer

◀ Klaus Streer und Günter Kirchberger bei der Übergabe des ersten WEPLAMATS an den Werkleiter Hartwig Lohse (Bildmitte). Klaus Streer übernahm 1977 die Ausbildungsleitung, erstmals als eigenständige Abteilung mit eigener Etatverantwortung.

▲ Für die Siemens Kraftwerksunion (KWU) wurden 1977 36 Iraner ausgebildet.

1980: Zusammen mit dem Deutsch-Französischen Sekretariat und dem Schuldezernat der Stadt Regensburg wurden Austauschprogramme in der beruflichen Bildung ins Leben gerufen, die bis heute Bestand haben. Die Partner waren Schulen in Clermont-Ferrand bzw. Romagnat und ab 1991 das Lycée Professionnel „Charles de Gaulle" in Muret (bei Toulouse).

1982: Beginn der Ausbildung „ENGE-Aufbaustufe" für zehn Azubis des neuen Kooperationspartners OBAG AG, die später in der E.ON Bayern aufgegangen ist.

1983: Start von Elektroniklehrgängen für Auszubildende der Siemens-Niederlassung Regensburg.

1984: Teilnahme an der Hannover Messe. Jugendliche Besucher konnten als Projektarbeit unter Anleitung von Fachpersonal einen Durchgangsprüfer bauen (2632 Stück).

▲ Prüfungsabschluss der spanischen Gruppe „Mechaniker und Elektroniker" mit spanischen Botschaftsangehörigen sowie Josef Zumpf (Werkleiter) und Siegfried Giera (Ausbildungsleiter)

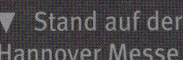
▼ Stand auf der Hannover Messe

▲ Die Ausbildungsleiter Günter Kirchberger (Standort Wernerwerkstraße) und Ferdinand Gebhardt (Standort Gewerbepark Regensburg) im Gespräch mit Renate Pleier, Ausbildungsleiterin beim Kooperationspartner „Energieversorgung Ostbayern AG" (OBAG), auf der DONA Regensburg

›› Ausbildung 1985 bis 1993

In Kooperation mit der Ausbildungsstätte in der Siemensstraße und in Abstimmung mit der IHK Regensburg wird die „Doppelqualifizierende Ausbildung" ins Leben gerufen, d. h. Industrieelektroniker- und Industriemechanikerabschluss in vier Jahren.

Ein wichtiger Meilenstein im Zusammenhang mit der Einführung einer „Berufsbegleitenden Umschulung" für Elektro- und Chemieberufe war die Erstellung von Unterlagen zur Aneignung der theoretischen Fachkenntnisse im Selbstlernverfahren.

Mit dem Start des MEGA-Projektes begann die Chemikanten-Ausbildung mit Schwerpunkt Halbleiter-

◀ Kurt Rümmele bei der Absolventenfeier 1991 der ersten „Doppelqualifizierer"

▲ Für die Inhalte der neuen M+E-Berufe baute die Ausbildung ein flexibles Fertigungssystem. Nach gut einjähriger Montagearbeit und Erprobungsphase erfolgte die Freigabe durch Werkleiter Kurt Rümmele.

Mit der Berufsbildungsreform 1987 wurde die Stufenausbildung wieder abgeschafft und neue Berufe auch bei Siemens in Regensburg eingeführt. Zum Beispiel: Industrieelektroniker Produktionstechnik und Industriemechaniker Produktionstechnik.

technik, eine Facharbeiterausbildung speziell für die Halbleiter-Branche und der Vorläufer des späteren Mikrotechnologen – zunächst als Umschulungsmaßnahme mit dem Arbeitsamt, später berufsbegleitend für Fertigungsmitarbeiter aus Regensburg und München-Perlach und dann mit Auszubildenden.

Dazu wurde zunächst ein Chemielabor bei der Firma Eckert angemietet. Die mechanische und elektronische Ausbildung fand in der Michael-Burgau-Straße statt. Zeitgleich wurde mit dem Bau eines Chemie- und Mikrotechniklabors im Gebäude 6913 begonnen.

1990 erfolgte die räumliche Zusammenlegung der technischen Schulungsaktivitäten für die Fertigung und Ausbildung im Gebäude 6912/5. Flur. Die Vermittlung von Englischkenntnissen für alle technischen Berufe wurde durch die neue Hightech-Fertigung von Mikrochips am Standort notwendig und somit eingeführt.

Ende 1988 zog die Chemikantenausbildung und die in der Zwischenzeit von MEGA übernommene Schulungsabteilung in das Gebäude 6913 um. Dort fanden Einführungs- und Reinraumkurse sowie Operator- und Senioroperator-Kurse statt sowie Blockpraktika für den neu an der FH Regensburg eingerichteten Studiengang „Mikrosystemtechnik".

1989 übernahm Günter Kirchberger die Ausbildungsleitung.

▲ Chemielabor im Gebäude 6913

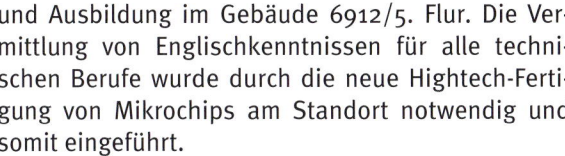

▲ Die ersten Chemikanten

▶ Reinraumkurse

>> Ausbildung 1994 bis 2002

1994 übernahm die Siemens Automobiltechnik das gesamte Gebäude 6912. Infolgedessen wurde die gesamte Aus- und Weiterbildung einschließlich des Chemielabors im Gebäude 6902, dem sogenannten Hangar, konzentriert.

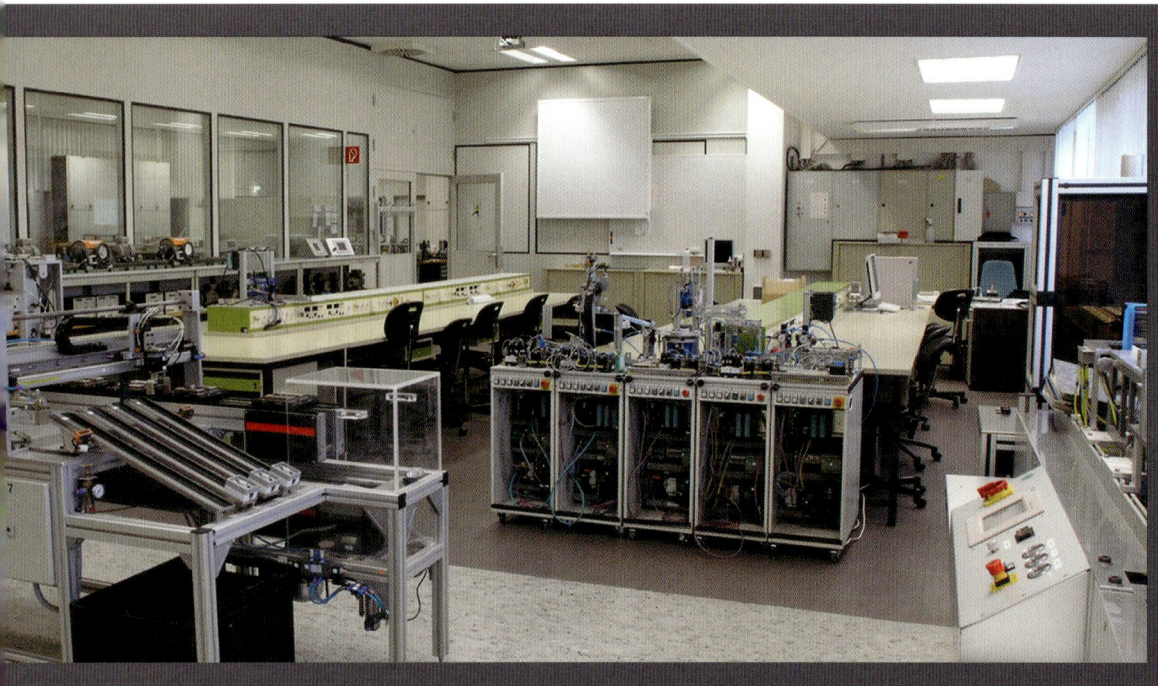

◄ ▲ Mechatronik und Automatisierungstechnik

1997 wurde die Technische Bildung der Niederlassung im Gewerbepark mit dem Schwerpunkt Energieelektronik organisatorisch der Ausbildung Wernerwerkstraße zugeordnet.

Mechatroniker und Mikrotechnologen ersetzten in Regensburg nach der Berufsbildungsreform 1998 die bisherigen Industrieelektroniker, Industriemechaniker und Chemikanten. Gleichzeitig wurde der IT-Systemelektroniker als neuer Beruf auch in Regensburg eingeführt.

Das IHK-Berufsbild „Mikrotechnologe" wurde wesentlich durch unseren Standort initiiert und die Ausbildungsinhalte geprägt.

Die SPE Regensburg entwickelte sich vom typischen Ausbildungsbetrieb zum modernen Dienstleister für Aus- und Weiterbildung, z. B. für Siemens, Infineon Regensburg und München, Osram, E.ON Bayern sowie für die Fachober- und Fachhochschule Regensburg.

▶ SIB-Chip – in der Ausbildung entwickelter Mikrochip

▲▶ Mikrotechnologie-Labor

1999 wurde der Bereich Halbleiter aus der Siemens AG ausgegliedert und die Infineon Technologies AG gegründet. Die Aus- und Weiterbildung verblieb jedoch bei der Siemens AG und wurde als eigener Standort der Siemens Berufsbildung (SIB), heute Siemens Professional Education (SPE), zugeordnet.

>> Ausbildung 2003 bis 2009

2003 wurde die technische Ausbildung von Siemens A&D ET in der Siemensstraße organisatorisch ebenfalls der Siemens Professional Education Regensburg zugeordnet. Somit ist die Konzentration aller Ausbildungsaktivitäten der Siemens AG in Regensburg abgeschlossen.

2004 ging Günter Kirchberger in den Ruhestand und Christian Hoferer übernahm die Leitung der SPE Regensburg. Die Technische Bildung am Standort Siemensstraße leitet seit 2003 Karl-Heinz Matz.

2005 wurden die Ausbildungsaktivitäten im Gewerbepark auf die Standorte Wernerwerk- und Siemens-

▲ Ausbildungsräume am Standort Siemensstraße

▲ ▶ ▶ Ausbildung in der Wernerwerkstraße heute
(Bilder vom Berufs-Info-Tag)

Mit der neuen Berufsbildungsreform wurden die alten Elektro- und Metallberufe ab 2003 durch neue ersetzt, z. B. Elektroniker für Geräte und Systeme, Automatisierungstechnik, Betriebstechnik.

straße verteilt. Nach umfangreichen Umstrukturierungsmaßnahmen konzentriert man sich in Regensburg bei der SPE auf die Ausbildungsschwerpunkte Mikrotechnologie, Automatisierungstechnik, Geräteelektronik und Mechanik.

Im Sommer 2004 begannen die ersten sieben Studenten des dualen Studiengangs (FH-Studium und IHK-Facharbeiterabschluss Mechatronik) ihre Ausbildung, anfangs noch im Diplomstudiengang an der FH Regensburg. Aufgrund des europäischen Bologna-Beschlusses stellte die FH 2007 auf Bachelor-Studiengänge um, und die SPE Regensburg entwickelte mit der FH ein neues duales Modell, um dem Ingenieurmangel entgegen zu wirken.

Um den Mikrotechnologen und anderen Fertigungsmitarbeitern der Halbleiter- und Mikrosystemtechnik-Branche eine Fortbildung auf Meister/Techniker-Level zu bieten, entwickelten SPE Regensburg und Infineon federführend mit anderen Unternehmen der Branche und der IHK den „Prozessmanager Mikrotechnologie" mit dem Abschluss „Operative Professional". 2007 wurde die Verordnung erlassen und im Frühjahr 2009 fand die erste Prüfung an der IHK Regensburg statt.

Im Jahr 2009 werden die ersten dual ausgebildeten Ingenieure fertig, 70 weitere befinden sich derzeit in Ausbildung und Studium für insgesamt acht Unternehmen.

» Austausch mit Frankreich in der beruflichen Bildung ...

... seit 1980, zunächst mit Clermont-Ferrand (seit 1991 mit Muret bei Toulouse)

„Der Schuldezernent der Stadt Regensburg, Willi Lang, hat mich anfangs der 80er Jahre mit Herrn Klaus Streer, dem Leiter der Siemensausbildung in Kontakt gebracht. Wir wollten unsere jungen Lehrlinge europatauglich und weltoffen machen. Das war damals in der Berufsbildung gar nicht so selbstverständlich." (Josef Bezold, Oberstudiendirektor und Schulleiter des Beruflichen Schulzentrums Matthäus Runtinger Regensburg)

„Mit dem Blick über den Zaun nach Clermont-Ferrand – Städtepartner von Regensburg in Frankreich – konnten wir sowohl die Interessen von Siemens als auch die der Stadt wertvoll verknüpfen. Diese Bande von damals tragen heute noch in der Region – so haben wir gemeinsam Europa vorausgelebt."
(Klaus Streer)

Schon bald war klar: „Da gehen wir hin!"

Von Gerd Otto

▲ Erster Besuch von Dr. Heinrich von Pierer als Siemens-Vorstandsvorsitzender in Regensburg, mit Kurt Rümmele und Bundeswirtschaftsminister Jürgen Möllemann im Jahr 1992 (von links nach rechts)

„Unser Herzblut hängt an diesem Standort!" Kurt Rümmele und Christian Hagen erinnern sich voller Wehmut an jene Zeiten, als sie diesem Werk vorstehen durften. Dabei könnte der Lebenslauf der beiden Standortleiter, die noch heute, im Ruhestand, quasi unweit des Werkzauns wohnen, gar nicht unterschiedlicher sein. Kurt Rümmele (Jahrgang 1937) war 1960 im Zentral-Laboratorium der Siemens AG in München eingestiegen und hatte von dort aus auf eine Chiffre-Anzeige reagiert, in der von einer süddeutschen Großstadt die Rede gewesen war. „An Regensburg hatten wir da gar nicht gedacht", erinnert sich der Diplom-Ingenieur. Doch ein halbes Jahr später war klar: „Da gehen wir hin!" – übrigens erst, nachdem er sich inkognito beim Pförtner an der Wernerwerkstraße einen Eindruck davon verschafft hatte, worauf er sich hier einlassen würde.

Christian Hagen dagegen, geboren 1943 in Schlesien, gehört zu jenen Siemensianern, die nicht nur das Unternehmen am liebsten als Familie begreifen, sondern auch selbst über Generationen hinweg geradezu familiär mit dem Elektrokonzern verbunden sind. Dass er zum Beispiel in Hof an der Saale eingeschult worden war, lag an der Entscheidung der Siemens-Oberen, im Zuge des II. Weltkrieges etliche Aktivitäten von Berlin nach Süden auszulagern. Und die Tatsache, dass er schon kurz darauf das Goethe-Gymnasium in Regensburg besuchte, hatte wiederum sehr viel mit den politischen Zeitläuften jener Nachkriegsära zu tun – und den Reaktionen von Siemens auf diese Veränderungen. Kurz: Hagens Vater war bei Siemens tätig, Sohn Christian heuerte nach seiner Ausbildung zum Wirtschaftsingenieur 1972 ebenfalls hier an, und inzwischen ist sein Neffe Dr. Robert-Christian Hagen bereits als Leiter eines Entwicklungsbereiches tätig, nur heißt sein Unternehmen jetzt eben Infineon!

Auch wenn man als Siemensianer schon immer sehr mobil sein musste – denn das Unternehmen war schließlich vom ersten Tag an global unterwegs: Der einzelne Standort, das Werk vor Ort, spielte im Selbstverständnis des Konzerns von jeher eine wichtige Rolle. Nicht von ungefähr sind die Leitenden von Siemens in den diversen Institutionen der Region sehr aktiv oder wurden im wahrsten Sinne des Wortes auf die verschiedensten Weisen initiativ. Zu solchen Maßnahmen gehörten der Informationskreis der Wirtschaft oder auch „Schule und Wirtschaft", wo man sich engagiert im Sinne Ostbayerns einbrachte. Kurt Rümmele, der 1968 für zwei Jahre die Auslagerung von Produktlinien ins süditalienische Sulmona als Betriebsleiter begleitete und dann von den Abruzzen wieder nach Bayern wechselte, ehe er 1982 zum Standort-Chef in Regensburg avancierte, ist ein gutes Beispiel dafür. Der Badener, der insbesondere von der Idee des Runden Tisches sehr angetan ist, fungiert auch im Verband der Katholischen Unternehmer und auf all jenen Gebieten, bei denen es ihm zum Nutzen der Region notwendig erscheint. Die Identifikation mit dem Standort, mit der Stadt und den hier lebenden Menschen ist nach Auffassung der beiden altgedienten Werkleiter ebenso eine echte „Win-Win-Situation" zwischen der Region und dem Unternehmen, wie auch „verantwortungsbewusstes Delegieren" im Betrieb zu den besonderen Erfolgsfaktoren zählt. Christian Hagen hat dies vor allem in den USA erlebt, wo er ab 1989 über fünf Jahre lang im Silicon Valley eine amerikanische Siemens-Tochtergesellschaft leitete. Zuvor war er kaufmännischer Leiter in Regensburg (einer seiner Mitarbeiter damals: Joe Kaeser, heutiger Finanz-Vorstand der Siemens AG!), wohin er 1995 zurückkehrte, zuletzt als Standortleiter der Infineon Technologies AG.

Jedenfalls festigen Auslandsaufenthalte die eigene Persönlichkeit, „wenn man Menschen Vertrauen schenkt, dann kommt dieses auch wieder zurück." Von der daraus sich entwickelnden Gelassenheit seiner Leitenden profitiert nach Auffassung von Rümmele und Hagen nicht zuletzt das Unternehmen selbst, vor allem wenn man die Werkleiter in Ruhe arbeiten lässt. Dies hatte offenbar der Bereichsvorstand Dr. Ulrich Haier verinnerlicht, dessen Nachfolger als Verantwortlicher für die Innovation der Siemens AG, Karl Heinz Beckurts, 1986 von den RAF-Terroristen ermordet wurde. Haier plädierte grundsätzlich für kleinere Standorte. Ein Werk mit mehr als 4000 Mitarbeitern sei letztlich gar nicht führbar. Nur in einer solchen Atmosphäre könne auch mit dem Betriebsrat vertrauensvoll zusammengearbeitet werden. „Das Bündnis für Arbeit" betrachtet Kurt Rümmele denn auch noch heute als entscheidenden Durchbruch, und dies sei vor allem an einem Standort von der Struktur Regensburgs möglich gewesen.

Und heute? Wie Dr. Hermann Jacobs betont, beginnt der Unterschied schon damit, dass es inzwischen gar keinen Werkleiter mehr gibt, „und auch keine Siemens-Familie mehr, wie sich unschwer an den Namen Continental, Osram oder Infineon ablesen lässt." Eine derart repräsentative Tätigkeit sei aufgrund des heutigen Effizienzanspruchs gar nicht möglich. Die Funktion des Werkleiters heißt heute nicht umsonst „Sprecher der Betriebsleitung", die dieser neben seiner Arbeit als Leiter eines Teilbereichs am Standort versieht, zusammen mit zwei Kollegen aus der Leitungsebene. Dementsprechend teilen sich Dr. Jacobs und seine beiden Kollegen von der Betriebsleitung die früheren Aufgaben eines Standortleiters.

Der Betriebsleiter von heute sieht seine Aufgabe darin, „den Standort Regensburg in einen gemeinsam agierenden Innovationsbetrieb umzuwandeln, der seinen berechtigten Platz im internationalen Feld der Fertigungen behaupten kann". Da zähle das Ergebnis, die hinzugefügte Wertschöpfung in Form von Innovationen, die Zukunft möglich machen.

Großen Wert legt Dr. Hermann Jacobs im Übrigen auf den Betriebsrat als Partner der Betriebsleitung: „Wir haben in den wirklich nicht einfachen vergangenen Jahren gemeinsam, wenn auch in unterschiedlichen Rollen, mit Regensburger Lösungen den Bestand des Standorts gesichert!"

» Amtszeiten

Standortleiter

1959–1974	Hartwig Lohse
1974–1976	Dr. Hans Suntheimer
1976–1982	Josef Zumpf
1982–1998	Kurt Rümmele
1998–2003	Christian Hagen
seit 2003	Dr. Hermann Jacobs

Betriebsratsvorsitzende

1961–1963	Sophie Kämpfer
1963–1969	Richard Klamt
1969–1978	Hans Himmelmeyer
1978–1987	Günther Wittstock
1987–1990	Max Brauner
1990–1994	Franz Zöpfl
seit 1994	Gerd Schmidt

Christian Hagen mit Christa Stewens, Staatssekretärin im Bayerischen Umweltministerium, anlässlich der Einweihung des Regensburger Umweltzentrums (Januar 2001)

Die Rolle der Meister an den Nahtstellen des Betriebs

Von Gerd Otto

„Ohne ständiges Mitwirken erfahrener und engagierter Meister wäre man buchstäblich arm dran!" Dr. Hermann R. Franz, Mitte der 80er Jahre im Zentralvorstand der Siemens AG am Wittelsbacher Platz in München für den Bereich Bauelemente zuständig, war von der Rolle des Meisters im Betrieb ebenso überzeugt wie er nicht müde wurde, die Mikroelektronik als Schlüsseltechnologie für nahezu alle Wirtschaftsbereiche hervorzuheben. Gelegenheit dazu bot sich an jenem historischen 12. Oktober 1984, als – genau 25 Jahre nach der Gründung des Standorts Regensburg – Siemens mit dem MEGA-Chip-Projekt eine weitere Herausforderung in Angriff nahm, sowie kurz nach dem Start der Serienfertigung des 1MEGA-Chips im Jahre 1987.

Dies war auch jenes Jahr, in dem die Siemens-Meistervereinigung (SMV) Regensburg auf ein turbulentes Vierteljahrhundert zurückschauen konnte, das es auch und gerade für die Meisterebene in sich hatte. Wie Theo Wiendl, langjähriger Vorsitzender der SMV Regensburg, erzählt, hatte sich das Bild des Meisters schon aus damaliger Sicht gravierend verändert. Waren zuvor insbesondere meisterliches Fachwissen, der souveräne Umgang mit den Betriebsmitteln und eine gehörige Portion Durchsetzungsvermögen als „Wurzel seiner Autorität bei den Mitarbeitern" vonnöten, so entstanden im Laufe der Zeit ständig neue Inhalte und Schwerpunkte. Der Meister sah sich inzwischen in einer Mittlerrolle an der Nahtstelle des Betriebs, wo die Absichten und Aufträge der Betriebsleitung mit den Wünschen und Vorstellungen der Belegschaft zusammentreffen: „Der Meister muss den Ausgleich herstellen!"

Gegründet hatten die Siemens-Meistervereinigung im Bauelementewerk Regensburg West 16 Meister, die es 1963 aus fünf Siemens-Standorten an die Donau verschlagen hatte und die sich – so ihre Intention bei der Zusammenkunft im St. Katharinenspital in Stadtamhof – erst einmal besser kennenlernen wollten. In den ersten 25 Jahren fanden die 44 Meister eine „kollegiale Heimat in der Vereinigung". Erst später wurde daraus – wie schon an sehr vielen Siemens-Standorten seit 1897 – jene Plattform, die nicht zuletzt auch

> **» Meistervereinigung**
>
> **Die Vorsitzenden der Meistervereinigung Regensburg von 1963 bis zu ihrer Auflösung im Sommer 1999:**
>
> 1963–1968 ..... Walter Reichel
> 1968–1972 ..... Hans Kornstädt
> 1972–1976 ..... Heinz Hauser
> 1976–1986 ..... Wilfried Rankel
> 1986–1991 ..... Theo Wiendl
> 1991–1993 ..... Peter Scholz
> 1993–1999 ..... Karl-Heinz Matz

von Hermann R. Franz als Ort für Erfahrungsaustausch und Wissenserwerb gewürdigt wurde.

Als betriebliche Weiterbildungsmaßnahmen für die Meister bewährten sich die „Meisterwochen" in St. Quirin am Tegernsee, die sehr allgemein auf das Haus Siemens zugeschnitten waren. Sehr viel standortbezogener ging es bei den Weiterbildungswochen für die Meister in der Wutzschleife im Bayerischen Wald zu. Hier wurde seit 1990 auf Initiative von Standortleiter Kurt Rümmele stärker als zuvor auf die sich zwischenzeitlich sehr veränderten Anforderungen und Aufgaben der Meister eingegangen, speziell mit Blick auf das Bauelementewerk Regensburg.

Heute sind die Schichtmeister in der Produktion als erste Führungsebene für Personalthemen und den laufenden Betrieb der Linien verantwortlich. Die ausgleichende Rolle blieb – aber das Arbeitsumfeld hat sich drastisch gewandelt.

▼ „Verachtet mir die Meister nicht ..." – so steht es auch auf einer Meistertruhe.

Nebojsa Radmilovic
Angefangen habe ich 1973 als Nachrichtengerätemechaniker. Viele Auf und Abs habe ich seitdem am Standort erlebt. Die schönen Zeiten bleiben deutlicher in Erinnerung, aber in dieser schweren Lage, in der wir uns heute befinden, erinnert man sich auch an die Krisen, die überstanden wurden. Aus dieser Erfahrung heraus bin ich zuversichtlich für die Zukunft.

Lärm, Schmutz und grosse Hitze:
Keine Reinraum-Bedingungen!

Von Gerd Otto

Um in die Betriebsratstätigkeit einzusteigen, hatte sich Gerd Schmidt zweifellos ein gutes Jahr ausgesucht: 1984 herrschte nach einer langen Zitterpartie um den Bestand des Standorts zumindest in Regensburg eine wahre Aufbruchstimmung. Denn nicht nur der Beschluss von Siemens, mit dem MEGA-Chip-Projekt die Aufholjagd gegen die japanische Konkurrenz zu starten, rückte die Donau-Metropole in den Mittelpunkt des Interesses. Mit dem BMW Werk wurde damals vielmehr zeitgleich ein zweiter Investitions-Schwerpunkt in Regensburg gesetzt.

Ein bemerkenswertes Wachstum – so der heutige Infineon-Gesamtbetriebsratsvorsitzende – stand aber bereits ganz am Anfang des Siemens-Standorts. So nahm die Belegschaft in jener Zeit derart rasant zu, dass nach der ersten Betriebsratswahl bereits 1961, also nur ein Jahr später, eine weitere Abstimmung notwendig wurde. Aber auch sonst würde manches Ritual von damals den heutigen Kollegen sehr merkwürdig vorkommen. So etwa der Auftritt des Schichtmeisters, der mit der großen Glocke exakt um 11.45 Uhr die Mittagszeit einläutete, und zwar für eine halbe Stunde. Auch die Brotzeit um 9 Uhr war eine feste Einrichtung. Dass sie nicht länger als 15 Minuten dauerte, dafür sorgte der „Mann im Glaskasten", eben der Meister. Wer überhaupt zur Arbeit erschienen war, darüber gab eine Anwesenheitsliste Auskunft. Die Zeiterfassung moderner Art wurde erst 1986 eingeführt.

Die erste Schicht im Siemens-Werk begann um 5.30 Uhr und endete um 14.30 Uhr, die zweite Schicht dauerte bis 23 Uhr. In der sogenannten „Dauer-Nachtschicht" durften kraft Gesetz nur Männer eingesetzt werden. Und dies, obwohl in jenen Jahren am Standort überwiegend Frauen beschäftigt waren. Gearbeitet wurde damals 42,5 Stunden in der Woche.

▲ Kondensatorenfertigung in den 60er Jahren

◀ Um 1974 brachten 54 Werksbusse 40 % der Belegschaft aus einem Umkreis von 50 km zum Standort. Werksbusse fuhren von 1969 bis 1985; hier eine Aufnahme von 1971.

Die Arbeitsbedingungen in der Anfangszeit, so erinnert sich Gerd Schmidt, hatten mit Reinraum-Bedingungen nichts zu tun. Im Gegenteil: Lärm, Schmutz, Hitze dominierten, und all das ohne Klimaanlage! Und so musste der Betriebsrat häufig genug Fliegengitter anfordern, um die Arbeitsräume sauber zu halten. Sich mit derart provisorischen Mitteln zu behelfen, sei freilich bei Siemens gar nicht so üblich gewesen, schmunzelt Gerd Schmidt. Dabei gehörte handwerkliches Geschick, etwa bei der Metallisierung von dünnem Spezialpapier und Kunststofffolien für Kondensatoren, von jeher zu den wesentlichen Anforderungen, die an Siemens-Mitarbeiter gestellt wurden.

Dies galt aber nicht nur in der Technik. Auch im Personalbereich musste noch sehr vieles manuell gemacht werden, wie Erhard Graf von der Personalabteilung erzählt. Mitte der 60er Jahre gab es noch die Bargeldauszahlung per Lohntüte. Da Datenverarbeitungsanlagen noch unbekannt waren, mussten die Stunden und die Löhne in den Werkstätten auf Lochkarten erfasst, in einer besonderen Anlage sortiert und diese Daten dann an Rechner geliefert werden, die ganze Räume ausfüllten: „Das war noch harte Abrechnungsarbeit!"

▶ Lohnbeleg

▼ Mittagspause in den 70er Jahren

Der MESA-Transistor und die Tunesierinnen

Von Gerd Otto

Die 60er Jahre waren für Siemens in mehrfacher Hinsicht bedeutsam. Auf Konzernebene fusionierten im Herbst 1966 die bis dahin selbstständigen Firmen Siemens&Halske AG, die Siemens-Schuckert-Werke und die Siemens-Reiniger-Werke zur Siemens AG. Technologisch wurde zur gleichen Zeit der sogenannte MESA-Transistor eingeführt, wobei der Begriff MESA übrigens keineswegs ein Kunstwort ist, sondern dem spanischen Begriff für Tafelberg entspricht: Der Querschnitt eines solchen Transistors mit seinen abgeätzten Randbereichen hat die Ingenieure offenbar an die Form jener Berge erinnert.

Dass die Montage der MESA-Transistoren damals vom Standort München-Balanstraße in den Westen Regensburgs verlagert wurde, hatte freilich weniger mit dem steigenden Bedarf an Germanium (Ge)- und Silizium (Si)-Transistoren als vielmehr mit dem Mangel an Arbeitskräften in München zu tun. Wie Betriebs-Ingenieur Oskar Duchardt erzählt, betrug der Ausländeranteil in München etwa 90 Prozent, wobei Mitarbeiterinnen aus Griechenland und der Türkei besonders stark vertreten waren – „mit allen Anlern-, Sprach- und Eingewöhnungsproblemen." Freilich: „Pionierarbeit musste bei der Umstellung auf die neuen Technologien auch in dem geradezu historischen Hangar der ehemaligen Messerschmittwerke allemal geleistet werden!" Hier war bekanntlich der erste Düsenjäger Me262 gebaut worden.

Bei der Fertigung des Ge-Hochfrequenz MESA-Transistors musste immerhin ein 7,5 µm-Golddraht mit einem Micro-Manipulator justiert und mit Hilfe der Thermokompression der Chip bei 300 °C mit der Bodenplatte verbunden werden. Zum Vergleich: Ein dünnes Frauenhaar ist fast zehn Mal so dick wie dieser Golddraht! Wie sich Oskar Duchardt erinnert, betrug die Anlernzeit einer sogenannten „Kontaktiererin" zwischen vier und acht Wochen sowie nochmals einige Wochen, „um auf Leistung zu kommen". Im Hangar waren schon damals ausgesprochen saubere und klimatisierte Fertigungsräume hergerichtet worden, die Frauen trugen statt der bisher üblichen Kittelschürzen weiße Arbeitsmäntel, und sämtliche persönlichen Dinge oder auch Essens-Sachen mussten in der Garderobe abgegeben werden. Trotz solcher Vorsicht gelang es Spatzen zum Beispiel sehr wohl, durch besondere Schlupflöcher in diese „Reinräume" zu kommen, und sie sorgten dabei für nicht geringe Aufregung, im Rückblick freilich eher ein Grund zum Schmunzeln.

▲ Die ersten ausländischen Arbeitskräfte aus Tunesien, hier mit ihrem Botschafter

▲ Die MESA-Fertigung um 1968

„Just in time" gab es bei der Halbleiter-Fertigung übrigens in jenen 60er Jahren auch schon, lächelt Oskar Duchardt: „Jeden Tag gegen 15 Uhr fuhr ein VW-Bus nach München, um die Tagesproduktion an MESA-Transistoren auf schnellstem Weg ins Prüffeld zu bringen!"

Vom Bereich „Passive Bauelemente" konnte die Halbleiter-Fertigung damals einige Mitarbeiter übernehmen, „aber nur die jüngeren, die auch mikroskoptauglich waren". Dass man die Belegschaft etwa „nach Schönheit ausgesucht hat", sei jedenfalls eine Unterstellung, meint Oskar Duchardt augenzwinkernd.

Da der Bedarf an Halbleiter-Bauelementen rasant zunahm, platzte auch die Regensburger Produktionsstätte bald aus allen Nähten. So war man froh, schon im Herbst 1967 den Halbleiter-Neubau 23 beziehen zu können. Im 6. Flur wuchs dabei die Ge-MESA-Fertigung bis zu einer kleinen Fabrik an, in Spitzenzeiten waren hier 773 Mitarbeiter tätig. Kein Wunder, dass die Betriebs-Ingenieure gemeinsam mit den Kollegen von der Personalabteilung immer wieder übers Land ziehen mussten und in zahlreichen Gasthäusern „Anwerbe-Abende" abhielten. Anfang der 70er Jahre wurde die 2000. Mitarbeiterin begrüßt, nachdem schon in zwei weiteren Stockwerken des Gebäudes 23 Silizium-Transistoren gefertigt worden waren. Gleichzeitig wurde die Produktion durch die Übernahme der Prüffelder aus München vervollständigt.

Schon bald zeigte es sich, dass der steigende Bedarf an Mitarbeitern auch in Regensburg nicht mehr nur durch Kräfte aus dem Bayerischen Wald gedeckt werden konnte. Man sah sich vielmehr in ganz Europa um und rekrutierte sogar Mitarbeiterinnen aus Tunesien. Für diese wurden 1968 Siemens-eigene Wohnheime in der Nähe des Werks errichtet. Aber auch Türkinnen, Jugoslawinnen und Griechinnen waren in der Belegschaft vertreten. Die erste Nachtschicht absolvierten übrigens 50 Türken. 1974 waren 1023 ausländische Mitarbeiter am Standort beschäftigt, dies entspach rund einem Drittel der gewerblichen Belegschaft.

Im Jahre 1973 wurde der zweite Halbleiter-Bau 24 fertig gestellt und mit weiteren neuen Produktlinien bezogen. Damals entschloss man sich auch, mit der Verlagerung der Germanium-Scheibenfertigung von München die Gesamtproduktion von Ge-MESA-Hochfrequenz-Transistoren am Standort Regensburg zu komplettieren. Fast zur gleichen Zeit wurde die Fertigung von „Massenprodukten" mit entsprechend hohem Bedarf an Mitarbeitern zunehmend ins Ausland verlagert. Erster Standort war das italienische Sulmona. Aber auch Neues entstand immer wieder, auch und gerade in Regensburg: 1972 zum Beispiel der Fertigungsanlauf für optoelektronische Bauelemente wie etwa Leuchtdioden oder Displays.

Im Wandel der Zeit:
Passive elektronische Bauelemente aus Regensburg

Von Jürgen Pütz

Ausgangssituation 1959

Seit mehr als 40 Jahren wurden elektronische Geräte im wesentlichen mit den gleichen Bauelementen und nach den gleichen Prinzipien aufgebaut: Das dominierende aktive, d. h. verstärkende Bauelement war die energiefressende und hohe Spannungen benötigende Vakuum-Verstärker-Röhre, um die herum mit Hilfe der dazu passenden passiven Bauelemente das elektronische Gerät, z. B. Rundfunk- und Fernsehgeräte, aber auch Telefon und Telekommunikationseinrichtungen sowie Industrieelektronik und Sendetechnik aufgebaut wurden.

Die wesentlichen passiven Bauelemente, die alle als Anschlüsse Lötösen oder Anschlussdrähte besaßen, waren Transformatoren oder Spulen/Drosseln (aus Kupfer gewickelt), Widerstände (Masse-, Kohleschicht- und Drahtwiderstände) oder Kondensatoren, wie z. B. Luft-, Keramik-, Elektrolyt- und Folienkondensatoren, aufgebaut aus verschiedenen Isolier-(Dielektrikums-)Werkstoffen und MP-Kondensatoren, bei denen die Metallbeläge aus Zink oder Aluminium auf Papier aufgedampft waren.

Die Bauelemente selbst wurden meist von Hand oder mittels einfacher Maschinen und Hilfseinrichtungen von Hand gefertigt, Automaten im heutigen Sinne gab es noch nicht. Bei der Herstellung von elektronischen Geräten wurde jede technische Einzelfunktion aus den entsprechenden Bauelementen aufgebaut, von Hand mit Drähten meist durch Lötung miteinander verbunden und zur Gesamtschaltung zusammengefügt.

Elektrische und elektronische Geräte besitzen die Eigenschaft, sich beeinflussen zu können. Um zu verhindern, dass bei dem ständigen Zuwachs an elektrischen und elektronischen Geräten besonders in Haushalten sich diese gegenseitig stören und funktionsunfähig machen, wurde eine besondere Technik der Entstörung entwickelt, die im wesentlichen auf dem Einsatz von passiven Bauelementen (Entstörung an der Quelle) und Abschirmungen (Entstörung an der Senke/Empfänger) beruht. Auch hierfür musste ein entsprechendes Spektrum von Bauelementen bereitgestellt werden.

Aufbau der Fertigung von passiven Bauelementen in Regensburg

Aufgrund der beschriebenen Situation entschied 1959 das damalige Wernerwerk für Bauelemente der Siemens&Halske AG, in Regensburg auf dem ehemaligen Messerschmitt-Gelände von 193.000 m^2 eine Fabrik für passive Bauelemente aufzubauen, die – wegen der arbeitsintensiven Handfertigung – für etwa 12.000 Mitarbeiter geplant war. Folgerichtig wurden Fertigungen für konventionelle Folien- (Styroflex) und Keramik-Kondensatoren, für die neuesten metallisierten Kunststoff-Kondensatoren (MKT-, MKL-), für Widerstände (Schicht-, Draht-), für Störschutz-Bauelemente, -Drosseln und -Geräte, sowie die entsprechende Messtechnik in rasantem Tempo (2000 Mitarbeiter Ende 1961) aufgebaut. Hinzu kam der Aufbau der Entwicklungsabteilungen für Widerstände, Kondensatoren und Störschutztechnik, sodass ein großes Potential für die Weiterentwicklung und Anpassung der Bauelemente an die jeweilige Gerätetechnik gegeben war. Aber dann kam es anders als geplant! Der Mitarbeiteranstieg wurde jäh gebremst, die Pläne für den Ausbau des Standorts nie realisiert.

Entwicklungstendenzen in der Elektronik

Plötzlich wurde die Landschaft der Bauelemente durch eine Reihe von Neuentwicklungen vollständig verändert, wie z. B. den Aufstieg der Halbleiter-Technik mit der unerwartet schnellen Verdrängung der alten Vakuum-Röhre durch den Transistor; dadurch verringerte sich das elektrische Gerätespannungsniveau von 100 bis 600 $V^=$ auf 3 bis 15 $V^=$. Auch die Integration von mehreren Einzelfunktionen auf einem Halbleiter-Chip, Quantensprünge in der Material- und Kunststoffentwicklung, die Einführung der Leiterplatte als Verschaltungs-Element für Bauelemente und das Vordringen der Digitaltechnik und des Computers spielten eine entscheidende Rolle.

Diese Veränderungen verlangten nach einer schnellen Anpassung der passiven Bauelemente an die neuen Gegebenheiten! Die komplexer werdende, immer mehr Einzelfunktionen in sich vereinigende Gerätetechnik, die Veränderung der Gerätefertigung durch die Umstellung auf Leiterplatten als Träger der

▶ Professor Mühlbauer erklärt das Modell des Standorts, der ursprünglich für 12.000 Mitarbeiter geplant war (1959).

Bauteile, der beginnende Einsatz von Automaten zur Bestückung dieser Leiterplatte, all dies erforderte eine radikale und schnelle Neuausrichtung der Anforderungen an die Bauelemente:

» Verkleinerung, dafür niedrigere Einsatzspannungen
» Umstellung auf radiale Drahtanschlüsse, mit engen Toleranzen für die genormten Drahtabstände (Rastermaß) und Abmessungen als Voraussetzung für die automatische Bestückbarkeit von Leiterplatten
» neue Verpackungskonzepte, damit eine automatische Bestückung direkt aus der Verpackung möglich ist
» engere Funktionstoleranzen, höhere Anforderungen an Fehlerfreiheit und Zuverlässigkeit zur Vermeidung von kostspieligen Abgleich- und Reparaturarbeiten bei den Anwendern
» last but not least: höhere Stückzahlen und ein enormer Preisdruck

Parallel zum Vordringen des Computers in Entwicklung und Fertigung begann ein atemberaubender Wettkampf zwischen den geeignetsten Technologie-, Fertigungs- und Automatisierungskonzepten. Der Kampf hatte gefährliche Züge, wer den falschen Weg einschlug und zu lange darauf blieb, war tot. Hinzu kam das Bestreben der Halbleiter-Ingenieure, immer mehr Einzelfunktionen auf einem Chip zu vereinen und diese mit Funktionen der Leistungselektronik zu kombinieren, ein Weg, der neue Formen der Störunterdrückung erforderte.

Höhenflug und Ende der passiven Bauelemente in Regensburg

Ursprünglich arbeiteten die Bauelemente-Entwickler im Spannungsfeld zwischen der Aufgabe, als Hauslieferant der Siemens AG Bauelemente höchster Zuverlässigkeit und Lebensdauer für die professionelle Gerätetechnik zu entwickeln, ohne besondere Rücksicht auf die Kosten und mit der Zielsetzung, den Markt mit preiswerten Bauelementen in hohen Stückzahlen für Geräte des Konsummarktes zu beliefern. Beispielhaft für diese beiden Richtungen in Regensburg sind die Entwicklung und Fertigung der MKL-Kondensatoren für den professionellen Bereich und der Schichtkondensatoren als Massenprodukt für die allgemeine Elektronik. Beide Produktlinien waren Technologie-Treiber für den Standort. Mit ihnen wurden Folien-Bedampfung und Umgang mit Dünnstfolien, Fertigungstechnologien für Kunststoff-Verarbeitung und Fertigungsautomatisierung, Prozesstechnik und deren Absicherung, bei gleichzeitiger Flexibilität der Produktanpassungen an Marktforderungen zu zeitweilig großem wirtschaftlichen Erfolg geführt. Ähnliche Erfolge zeigten sich auch im Bereich der Entstörtechnik, wo Geräte und Bauelemente wie z. B. die stromkompensierte Drossel – zeitweise in jedem europäischen Fernsehgerät zu finden – entwickelt und gefertigt wurden. Die Erfolgsgeschichte hätte möglicherweise weitergehen können, wenn ...

Ende 1965 begann die Fertigung von Halbleiter-Bauelementen in Regensburg. Die stark expandierende Halbleiter-Produktion und die guten Rahmenbedingungen in Regensburg führten dazu, dass bereits Ende 1966 ein großes Produktionsgebäude fertiggestellt wurde und die Halbleiter-Produktion ganz allmählich begann, die Fertigungsflächen und die Leitung des Standorts zu übernehmen. 1975 wurde das Werk für passive Bauelemente in zwei Betriebe aufgespalten, die von den Werken in Heidenheim bzw. München geleitet wurden. Die beiden Betriebe (BKO und BIK) wurden 1981 wieder zusammengeführt und der Werkleitung in Heidenheim unterstellt.

Das Schicksal der passiven Bauelemente in Regensburg war besiegelt. 1984 wurde der Grundstein zur MEGA-Fabrik gelegt, 1985 die Entwicklung von passiven Bauelementen nach Heidenheim überführt und die Fertigung bis 1989 stufenweise in Regensburg eingestellt. Nur die Störschutz-Entwicklung ist mit ihrer Absorber-Halle bis heute in Regensburg geblieben.

Dr. Thomas Reisinger
Ein Jahr bei Infineon in Regensburg und quasi zurück in der Heimat entdecke ich viele Perlen, die mir bislang verborgen blieben. Eine davon ist sicher Infineon Regensburg selbst, die Professionalität und Fähigkeiten, die ihresgleichen suchen. Gemeinsam wird es uns gelingen, dass man diese Perle auch nach außen strahlen sieht.

MKL-Kondensatoren – die Zuverlässigkeits-Profis für die Kommunikations- und Raumfahrttechnik

Von Dr. Walter Böld

Als Dielektrikum für Kondensatoren werden seit 1936 neben Papier auch Kunststofffolien verwendet. Etwa zur gleichen Zeit kommen „selbstheilende" Kondensatoren auf den Markt, bei denen als Ladungsträger anstatt der bisher üblichen dünnen Metallfolien aus Zinn oder Aluminium eine hauchdünne Schicht aus Zink direkt auf das Papier-Dielektrikum aufgedampft wird. Dieser „Metallpapier-Kondensator" ist nicht nur kleiner als ein Papier- oder Folienkondensator gleicher Kapazität, sondern auch zuverlässiger, da bei einem möglichen Spannungsdurchschlag der Metallbelag um die Durchschlagsstelle herum verdampft und der elektrische Kontakt zwischen den beiden Metallbelägen dadurch wieder unterbrochen wird; der Kondensator regeneriert, er „heilt" sich selbst.

In den 50er und 60er Jahren stellt der Übergang von der Röhren- zur Transistortechnik neue Anforderungen an die elektrischen Bauelemente, vor allem an die Kondensatoren: Sie müssen noch kleiner und leichter werden, ihre Betriebsspannung braucht allerdings nicht mehr so hoch zu sein. Anstatt bei 250 V= (Gleichspannung) liegt sie nun meist bei 63 V=, später dann sogar bei nur 25 V=. Für eine Betriebsspannung von 25 V= wäre eine Dielektrikumsdicke von ca. 1 bis 2 µm ausreichend, die Kunststoffindustrie ist jedoch zu dieser Zeit nicht in der Lage, geeignete Folien in dieser geringen Dicke zu liefern. Von der Siemens Entwicklungsabteilung in Karlsruhe wurde deshalb bereits 1955 ein Projekt begonnen mit dem Ziel, eine Dielektrikumsfolie mit einer Dicke von etwa 3 µm zu entwickeln, die zur Fertigung eines metallbedampften, regenerierfähigen Kondensators eingesetzt werden kann. Dieses Vorhaben konnte jedoch nur gelingen, indem man die gewünschte Folie auf ein geeignetes biegsames Trägermaterial kaschierte, auf dem sie während sämtlicher Verarbeitungsvorgänge fest haften musste; an der Kondensator-Wickelmaschine sollte sich dann jedoch diese Folie leicht und schnell von dem Träger trennen lassen. Realisiert werden konnte dieses Vorhaben durch die Verwendung von Acetylcellulose (Cellulosetriacetat), einem in gebräuchlichen Lösungsmitteln löslichen Kunststoff als Dielektrikum und einem Träger aus sehr glattem, bewachsten Papier.

▼ An der Wickelmaschine (1970)

Zur Herstellung dieser dünnen Folie wird der in Form einer Stammrolle angelieferte Papierträger (Dicke 10 bis 20 µm, Breite 300 mm, Länge ca. 3500 m) im Durchlaufverfahren zunächst in einer Bewachsungsanlage mit einer dünnen Wachsschicht überzogen, dann wird in einer Lackieranlage eine dünne Schicht des flüssigen Acetylcelluloselacks aufgetragen. Die Lösungsmittel werden unmittelbar anschließend in einem Heißluftkanal völlig abgedampft, sodass die lackierte Papierbahn am Ende der Trocknungsstrecke sofort wieder aufgespult werden kann. Durch geeignete Wahl der Lackierbedingungen kann die Dicke der getrockneten Lackschicht in einem Bereich von 0,6 bis 2 µm mit einer Toleranz von ± 10 % variiert werden, d. h. die Dicke des Dielektrikums kann der Betriebsspannung des Kondensators gezielt angepasst werden.

Die lackierte Stammrolle kommt in eine Vakuum-Bedampfungsanlage, wo im Durchlaufverfahren auf die Lackschicht streifenförmig eine hauchdünne Aluminiumschicht aufgedampft wird. In der Lackieranlage wird dann auf diese Al-Schicht eine weitere Lackschicht (in gleicher Dicke wie die erste Lackschicht) aufgebracht. Auf einer Schneidmaschine wird diese Stammrolle in schmälere Rollen aufgeteilt (Breite ca. 15 bis 35 mm). Jeweils zwei der so entstandenen Vorratsrollen werden, geringfügig gegeneinander versetzt, auf einer Wickelmaschine zu Kondensatorwickeln (1) verarbeitet. Erst hier werden die beiden Kondensatorfolien von ihrem Träger, dem bewachsten Papier, getrennt. Die weiteren Stationen der Endfertigung, „Kontaktieren" der Wickelstirnseiten mit lötbaren Metallen (2), „Anlöten" der Anschlussdrähte (3), „Einbauen" in Metallrohre mit beidseitigem Epoxidharzverguss (4) bzw. (für höchste Feuchte-Beanspruchung) dicht eingelötet in Rundbecher/Kartusche folgen dem Stand der Technik. Die Siemens-interne Bezeichnung für den so gefertigten Kondensator lautet „MKL-Ko": Metallbedampftes Kunststoff-Dielektrikum, das aus einer Lackschicht besteht; die Normbezeichnung für diesen Kondensatortyp ist „MKU-Kondensator". Serienmäßig gefertigt wurde der

▲ Lackieranlage

▲ Vom MKL-Rohwickel zum fertigen Kondensator (vergleiche nebenstehenden Text)

MKL-Kondensator in Regensburg in den Jahren 1961 bis 1990 in Stückzahlen bis zu 1 Million pro Jahr. Er war bei Kondensatoren für niedrige Betriebsspannungen allen anderen Typen nicht nur wegen seiner geringen Bauformgröße überlegen (vgl. Abbildung),

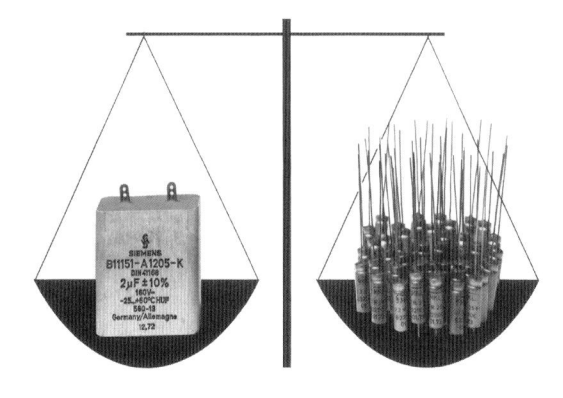

▲ Größen- und Gewichtsvergleich zwischen Papierkondensator 2 µF, 160 V (links) und 50 MKL-Kondensatoren 2,2 µF, 25 V (rechts)

▼ Bedampfungsanlage

das außerordentlich gute Regenerierverhalten des Celluloseacetats war auch die Gewähr für eine sehr hohe Betriebszuverlässigkeit und lange Lebensdauer. Eingesetzt wurde er deshalb vorzugsweise im kommerziellen Bereich, in der Nachrichten- und Datentechnik, u. a. auch im elektronischen Wählsystem EWS1, einer Gemeinschaftsentwicklung deutscher und amerikanischer Firmen. Verwendet wurde der Kondensator aber auch in der Raumfahrttechnik, nachdem er sich in Sonderprüfungen als raumfahrttauglich erwiesen hatte. Zur Simulation der Umgebungsbedingungen im Van-Allen-Strahlungsgürtel der Erde wurden MKL-Kondensatoren Strahlungsbelastungen mit Neutronen-, Gamma- und Elektronenstrahlen ausgesetzt. Für das deutsch-französische Satellitenprogramm „Symphonie" wurde deshalb 1969/1970 in Regensburg die „dokumentierte Fertigung" von MKL-Kondensatoren sowie von MKT-Hochspannungskondensatoren aufgenommen. Hierbei wurde jeder einzelne Fertigungsschritt der Kondensatoren von Aufsichtspersonen überwacht und protokolliert und nach der Fertigstellung jedes einzelne, nummerierte Exemplar neben den routinemäßigen Endprüfungen weiteren vom Kunden vorgeschriebenen Eignungsprüfungen unterzogen. Diese Sonderfertigung mit jeweils sehr geringen Stückzahlen wurde erstmals 1969 durchgeführt. Da die Kondensatoren auch in weiteren Satelliten und Raumfahrzeugen zum Einsatz kamen, musste diese dokumentierte Fertigung in unregelmäßigen Zeitabständen immer wieder aufgenommen werden; deswegen lief die Fertigung von MKL-Kondensatoren auch bis 1995 weiter.

Für eine Zeitspanne von etwa 30 Jahren war also der MKL-Kondensator ein Garant für den wirtschaftlichen Erfolg des Siemens-Standorts Regensburg West. Seine auch nach diesem Zeitraum immer noch von keinem anderen Kunststofffolien-Kondensator erreichte Einmaligkeit hinsichtlich Zuverlässigkeit und Volumenkapazität sicherte ihm eine Überlebenschance in Regensburg für weitere fünf Jahre. Er füllte eine Lücke im Technologiewandel zwischen diskreten und integrierten Bauelementen.

MK-Schichtkondensatoren –
ein Massenprodukt für die Elektronik

Von Hartmut Keßler

Von den vielen verschiedenen elektrischen Bauelementen, die hier in Regensburg gefertigt wurden, soll eines nicht unerwähnt bleiben, nämlich der MK-Schichtkondensator, der sich sowohl durch seine ungewohnte, neuartige Herstelltechnik wie auch durch seine hohen Fertigungsstückzahlen von den anderen Kondensatoren abhob.

Während bei den üblichen MK-Kondensatoren für jeden einzelnen Kondensator die beiden metallbedampften Kunststofffolien mithilfe einer Wickelmaschine auf einen Wickeldorn von ca. 1 mm Durchmesser so lange aufgewickelt werden mussten, bis die vorgegebene Windungszahl erreicht war bzw. das Röllchen den gewünschten Durchmesser hatte, wurden beim MK-Schichtkondensator nach einem in der Grundlagenentwicklung in München ersonnenen und im Labormaßstab realisierten und dann ab 1968 in Regensburg fortlaufend weiter entwickelten Verfahren die Kondensatorfolien auf einen „XXL-Wickeldorn", nämlich auf ein massives Wickelrad von 700 mm Durchmesser aufgewickelt, mit vergleichbar viel Windungen, aber höherer Wickelgeschwindigkeit als bei der konventionellen Wickeltechnik. Am Anfang und am Ende des Rings wurden dickere Folien, sogenannte Deckfolien, dazugewickelt, die später am fertigen Kondensator die sehr dünnen und empfindlichen Kondensatorfolien ähnlich wie die Deckel eines Buches schützten und stützten. Damit nicht genug wurden noch weitere solche Ringe über den ersten Ring gewickelt. Um die Ringe später voneinander trennen zu können, wurde auch noch zwischen die Ringe eine beidseitig überstehende sogenannte Trennfolie eingewickelt. Die so entstandenen Kondensatorringe ähnelten übrigens in ihren Abmessungen den bekannten Hula-Hoop-Reifen.

Der Clou war nun der, dass die folgenden Arbeitsgänge „Schoopen" (Aufspritzen sehr feiner Kontaktmetalltröpfchen) und „Tempern" (Aneinander-„backen" der Folienlagen bei erhöhter Temperatur) an einem solchen von der Wickelmaschine abgenommenen Wickelrad für alle etwa 5 bis 20 Ringe und damit letztlich für mehrere Tausend Kondensatoren auf einmal durchgeführt werden konnten.

Danach wurden die Ringe (oft auch Mutterkondensatoren genannt) vom Rad abgenommen. Von jedem Ring wurden auf Sägebedrahtautomaten Stück für Stück die Einzelkondensatoren in der gewünschten (für die vorgegebene Kapazität erforderlichen) Länge abgesägt und im gleichen Zug mit radialen (in der Ebene der Schoopschichten liegenden, parallelen) Anschlussdrähten versehen. Nach diesem „brutalen" Absägen kleiner, nur wenige Millimeter langer

> Der „Schichtko" überzeugte durch rationellere Fertigungstechnik und bessere elektrische Eigenschaften.

Manuela Zeppin
Als ich 1999 zu Infineon kam, waren Arbeitsabläufe und Strukturen teilweise noch recht starr, doch schon 2004, nach der Rückkehr aus der Elternzeit, fand ich eine komplett neue Unternehmenslandschaft vor, die es mir ermöglichte, meine Arbeitsprozesse aktiver zu gestalten. Ich glaube deshalb, dass der aktuelle Wandel auch wieder Chancen birgt, Dinge anders und vielleicht auch besser zu machen.

Ringteilstücke erhielt man tatsächlich funktionstüchtige, quaderförmige MK-Kondensatoren, bei denen die metallisierten Folien im Inneren aber nicht spiralig aufgewickelt waren wie bei den üblichen MK-Kondensatoren, sondern flach wie die Blätter eines Buches geschichtet waren. Deshalb nannte man diese Kondensatoren MK-Schichtkondensatoren.

Die Kapazität der Kondensatoren konnte unmittelbar nach dem Sägen-Bedrahten gemessen und die Schnittlänge im Bedarfsfall sofort angepasst werden. Da jeder aus dem gleichen Ring abgeschnittene Kondensator sozusagen einen „repräsentativen Querschnitt" durch die oft mehreren hundert Folienlagen darstellte, spielten Foliendickenschwankungen und Freirandschwankungen praktisch keine Rolle, und man erhielt sehr gleichmäßige Kapazitätswerte, sodass die Kondensatoren in der vom Kunden gewünschten Kapazität mit sehr hoher Ausbeute in der engen Toleranzklasse ±5 % (Kennzeichnung J) geliefert werden konnten. Sonderwünsche von Kunden hinsichtlich der Kapazität und der Abmessungen konnten durch geeignete Wahl der Windungszahl und der Schnittlänge leicht erfüllt werden.

Die Achsabstände der beiden Anschlussdrähte mussten ein festgelegtes Maß, das Rastermaß (RM), einhalten, um bei den Anwendern in Bestückmaschinen automatisch in die sogenannten gedruckten Leiterplatten eingebaut werden zu können. Entsprechend wurden Ringe unterschiedlicher Breite aus Folien mit angepassten Folienbreiten gewickelt und wie beschrieben weiter verarbeitet. In Regensburg wurden in dieser Technik Kondensatoren im RM 5 (5 mm Drahtachsenabstand), RM 7,5, RM 10, RM 15, RM 22,5 und RM 27,5 hergestellt.

Die im Einsatz zulässige Spannungsbelastung, die Nennspannung, richtete sich nach den im Handel erhältlichen Dicken der Kondensatorfolien. Entsprechend den bei der Folienherstellung erzielten Fortschritten hin zu dünneren Folien konnten ausgehend von 15, 12, 10 und 8 Mikrometer (1 Mikrometer ist ein Tausendstel Millimeter – ein Menschenhaar ist etwa 50 bis 100 Mikrometer dick) nach und nach auch 6, 5, 4, 3, 2 und schließlich 1,5 Mikrometer dicke Folien eingesetzt werden. Damit konnten Kondensatoren mit Nennspannungen von 630 V bis hinab zu 50 V gebaut werden.

Erfreulicherweise gelang es, den Sägeschnitt so zu führen, dass die obere und die untere Schnittfläche des abgetrennten Kondensators voll isolierte. Damit war der Kondensator vorn und hinten durch seine Deckfolien, oben und unten durch seine Schnittflächen ausreichend gegen andere eventuell Spannung führende Nachbar-Bauelemente auf der Leiterplatte (Platine) geschützt und konnte somit ohne weitere Umhüllung als „nackter Schichtko" mit entsprechend kleinen Abmessungen verkauft und eingesetzt werden. Für kritische Einsatzfälle (und kritische Kunden!) wurden aber auch teilumhüllte (beide Schoopschichten und Anschlussdrähte oberhalb der Platinen-Ebene mit isolierendem Epoxydharz umhüllt) und voll umhüllte (Kondensatoren im Kunststoffbecher mit Epoxidharz vergossen) MK-Schichtkondensatoren hergestellt.

Der „Schichtko" überzeugte aber nicht nur mit fertigungstechnischen Vorzügen, sondern auch mit besseren Eigenschaften gegenüber seinen konventionell hergestellten MK-Kondensator-Brüdern aus dem eigenen Haus oder von den Wettbewerbern. Bei gleichem Ausgangsmaterial (gleiche Foliendicke, gleiche Folienbreite) war (und ist) er kleiner (in der Nacktausführung), überlegen in der Selbstheilfähigkeit bei hohen Spannungsbelastungen (aufgrund des flachen Aufbaus können Durchschläge an keiner Stelle schädliche Druckanstiege hervorrufen) und überlegen in der Impulsbelastbarkeit durch hohe Stromspitzen (aufgrund seines Aufbaus aus vielen voneinander unabhängigen kleinen Teilkondensatoren wird im Ernstfall nur jeweils einer von diesen abgetrennt, die übrigen werden – im Gegensatz zum konventionellen MK-Kondensator – dadurch in der Folge nicht höher belastet).

Es verwundert daher nicht, dass er in sehr vielen unterschiedlichen Anwendungsgebieten erfolgreich eingesetzt und allein während seiner Zeit in Regensburg (1968 bis 1988) mit bis zu 400 Millionen Stück pro Jahr gefertigt und verkauft wurde. In jener Zeit surrten in den Fertigungsräumen mehrere Dutzend der mannshohen Wickelmaschinen in Tag- und Nachtschichten, um die erforderlichen Stückzahlen zu produzieren. Entsprechend viele Sägebedrahtautomaten zischten und ratterten um die Wette, ganz zu schweigen von den übrigen Fertigungsmaschinen. Da war „Leben in der Bude"!

Für spezielle Einsatzfälle wurden dabei auch „ausgefuchste" Konstruktionen verwirklicht, wie etwa bei der Hochspannungskaskade. Für sie wurden zunächst breite Schichtkondensator-Ringe mit mehrfacher innerer Reihenschaltung gefertigt. Reihenschaltung bedeutet hierbei, dass ein Kondensator sozusagen auf der Schulter des anderen Kondensators steht. Während sportliche Burschen diesen Trick gelegentlich bei einem Baum voller reifer Kirschen einsetzen, um die für einen Einzelnen nicht erreichbare Höhe bis zum untersten Ast zu überbrücken, wenden Elektrotechniker die Reihenschaltung bei Spannungen an, die für einen einzelnen Kondensator zu hoch sind. Bei der inneren Reihenschaltung ist dieses mehrfache Aufeinanderstapeln von Kondensatoren im Inneren eines Kondensator-Rings, also zwischen seinen beiden Schoopschichten, durch Verwickeln von Folien mit abwechselnd versetzten Belägen und Freirändern verwirklicht. Aus diesem Spezialring wurden durch abwechselndes, mäanderförmiges Einsägen von beiden Schoopschichten her jeweils ein zusammenhängendes Segment mit zwei und eines mit drei Kondensatoren herausgesägt. In der Farbfernsehkaskade wurden nun diese zwei Segmente trickreich mit sechs Gleichrichterdioden zusammengeschaltet, der Sicherheit halber in ein Gehäuse von der Größe etwa einer Zigarettenschachtel gesteckt und mit Kunstharz vergossen. Zusammen mit dem für die Bildröhre sowieso erforderlichen Zeilentransformator erzeugten sie eine Gleichspannung (Anodenspannung der Bildröhre) von 25.000 Volt, ohne die ein Fernsehempfang in Farbe nicht möglich gewesen wäre.

In den Jahren 1976 bis 1983 wurden insgesamt 2,5 Millionen dieser Hochspannungskaskaden in Regensburg gefertigt; technisch abgelöst wurden sie dann vom „Dioden-Split-Transformator". Bei den heutigen Flachbildschirmen sind solch hohe Gleichspannungen nicht mehr erforderlich.

Bleibt noch zu erwähnen, dass wegen der Sonderstellung des Schichtkondensators eine gewisse Aufbruchstimmung herrschte, die sowohl innerhalb der Abteilungen Entwicklung, Fertigungsplanung, Fertigung, Kalkulation, Qualitätssicherung und Abwicklungszentrum/Vertrieb als auch zwischen ihnen einen echten Teamgeist mit regem Gedankenaustausch und gleichzeitig „sportlichem Ehrgeiz" hervorbrachte, der insgesamt dem MK-Schichtkondensator glücklich über manche auftauchende Klippe bei Weiterentwicklung, Fertigung und Verkauf hinweghalf.

▲ Schichtkondensatoren: Massenware, aber „maßgeschneidert"

Erhard Sixt
Als ich 1993 aus Perlach kam, war die Regensburger Fertigung noch sehr speicherorientiert. Die Welt der Logikchips bestand aus einfachen Sensoren, aber auch schon höchstintegrierten Controllern für Mobilfunkanwendungen. Es erforderte Mut, sich in die neuen Produkte hineinzudenken, mit dem „Aber beim Speicher haben wir das immer so gemacht" zu brechen und neuen Ideen zu folgen. Letztlich sind es aber gerade die neuen Ideen, die die Arbeit so interessant machen.

Die Absorberhalle –
ein Meilenstein für den Funkschutz

Von Eberhard Ristig

Funkschutz ist seit Beginn des Rundfunks ein bedeutendes Thema. Er stellt sicher, dass elektrische Geräte neben- und miteinander funktionsfähig sind und sich nicht gegenseitig beeinflussen. Heute verwendet man den umfassenden Begriff „Elektromagnetische Verträglichkeit" (EMV), der die Störaussendung und Störfestigkeit von elektrischen Geräten einschließt, und deren Anwendung ist weltweit durch Normen geregelt. Der Bau der Absorberhalle in Regensburg war ein Meilenstein für die heute überall eingesetzte Messung von Störfeldern.

Bereits in den 1930er Jahren beobachtete man Störungen beim Empfang von Rundfunksendungen

▼ Abstrahlmessung an einem Staubsauger

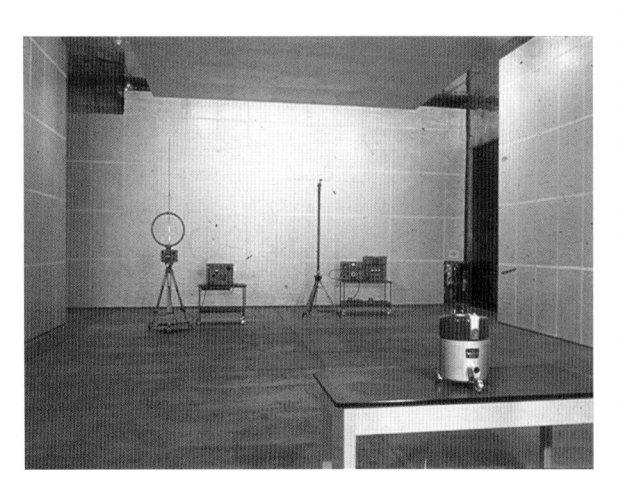

(Mittelwellenradio) durch einen in der Wohnung laufenden Staubsauger oder ein vorbeifahrendes Auto. Die Störungen hatten physikalisch unterschiedliche Ausbreitungswege: Der Staubsauger war am gleichen Versorgungsnetz wie der Rundfunkempfänger angeschlossen, die Störung konnte sich so über Stromleitungen ausbreiten, hier wurde durch Einbau eines Sperrfilters (eine Kombination mehrerer elektrischer Bauelemente) die Störung vom Radio ferngehalten. Das vorbeifahrende Auto übertrug die Störung mittels Abstrahlung (ein Stück Leitung des Bordnetzes wirkte als Antenne).

Die Grenze zwischen „geleiteter" und „gestrahlter" Störung wurde normativ auf 30 MHz festgelegt und das Prinzip des Verursachers eingeführt, d. h. jedes elektrische Gerät musste auf seinen Zuleitungen einen Grenzwert der Störspannung einhalten und durfte, im Abstand von 10 m gemessen, den Grenzwert der Abstrahlung nicht überschreiten. Wenn die gemessenen Störungen höher lagen, mussten zur Minderung elektrische Bauelemente (Kondensatoren und Drosseln) eingebaut bzw. gegen die Abstrahlung ein besseres Gehäuse (Faraday-Käfig) gebildet werden.

Da die Bauelemente überwiegend an der Versorgung der Geräte (also am Netzeingang) zugeschaltet wurden, unterlagen sie auch den Sicherheitsbestimmungen des Versorgungsnetzes. Ein Kondensator wurde der Netzwechselspannung mit Schaltspitzen ausgesetzt, über Induktivitäten (Drossel) musste der Versorgungsstrom des Gerätes fließen können, außerdem hatten sie zusätzliche Anforderungen in Richtung Hochfrequenz zu erfüllen. Es kristallisierte sich das Arbeitsfeld „Funkentstörung" (seit 1925) mit Messgeräten (seit 1934), Messvorschriften (seit 1935) und technischen Bauelementen (seit 1933) heraus.

Diese Aktivitäten wurden nach dem II. Weltkrieg zunächst bei Siemens in Heidenheim wieder aufgenommen und 1961 in Regensburg mit der Fertigung von Entstörbauelementen, -filtern und -messgeräten fortgesetzt.

Um die von einem Gerät möglicherweise ausgehende elektrische Störung unbeeinflusst von anderen elektromagnetischen Strahlungen (Radiosendern, Hochfrequenzgeräten für medizinische Zwecke, „Handy"-Netzen etc.) messen zu können, ist es erforderlich, das betreffende Gerät sowie die benötigten Messeinrichtungen von der Außenwelt völlig abzuschirmen.

In Regensburg wurde deshalb 1963 im Hangar des ehemaligen Messerschmitt-Flugzeugwerks eine Absorberhalle mit einer Investition von 500.000 DM gebaut. Diese Halle ist ein Faraday-Käfig, d. h. eine Ganzmetall-Raumhülle, die das Eindringen von Funkstrahlung aus der Umgebung ausschließt. Im Innern verhindert eine Absorberauskleidung, sogenannte Schachtabsorber aus graphitbeschichtetem Styropor, die Reflexion der vom Testgerät rundum ausgehenden Störstrahlung. Nur der direkte Weg vom Testgerät zur Messantenne wird erfasst, das Testgerät wird auf einer Drehscheibe um 360° gedreht und der Höchstwert der Störfeldstärke gemessen.

Diese Halle war die erste ihrer Art in Europa und wurde danach von Siemens in ähnlicher oder auch in Baukastenform an viele Standorte weltweit geliefert. Aufgrund ihrer Abmessungen (20 m Länge, 11 m Breite, 5,5 m Höhe) bestand nun die Möglichkeit, Testgeräte jeglicher Größe aufzubauen, in Betrieb zu nehmen und ihr Störverhalten isoliert zu messen.

Nach dem Hochfrequenzgerätegesetz von 1949 mussten alle elektrischen Geräte, die auf den Markt gebracht wurden, bestimmte Grenzwerte der Funkstörung auf ihren Leitungen im Frequenzbereich 150 kHz (später sogar ab 9 kHz) bis 30 MHz und zwischen 30 MHz und 1000 MHz als elektromagnetische Abstrahlung einhalten, erst dann erhielten sie das sogenannte Funkschutzzeichen. Mit der Harmonisierung in der Europäischen Union wurden die Geräte ab 1989 mit dem CE-Zeichen versehen.

Bei der Überprüfung eines unbekannten Gerätes auf der Drehscheibe in der Absorberhalle stellt sich zuerst die Frage: Fall 1: Netzversorgung über Anschlussleitungen oder Fall 2: eigene Versorgung (mit Batterie betriebene Geräte, Automobile und andere Fahrzeuge).

Fall 1a: Die Versorgungsleitung wird an eine normierte Netznachbildung angeschlossen und die Störspannung mit einem das Störsignal bewertenden Messgerät zwischen 150 kHz (bzw. 9 kHz) bis 30 MHz erfasst und, wenn vonnöten, eine Entstörbeschaltung am Eingang des Gerätes vorgeschlagen und erprobt.

Fall 1b: Das Gerät wird auf der Drehscheibe gedreht und mittels einer Messantenne in 10 m Entfernung die Abstrahlung gemessen; der Empfänger speichert das Maximum des Signals von 30 bis 1000 MHz. Eine notwendige Reduzierung der Störfeldstärke wird erprobt, z. B. durch Verbesserung des Gehäuses und des metallischen Kontakts der Gehäuseteile (Entfernen von Lackschichten), Verkleinerung von Gehäuseöffnungen (versuchsweise mit aufgeklebter Kupferfolie), geschirmte Leitungen im Innern des Gerätes, Verkürzung der internen Verkabelung, Ortung der Quelle der Strahlung im Gerät mit einer Suchantenne und Beschaltung mit geeigneten Bauelementen.

Fall 2: Der „Prüfling" steht auf der Drehscheibe und arbeitet im Nennbetrieb. Die Erfassung der Störfeldstärke geschieht wie in Fall 1b beschrieben.

Christine Paulus
Ich bin seit August 1997 in Regensburg tätig und habe, auch schon während meiner Werkstudentenzeit, einige Höhen und Tiefen miterlebt. Aber ich bin überzeugt, dass der Standort auch aus diesem Tief wieder gestärkt hervorgeht. Privat habe ich auch mein Glück am Standort gefunden, durch die Begegnung mit meinem Mann.

Die so erfolgte Musterentstörung muss mit dem Hersteller diskutiert und von ihm im Gerät serienmäßig eingebaut werden. Der zeitliche Aufwand einer solchen Prüfung – eingesetzt werden automatisch den Frequenzbereich durchlaufende Empfänger – reicht von wenigen Stunden, z. B. bei einem Staubsauger, bis zu einigen Tagen bei komplexen Anlagen (Computer mit diversen Zusatzgeräten).

Kraftfahrzeuge stellen in der Abstrahlung keine großen Störquellen mehr dar, weil aufgrund der steigenden Anzahl von Hilfsgeräten an Bord, wie Motorsteuerung, ABS, Airbag, eine eigene Umgebung entstanden ist, in der alle Geräte auch im „worst case" problemlos arbeiten müssen. Die elektromagnetische Verträglichkeit (EMV) intern zwischen Zündfunken und empfindlichen Fühlern (Auslösung von Airbag), wie auch extern beim Vorbeifahren an Rundfunksendern, muss jederzeit gewährleistet sein. Für Prüfzwecke müssen mögliche Signale genormt und Generatoren dafür geschaffen werden. Auch für Wohn- und Industriegebiete normierte man einige physikalische Phänomene (Gewitterblitz, elektrische Entladung als Folge des Gehens auf Kunststoff-Teppichböden und einige mehr). Jedes elektrische Gerät muss sich dieser Beanspruchung unterziehen. Jedes Gerät muss EMV-konform sein!

Alle diese Prüfungen sind erforderlich, um die Konformität der Geräte mit den gesetzlichen Anforderungen nachzuweisen. Ein geschätzter Partner dafür ist das EMV-Labor der Epcos AG auf dem Werksgelände der jetzigen Infineon Technologies AG. Die Absorberhalle ist nach laufenden Verbesserungen auch 2009 weiterhin in Betrieb. Sie ist das Einzige, was von dem einstigen Werk für passive Bauelemente in Regensburg geblieben ist und in seiner ursprünglich zugedachten Aufgabe noch heute genutzt wird.

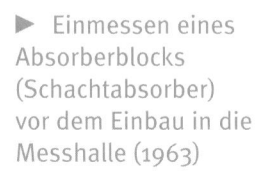

▶ Einmessen eines Absorberblocks (Schachtabsorber) vor dem Einbau in die Messhalle (1963)

Der Weg zur ersten „Waferfab":
Halbleiter-Technologie ab 1965

Von Walter E. Hupf

Bereits im Jahre 1942 beantragte die Firma Siemens ein Patent zur Herstellung von Germanium (Ge)-Spitzendioden, nachdem in Zusammenarbeit mit anderen Forschungseinrichtungen festgestellt wurde, dass Germanium sehr gut als Detektormaterial auf dem UHF-Gebiet geeignet ist.

Nicht lange nach der Entdeckung des Transistor-Verstärker-Effekts und der Erfindung des Flächentransistors im Jahre 1948 begannen auch bei Siemens die Aktivitäten zur Produktion von Halbleitern (Dioden, Transistoren). In der Münchner Balanstraße entstand in der Folge ein großes Entwicklungs- und Produktionszentrum für Halbleiter-Bauelemente, zur Anwendung im Leistungs-, Nieder- und Hochfrequenzbereich. Mit der Ge-MESA-Technologie für HF- und UHF-Transistoren begann für Siemens eine wahre Erfolgsgeschichte als Weltmarktführer über mehr als 20 Jahre auf diesem Bauelementesektor.

Die Funktion der Transistoren bei den hohen Frequenzen (MHz/GHz) kann nur gewährleistet werden, wenn aktive Flächen extrem klein gehalten werden (Vermeidung von „parasitären Kapazitäten"). Dies stellte sowohl die Systemherstellung als auch die Montage (Einbau der Chips in diverse Gehäuse) vor extreme Herausforderungen. So etwa an die Herstellung von Metall- bzw. in weiterer Folge Fotolithografiemasken der Chipfertigung oder die fertigungstechnische Beherrschung der Wedge-Kontaktierung in der Montage mit einem 7,5 µm dicken Golddraht – ca. achtmal dünner als die dünnsten menschlichen (blonden) Frauenhaare.

1965 wurden die Montageaktivitäten für Ge- und Si-Transistoren von München-Balanstraße ins Bauelementewerk nach Regensburg verlagert. Dort wurden schon passive Bauelemente gefertigt. Die Halbleitermontage war sehr anspruchsvoll und personalintensiv. Ähnlich wie beim Glasschneiden erfolgte die Vereinzelung der Transistorsysteme auf den Scheiben anfangs durch Ritzen und Brechen. Anschließend wurden die 0,5 bzw. 0,4 mm quadratischen Chips mittels Saugpinzetten auf die nicht viel größere, vergoldete Fläche der Bodenplatten aufgelegt und damit durch einen mehrere Meter langen Tunnelofen geschickt. In Schutzgasatmosphäre bei etwa 400 °C „legierte" dabei das Gold der Bodenplatten mit dem Germanium des Chips und lieferte damit eine perfekte Verbindung des Kollektors mit dem entsprechenden Anschlussbein des Bauelements. Ausgenutzt wurden dabei die Materialeigenschaften von Gold und Germanium, bei einem bestimmten Mischungsverhältnis bereits bei 356 °C zu schmelzen (eutektische Temperatur).

Die Verbindung vom Emitter bzw. Basisanschluss zu den Gehäusebeinchen erfolgte mittels „Wedge-Kontaktierung". In den Kontaktieranlagen wurden die Bodenplatten mit den legierten Systemen auf ca. 300 °C aufgeheizt. Der durch eine Glasdüse zugeführte Golddraht musste auf die zu kontaktierende

Johann Schmid
Ich bin seit 1996 als Operator im MEGA-Werk. Durch die professionelle Betreuung durch meinen Senior-Operator habe ich meine anfängliche Angst vor dem Computer schnell überwunden. Ich war bei der Umstellung von Speicher- zu Logik-Produkten und von 6 Zoll auf 8 Zoll dabei. Ich konnte zwar nur einen kleinen Abschnitt der 50 Jahre miterleben, aber ich war und bin immer mit Freude und Stolz hier tätig.

▲ Die Germanium-MESA-Transistoren im TO72-Gehäuse (doppelte Größe)

Fläche am Chip genau justiert und dann mit einem Stempel angedrückt werden. Anschließend musste der Draht mit der Glasdüse auf das entsprechende Anschlussbein der Bodenplatte hochgezogen und dort zweimal angedrückt werden. Mit einer Art Schere wurde der Golddraht abgeschnitten und dann der zweite Systemkontakt auf die gleiche Weise mit dem Gehäuse verbunden. Diese Arbeiten wurden mittels Mikromanipulatoren unter einem Mikroskop durchgeführt und erforderten erhebliches Geschick von den damit betrauten Frauen. Diese Verbindungs-Technologie, Thermo-Kompression genannt, ist eine Art „Kaltschweißung", die in den Bell-Laboratories entwickelt wurde. Die verwendeten Golddrähte hatten bei der „Kleinen Geometrie" (AF139, AF239/240 – Chipkontaktbreite: 15 µm) einen Durchmesser von 7,5 µm, bei der „Großen Geometrie" (AF106, AFY11/12/18 – Chipkontaktbreite: 30 µm) 13 µm. Die Prozesse Legieren (Chip-Bonden) und das Kontaktieren (Wire-Bonden) wurden meist von Frauen durchgeführt, die sich dafür als besser geeignet erwiesen als Männer. Die diffizile Präparation der Glasdüsen mit dem Golddraht, das „Einfädeln", war aber eine männliche Domäne. Die Produktionsanlagen für die Montage stammten fast ausschließlich aus firmeneigener Entwicklung und Produktion, und sowohl Fertigungsprozesse als auch Produktionsanlagen wurden stetig verbessert. Mit dieser innovativen und konsequenten Strategie konnte die erforderliche Produktivitätssteigerung immer wieder realisiert werden.

Die Systemherstellung für Ge-HF-MESA-Transistoren war anfangs in München, wie auch die Materialherstellung, in der aus im Schwimmtiegel-Zonen-Verfahren gezogenen 28 mm- (später auch 32 mm-) Germaniumstäben die Scheiben für die Systemherstellung gesägt wurden. Diese Grundmaterialscheibe bildete den Kollektor der späteren pnp-Transistoren. Erster Prozessschritt in der Systemherstellung war – nach Reinigungs- und Ätzprozessen – die Diffusion der Basisschicht, ganzflächig auf der Vorderseite der Scheiben. Dotierstoff für diese n-leitende Schicht war Antimon.

MESA 1-Technologie

Die Diffusion der Basisschicht erfolgte in einer Hochvakuum-Anlage, in der mehrere Scheiben aufgeheizt auf 600 bis 700 °C zwischen 20 und 80 Minuten in Antimondampf verweilten. Für Basisanschluss und Emitter wurde Au/Ag bzw. Au/Al durch entsprechende Metallmasken in Hochvakuum-Anlagen aufgedampft. Auf gleiche Weise erstellte man eine Wachsabdeckung zur Ätzung des MESA-Bergs. Die quadratische MESA hatte eine Seitenlänge von 120 µm beim AF106 bzw. 75 µm beim AF139. Die Herstellung der Masken und Vorrichtungen wie auch die hochpräzisen Werkzeuge dafür in den eigenen Werkstätten war eine herausragende feinwerktechnische Meisterleistung in der damaligen Zeit.

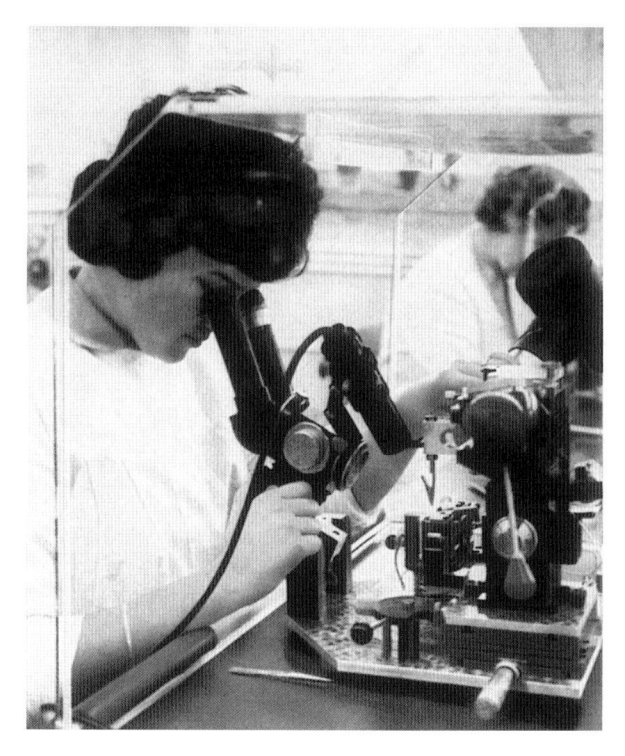

▲ Montage: Kontaktieren Emitter-/Basisanschlüsse

MESA 2-Technologie

Eine erhebliche Produktivitätssteigerung brachte die Einführung der Fototechnik. Mit der nun auch möglichen U-förmigen Basisstruktur konnten entsprechende Transistoren für höherfrequente Anwendungen entwickelt werden (AF 239). Zur Entfernung von Fotolack und überschüssigem Aufdampfmaterial wurde eine spezielle Abhebetechnik entwickelt. Für die Herstellung von Fotomasken war bereits für die Si-Bauelemente ein Maskenzentrum am Standort München-Balanstraße errichtet worden.

Germanium-Planartechnologie

Schwachstellen der MESA-Technologie waren freiliegende PN-Übergänge rund um den Emitter und an der Basisflanke. Eine Verschmutzung oder auch nur Feuchtigkeit an diesen Stellen konnte das Bauelement funktionsunfähig machen. Die bei Siliziumtransistoren möglichen und gerade für HF-Anwendungen günstigen Kunststoffgehäuse kamen daher für die MESA-Typen nicht in Frage. Bei der Planartechnologie sind die PN-Übergänge durch eine SiO_2-Schicht geschützt. Während sich diese Schicht bei Si-Scheiben bei hohen Temperaturen in reinem Sauerstoff als thermisches Oxid praktisch von selbst bildet, musste man bei Germanium einen Silanabscheideprozess heranziehen. Eine gasförmige Silizium-Wasserstoffverbindung strömt dabei über die auf 400–450 °C temperierten Scheiben und scheidet sich auf diesen als SiO_2 ab. In zwei Stufen wurde die Ge-Planartechnologie realisiert. Erst als Halbplanar-Version, bei der nur der Basis-Kollektor-Übergang geschützt war. Die Einführung der Vollplanartechnologie, die größer dimensionierte Overlaykontakte gestattete und damit rationellere Kontaktierverfahren ermöglichen sollte, konnte erst realisiert werden, nachdem das gesamte Spektrum der hier beschriebenen Systemerstellung Mitte der 70er Jahre nach Regensburg verlagert worden war. In Zusammenarbeit mit dem Entwicklungslabor in München konnte auf die nun fertigungstaugliche Ge-Vollplanartechnologie umgestellt werden. Neben der Einführung neuer Prozessverfahren zur Schichtherstellung und Strukturätzung war die fertigungstechnische Beherrschung der Linienbreite von 4 µm bei der Kontaktloch-Fototechnik und -ätzung eine besondere Glanzleistung mit dem damals zur Verfügung stehenden Equipment. Weitere Fortschritte gelangen durch das Prüfen der Chips auf Scheibenebene mittels der mit dem Equipmenthersteller gemeinsam konzipierten Waferprober und der Chipvereinzelung durch Sägen statt Ritzen und Brechen. Während die Montageaktivitäten in dieser Zeit nach Italien (Metallgehäuse) und nach Malaysia (Kunststoff) transferiert wurden, lieferte die Systemherstellung bis zur Einstellung im Jahr 1981 zuverlässig die Chips an die Montagestandorte im Ausland. Nicht nur diese etwas ausführlicher geschilderte Erfolgsgeschichte der ersten Waferfab in Regensburg hatte bewiesen, dass dieser Standort mit seinen engagierten Mitarbeitern ein geeigneter Standort für Hightech-Produktion sein konnte. Auch mit dem Materialherstellungszentrum für Magnetfeld-, Opto- und Ge-Halbleiter, den Fertigungen von Ge-Leistungstransistoren, Feldplatten, Hallgeneratoren, Optobauelementen in anderen Gebäuden, die man in diesem Zeitraum Zug um Zug in Regensburg etablierte, wurde dies eindrucksvoll bestätigt.

▲ Transistorchip-Ausschnitt mit MESA-Berg und Emitter-/Basisanschluss; Wedge-Kontaktierung mit 7,5 µm-Golddraht. Zum Vergleich darunter ein menschliches Haar (ca. 60 µm dick)

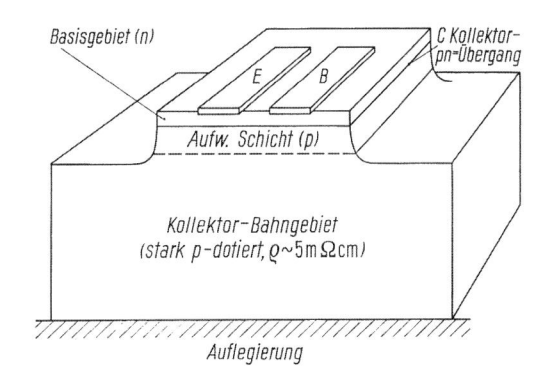

◀ Schnittbild MESA-Berg; Chipgröße 0,4 mm x 0,4 mm

▲ Die „Erweiterungsmöglichkeiten auf der grünen Wiese" (1984)

„Die Autobahn dorthin ist ja auch noch nicht fertig!"

Von Gerd Otto

Wer nur die Chronologie betrachtet, also die einzelnen Entwicklungsdaten am Standort Wernerwerkstraße, der mag im Rückblick den Eindruck bekommen, in Regensburg sei von 1959 an eine durch und durch kontinuierliche Entwicklung erfolgt: Nach dem Beginn der Fertigung passiver Bauelemente wie Kondensatoren und Widerstände kam es 1965 zur Erweiterung um Halbleiter-Bauelemente, 1972 wurde mit der Produktion von optoelektronischen Halbleitern begonnen und 1987 startete die Serienproduktion des 1MEGA-Chip.

In Wirklichkeit aber erlebte Regensburg ein permanentes Auf und Ab, was natürlich an der Zahl der hier beschäftigten Mitarbeiter am besten ablesbar ist. Von 1200 Beschäftigten im Jahre 1961 über 2400 in der Mitte der 60er Jahre war der Standort 1970 auf über 4500 Mitarbeiter angewachsen, ehe die wirtschaftlichen wie auch technologischen Turbulenzen der 70er Jahre immer wieder Ängste schürten und die Belegschaft schrumpfen ließen. Hinzu kamen Veränderungen aus der Reorganisation des Unternehmensbereichs Bauelemente selbst, wodurch Regensburg als Werk für Einzelhalbleiter eingestuft wurde.

Im Mittelpunkt der Aktivitäten im Siemens-Konzern standen damals jedenfalls andere Orte, z. B. Villach in Kärnten: Nach der Gründung 1970 wurden die Kapazitäten in diesem Werk erheblich ausgeweitet! Vor allem aber entstand in München-Perlach ein imposanter Siemens-Standort. Regensburg dagegen kam bei den Investitionsplänen des Konzerns nicht vor, sodass die Belegschaft immer mehr schrumpfte, auf weniger als 2000 Mitarbeiter in den frühen 80er Jahren.

Dass die Oberpfälzer dennoch eine Chance bekamen, hatte seinen Grund in einer prinzipiellen Diskussion innerhalb der Vorstandsebene bei Siemens. Soll man sich weiter in das risikoreiche, weil von enorm ansteigenden Fertigungskosten einerseits und permanentem Preisverfall auf der anderen Seite bedrohte Speichergeschäft hineinwagen oder lieber die Finger davon lassen? Letzten Endes waren es wohl auch wirtschaftspolitische Gründe, die den Vorstand bewogen, den eigentlich schon beschlossenen Ausstieg wieder rückgängig zu machen. Der Leiter des MEGA-Projekts, Dr. Hans Friedrich, hatte die führende Position in der Mikroelektronik unter anderem als „nationale Schlüsselaufgabe" bezeichnet. Vor allem aber – so erinnert sich der langjährige Standortleiter Kurt Rümmele – sei sich Siemens zunehmend bewusst geworden, dass man gegenüber der fernöstlichen Konkurrenz immer mehr in Rückstand gerate: „Wir waren nicht in der Lage, Strukturen kleiner als 1 µm zu fertigen!"

Vor diesem Hintergrund – Toshiba hatte gerade auf einer internationalen Konferenz das erste Muster eines 1Mbit-DRAM vorgestellt – wurde am 6. Februar 1984 dem oberen Führungskreis im Unternehmensbereich Bauelemente eröffnet: „Wir steigen ein in die neue Technik!" Ein Systemhaus wie Siemens könne es sich in seiner Basis-Technologie nicht leisten, von den Konkurrenten abhängig zu sein. Eine Milliarde DM für die Entwicklung und 300 Millionen DM in der Fertigung – das war der finanzielle Rahmen, der für diese Aufholjagd zur Verfügung stand.

▶ MEGA-Grundsteinlegung durch Dr. Hermann Franz, Leiter des Unternehmensbereichs Bauelemente, am 12. Oktober 1984

Damit aber war noch nicht entschieden, wo diese Investition erfolgen sollte. Kurt Rümmele erinnert sich noch gut an die Antwort auf die drängenden Fragen nach dem Standort: „Können wir noch nicht sagen, die zuständigen Gremien müssen erst informiert werden", vor allem aber an den ebenso beiläufigen, wie aufmunternden Zusatz des Vorstandsvorsitzenden Dr. Karlheinz Kaske: „Die Autobahn dorthin ist ja auch noch nicht fertig!" Dem war nichts mehr hinzuzufügen und die Regensburger waren umso glücklicher, ein neues Standbein zur Zukunftssicherung bekommen zu haben. Speziell für Günther Wittstock, den langjährigen Betriebsratsvorsitzenden, war dieser Tag ein ganz besonderer. Seine Kollegen hatten ihn nach München geschickt, mit dem strikten Auftrag, sich so lange vor die Tür des Vorstands zu setzen, bis die Entscheidung für Regensburg fallen würde. Und in der Tat: Die Hartnäckigkeit der Oberpfälzer siegte!

Kurt Rümmele gewann daraus die Erkenntnis, „wie wichtig Infrastukturvoraussetzungen für Investitionen solchen Ausmaßes sind." Erst später sei den Regensburgern klar geworden, dass der damalige Leiter des Unternehmensbereichs Bauelemente, Dr. Ulrich Haier, ein sehr bedeutsamer Förderer dieses Standorts, die Entscheidung für Regensburg systematisch vorbereitet hatte. Immer wenn hochkarätige Besuche aus der Siemens-Zentrale angekündigt waren, habe er Kurt Rümmele stets an eines erinnert: „Führen Sie die Gäste aufs Dach des Gebäudes 24 und schwärmen Sie davon, in welch reiner Gegend das Werk liegt und welche Erweiterungsmöglichkeiten Sie auf der grünen Wiese bieten können."

Zehn Monate nach der grundsätzlichen Entscheidung erfolgte dann tatsächlich am 12. Oktober 1984 die Grundsteinlegung, die von den Regensburgern schon deshalb mit großer Euphorie aufgenommen wurde, weil man sich gleichzeitig auch an den Beginn des Standorts im Westen der Stadt vor 25 Jahren erinnerte.

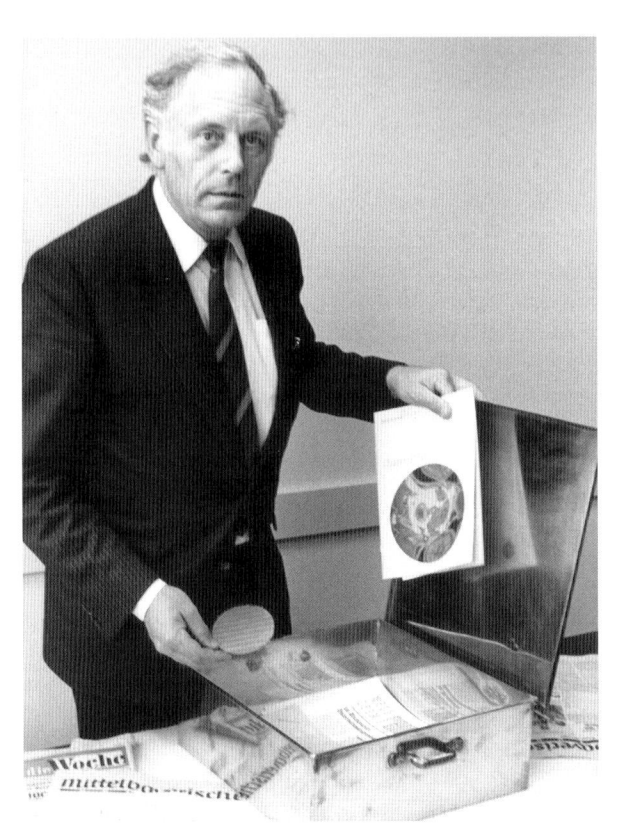

Es lohnt sich aber auch, jene Jahre Revue passieren zu lassen, in denen der Standort immer wieder auf der Kippe stand, jedoch durch gemeinsame Anstrengungen von Werkleitung, Betriebsrat und allen politischen Ebenen stets im letzten Augenblick gerettet wurde. Das Jahr 1978 etwa war durch die Hiobsbotschaft geprägt, die Opto-Montage nach Malaysia zu verlagern, was für die Belegschaft einen Einbruch um 400 Arbeitsplätze bedeutete. Wie die damaligen Werkleiter Josef Zumpf und Walter Köhler dem Oberbürgermeister erläuterten, habe der Versuch, „die Fertigung durch Einsatz hoch automatisierter Montageeinrichtungen ganz in unserem Werk zu belassen", nicht zu dem notwendigen Erfolg geführt. Nur durch die Verlagerung in ein kostengünstigeres Land werde man einen beträchtlichen Teil der bisherigen Arbeitsplätze bei der Opto-Elektronik in Regensburg erhalten können. Die Alternative wäre gewesen, die Fertigung von Leuchtdioden völlig aufzugeben.

Als Gründe für diese Entwicklung nannte das Unternehmen die unbefriedigende Preis- und Kostensituation, die durch den unvermindert anhaltenden bzw. sogar steigenden Lohnkosten-Unterschied zwischen Deutschland und Asien verursacht und durch den Dollarverfall und die DM-Außenkursbewertung noch verschärft worden sei: „Dies führte zu einem drastischen Rückgang unserer Verkaufspreise und einer entsprechenden Ergebniseinbuße!" Gleichzeitig wurde in den intensiven Begegnungen mit den Repräsentanten der Region immer wieder die Schaffung technologisch höherwertiger Arbeitsplätze angedeutet.

Umso mehr waren die Regensburger enttäuscht, als diese Hoffnungen schon drei Monate später jäh zerstört wurden. Ursprünglich war offenbar in der Tat daran gedacht, die Fertigungs- und Entwicklungsaktivitäten in einem „Leitwerk Regensburg" für Einzelhalbleiter zu konzentrieren. Im Zusammenhang mit organisatorischen Veränderungen habe man – so wurde aus München gefunkt – noch einmal die Frage behandelt, ob es denn richtig sein könne, zwei Silizium-Aktivitäten von München-Balanstraße und München-Freimann nach Regensburg zu konzentrieren, oder ob es nicht wirtschaftlich sinnvoller sei, die Aktivitäten in München zu belassen. „Natürlich" ergaben entsprechende Untersuchungen, die bereits begonnenen Konzentrationsbewegungen innerhalb Münchens fortzusetzen.

Derweil sank die Zahl der Mitarbeiter am Regensburger Standort auf 2300 und dies, obwohl in der Domstadt nachdrücklich darauf verwiesen wurde, wie sehr die Stadt in Vorleistung gegangen war. So wurde nahezu das gesamte ehemalige Flugplatzgelände, also rund 20 Hektar, für einen marktüblichen Quadratmeterpreis von 6 DM an Siemens verkauft, aus Sicht des Betriebsratsvorsitzenden Günther Wittstock und seines Vorgängers Hans Himmelmeyer „fast schon eine moralische Verpflichtung", Regensburg künftig stärker zu bedenken, wenn es um neue Fertigungs- und Entwicklungslinien geht. Dass für den Standort Regensburg alle wesentlichen Voraussetzungen gesprochen hätten, damit meinte der Betriebsrat freilich nicht nur die Immobilie. Vielmehr stünden innerhalb eines Jahres ohne Schwierigkeiten auch bis zu 500 qualifizierte Arbeitskräfte zusätzlich bereit. Außerdem war damals, Mitte 1978, gerade ein umfangreiches Investitionspogramm für die Erweiterung der Energie-, Wasser- und Gasversorgung auf den Weg gebracht worden.

Die ganze Dramatik der damaligen Situation wurde im Rahmen einer Krisensitzung deutlich, zu der sich im Mai 1979 Werkleitung und Betriebsrat mit Oberbürgermeister Friedrich Viehbacher und Landrat Rupert Schmid sowie zahlreichen Landtagsabgeordneten trafen. Obwohl oder gerade weil dem Regensburger Bauelementewerk vom Konzern aus bis dahin keine Führungsrolle zugebilligt worden war, ließ die Region damals nicht locker in ihren Bemühungen, alles dafür zu tun, dass demnächst nicht nur die Produktlinie für neue Entwicklungen nach Regensburg vergeben wird, sondern auch die vorgeschalteten Einrichtungen für Forschung und Entwicklung. Bei Siemens hieß dies damals Prozesslinienkonzept – als mögliche Projekte wurden schon in jener Sitzung Themen wie Autoelektronik, Sensortechnik und Solartechnik genannt.

In diesem Zusammenhang zeigten sich die Oberpfälzer sehr erbost über die Arroganz von Teilen des Leitungs- und Forschungspersonals bei Siemens in

Martin Polzer
Vor genau zehn Jahren bin ich nach Regensburg gekommen. Meine Familie und ich schätzen die historische Stadt mit ihrem angenehmen Lebensumfeld sehr. An unserem Standort haben wir qualifizierte Mitarbeiter und ein breites Spektrum an Technologien – eine gute Basis für die Zukunft.

▲ Grundsteinlegung, von rechts nach links mit Helm: Dr. Bernhard Plettner, Aufsichtsratsvorsitzender, Bayerischer Wirtschaftsminister Anton Jaumann, Dr. Hermann Franz, Vorstand Unternehmensbereich Bauelemente; ganz links im Bild: Dr. Peter von Siemens

▲ Feier zur Grundsteinlegung mit den Tanngrintlern

München, die Versetzung nach Regensburg als Strafaktion zu empfinden und aus diesem Grund alle noch so interessanten Vorhaben zu boykottieren. Die damalige Landtagsabgeordnete und spätere Oberbürgermeisterin Christa Meier nahm dies Ende 1981 zum Anlass, in einem Brief an den Siemens-Aufsichtsratsvorsitzenden Dr. Bernhard Plettner ganz offiziell nachzufragen. Es falle ihr ausgesprochen schwer, Andeutungen zu glauben, die dahin gehen, dass der Standort Regensburg für die Solarfertigung vor allem deshalb aufgegeben werden soll, „weil eine Handvoll Spitzenleute aus Forschung und Entwicklung nicht in die Provinz wollten, sondern lieber in München blieben." Um diese Animosität gegenüber der „Provinz" aufzubrechen, war natürlich auch Regensburg selbst gefordert. Zu den Projekten, die deshalb mit hoher Priorität in Angriff genommen wurden, gehörten damals Initiativen wie die Forderung nach einem Lehrstuhl für Festkörperphysik an der Universität Regensburg, nach der Vollendung der Bundesautobahn München-Regensburg oder auch simplere Ziele wie die Verbesserungen im Buslinienverkehr. Vor allem aber schlug man im Gespräch mit Volker Hauff, dem damaligen Bundesminister für Forschung und Technologie, vor, Forschungsmittel an das Haus Siemens mit einer regionalen Präferenz zu vergeben. Im Auge hatte der Betriebsrat in jener Zeit rund 300 Arbeitsplätze in der Entwicklung sowie in den Labors des Bereichs Diskrete Halbleiter, die man aus dem F&E-Sektor mit etwa 2000 Ingenieuren in München gerne nach Regensburg verlagert hätte.

Wichtige Veränderungen hatte es Anfang 1981 innerhalb des Siemens-Konzerns gegeben, als Bernhard Plettner vom Vorstand an die Spitze des Aufsichtsrats wechselte und für ihn Dr. Karlheinz Kaske zum Vorstandsvorsitzenden berufen wurde. Friedrich Viehbacher, das Regensburger Stadtoberhaupt, hatte so zweimal innerhalb weniger Tage Gelegenheit, seine Anliegen vorzutragen. Vor allem machte der Oberbürgermeister deutlich, welche Rolle Siemens inzwischen als größter Industriebetrieb für Regensburg spielte. Beinahe sieben Prozent der rund 80.000 Arbeitsplätze in der Stadt entfielen auf die beiden Siemens-Standorte Regensburgs, nämlich auf das Bauelementewerk im Westen sowie das Installationsgerätewerk im Osten. Diese Führungsposition verlange deshalb eine erhöhte Verantwortung für die Entwicklung des gesamten Wirtschaftsraumes, zumal in jener Zeit die Arbeitslosenquote im Raum Regensburg ohnehin bereits bei 9,3 Prozent lag, während ganz Bayern einen Wert von 6,3 Prozent aufwies.

Aber auch der Betriebsrat des Regensburger Werkes musste angesichts von Kurzarbeit und Entlassungen immer wieder „oben" vorstellig werden. BR-Vorsitzender Günther Wittstock äußerte gegenüber dem Vorstand des Unternehmensbereichs Bauelemente, Dr. Ulrich Haier, seine große Sorge um den Fortbestand des gesamten Standorts, wobei er nicht zuletzt die Aufspaltung des Werkes in verschiedene Bereiche als ein Grundübel bezeichnete. Im einzelnen wurde die bei den passiven Bauelementen ins Auge gefasste Schließung des Standorts Neustadt/Donau ebenso kritisiert wie die zunehmende Konzentration auf Heidenheim. Mit Blick auf Einzelhalbleiter und Optohalbleiter sei zudem durch häufige Verlagerungen nach Singapur, Malaysia und Sulmona/Italien ein ständiger Arbeitsplatzabbau betrieben worden, „die eigene Absicherung des Regensburger Standorts konnte dadurch nicht voll wahrgenommen werden."

Demgegenüber betonte Bereichsvorstand Dr. Ulrich Haier immer wieder, dass er das Regensburger Werk neben München und Heidenheim als einen der Hauptstandorte des Unternehmensbereichs Bauelemente ansehe. So habe man die Absicht, bei den optoelektronischen Halbleiter-Bauelementen die Entwicklung in Regensburg zu konzentrieren und insbesondere die Lichtwellenleiter-Kommunikationstechnik voranzutreiben. Außerdem erwähnt Haier die Weißraumfertigungen von Mikrowellentransistoren und Halbleiter-Sonderbauelementen, die Glasdiodenfertigung und die Magnet-Halbleiter. Als Schwerpunkt des Kondensatorenwerkes Regensburg nennt Ulrich Haier die Entwicklung und Fertigung von Störschutzkomponenten sowie die Fertigung von Schichtkondensatoren und Widerständen.

Das war in den frühen 80er Jahren. Freilich vergaß der Siemens-Vorstand bei dieser seiner Bilanz nicht ein „Aber" hinzuzufügen: Selbstverständlich gelte auch für den Standort Regensburg, „dass wir die Produktpalette im extrem kurzlebigen Bauelementegeschäft von Jahr zu Jahr überprüfen, fortentwickeln, rationalisieren und bereinigen müssen …"

▼ So sah der Karikaturist Dieter Hanitzsch 1984 das „Jahrhundertereignis" der Grundsteinlegung: Dr. Peter von Siemens, Friedrich Viehbacher, Dr. Hermann Franz, Dr. Bernhard Plettner, Staatsminister Anton Jaumann (von links nach rechts)

▲ In der MESA-Fertigung mit 750 Mitarbeitern im 3-Schicht-Betrieb; hier die Kontaktierhalle im Jahr 1969

Backend – eine Erfolgsgeschichte im Halbleiter-Werk Regensburg

Von Klaus Obermeier

Als im Jahr 1965 am Siemens-Standort Regensburg West die Fertigung von Halbleiter-Bauelementen startete, handelte es sich zunächst um Germanium (Ge)-Transistoren in MESA-Technologie. Ge-Chips wurden in Metallgehäuse eingebaut, verdrahtet, verschlossen und für den Einsatz in der Funk- und Fernsehindustrie elektrisch gemessen und sortiert. In den ersten Jahren waren alle Fertigungsprozesse manuell durchzuführen. Für die Jahresproduktion von 50 Millionen Transistoren wurden ca. 750 Mitarbeiter – meist Frauen – im 3-Schicht-Betrieb auf ca. 1300 m² klimatisierter Fertigungsfläche eingesetzt. Die Produktion war trotz des hohen Aufwandes wegen der erzielbaren Preise wirtschaftlich lukrativ.

Anfang der 70er Jahre begann die großvolumige Fertigung von Silizium-Halbleiter-Bauelementen in Regensburg, vorwiegend für Anwendungsgebiete im Niederfrequenz-Bereich und für schnelle Schalter, zuerst in Metall- und bald auch in Plastikgehäusen. Die Planar-Technologie der Si-Chips erlaubte gegenüber den Ge-Chips in MESA-Technologie eine erhebliche Vereinfachung beim Kontaktieren, dem bis dahin personalintensivsten Schritt. Das erhöhte zwar die Produktivität, konnte aber die durch stetig steigende Nachfrage am Halbleitermarkt entstandene Personallücke nicht ausgleichen.

Jährlich höhere Löhne und Lohnnebenkosten, steigende Qualitätsanforderungen unserer Kunden und ein zum produzierten Volumen gegenläufiger Preisverlauf erforderten intensive Anstrengungen, zu einer immer rationelleren Backend-Fertigung zu kommen. Dazu mussten Fragen nach sicherer beherrschbaren, schnelleren Arbeitsprozessen, nach einem erhöhten Mechanisierungs- und womöglich Automatisierungsgrad, nach Optimierung der Neben- und Rüstarbeiten genauso beantwortet werden wie die Fragen zur Erhöhung der Ausbeuten und der Reduzierung von Durchlaufbeständen.

▲ Erster Feldversuch für eine Fließfertigung (1976)

Umfang und Qualität der laufenden Verbesserungen wurden gesteigert durch Einbindung aller Mitarbeiter in ein Verbesserungsvorschlagswesen und das Ausloben von Prämien. Teams aus allen Mitarbeitergruppen brachten ihre Ideen ein und arbeiteten an deren Umsetzung. Hohe Bestände waren bis dahin notwendig, um einen hohen Auslastungsgrad der relativ teuren Fertigungsanlagen zu erreichen. Bereits in den 70er Jahren wurde auch ein Feldversuch mit dem Ziel unternommen, den Fertigungs-

▼ Altes Spritzwerkzeug für SMD-Bauelemente

fluss zu verbessern und die hohen Bestände zwischen den Fertigungsprozessen zu reduzieren – der erste Schritt zu einer Fließfertigung.

Alle diese Maßnahmen waren als Einzelschritte sehr erfolgreich, unser Ziel musste es aber sein, einen Quantensprung in Technologie und Logistik der Backend-Halbleiter-Fertigung zu machen. Der kam Ende der 70er Jahre. Es setzte sich langsam ein neuer Bauelemente-Typ durch, das oberflächenmontierbare Plastikgehäuse, mit der amerikanischen Bezeichnung SMD, d. h. Surface Mounted Device. Es hatte für die weitere Entwicklung der automatischen Leiterplattenbestückung bei unseren Kunden erhebliche Vorteile gegenüber den bisher ausschließlich verwendeten bedrahteten Bauelementen. Sie mussten nicht mehr durch Löcher in den Platinen gesteckt werden, sondern waren nur noch auf der Platinenoberfläche zu platzieren.

30 Millionen in Regensburg auf konventionelle Fertigungsart produzierte SMD-Transistoren waren noch ein unbedeutendes Nischenprodukt, hatten aber schon das Potential, zum Hit auf dem Halbleiter-Weltmarkt zu werden. Das war die Chance! Um bei dieser Entwicklung an vorderster Front mit dabei zu sein, musste eine neuartige, innovative Fertigungslinie konzipiert werden. Alle bis dahin gewonnenen Erfahrungen konnten darin berücksichtigt werden. Chipentwickler und -fertiger, Material-Lieferanten, Hard- und Software-Entwickler und die Kunden mussten einbezogen werden. Es galt, die vielen Einzel-

prozesse im Fertigungsablauf in möglichst wenige, hocheffiziente Verbundprozesse zusammenzufassen und alle dann noch durchzuführenden manuellen Arbeitsgänge, wie z. B. Qualitätskontrollen, möglichst automatisiert in die Verbundprozesse zu integrieren.

Dieses neue Produktlinien-Konzept, mit einem Zielvolumen von zunächst 300 Millionen Stück pro Jahr, musste in all seinen Einzelelementen offen sein für den ständigen Prozess der weiteren technologischen Entwicklungen, und es brauchte auch ein möglichst simples, wenig störanfälliges Transportsystem, für das es bei einem unserer stärksten Konkurrenten für bedrahtete Bauelemente bereits Vorbilder gab, das Reel-to-Reel-System: Die Produkte wurden, auf großen Rollen aufgespult, gut geschützt und übersichtlich zum jeweils folgenden Bearbeitungsprozess transportiert.

Die Entwicklung unter der Leitung des „Spiritus Rector" Richard Scheuenpflug und die Umsetzung die-

▼ Eine SMD-Fertigungsgruppe (1985)

ses neuen Konzeptes in der Fertigung war sehr anspruchsvoll und führte, vielleicht gerade deshalb, bei allen Beteiligten über Jahre zu zielorientierter und in vielen Phasen begeisterter Mitarbeit.

Mit unseren externen Partnern entwickelte sich eine vertrauensvolle Zusammenarbeit, von der beide Seiten profitieren sollten. Die Tatsache, dass unsere wichtigsten Partner im europäischen Raum angesiedelt waren, geographisch und kulturell nahe, kam uns bei der Verwirklichung unseres Projektes sehr zugute. Was Ende der 70er Jahre noch mit 30 Millionen Stück Jahreskapazität in konventioneller Fertigungstechnik begann, erreichte bereits 1988 bei 400 Millionen Jahreskapazität einen beachtlichen technisch-wirtschaftlichen Status, mit nahezu halbierten Kosten pro Bauelement, Reduzierung der manuellen Tätigkeiten auf 30 % und der Durchlaufbestände auf 20 % des Standes der konventionellen Fertigung von 1982.

Jetzt war auch die Zeit gekommen, an eine Verlagerung in unser Tochterwerk Malacca/Malaysia zu denken und deshalb malaysische Mitarbeiter zur Schulung nach Regensburg zu holen. Die Verlagerung des

▼ SMD-Reel-to-Reel-Fertigungslinie in Malacca/Malaysia (1990)

Mourad Aziba
Ich bin 1985 mit MEGA nach Regensburg gekommen, danach nach Essonnes und Dresden gegangen und anschließend wieder in die schöne Stadt an der Donau zurückgekehrt.
Ich gehöre also zu den frühen Globalisierten mit tiefen Wurzeln in Regensburg! Natürlich bin ich zuversichtlich für die Zukunft, denn die Regensburger Logik-Bausteine werden immer in der Autoindustrie gebraucht.

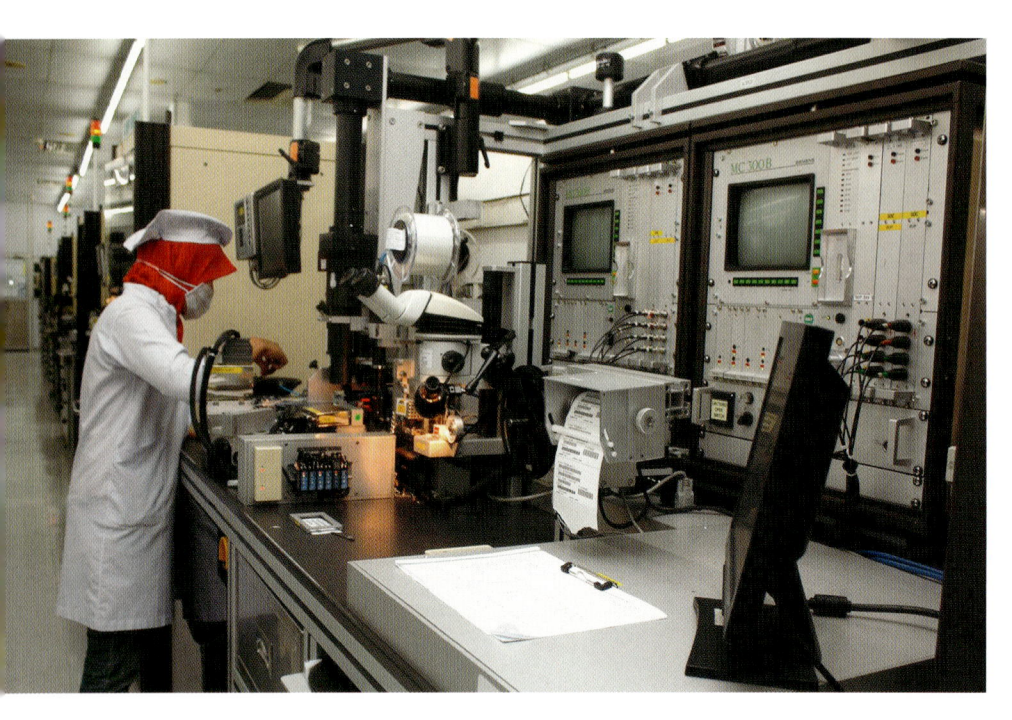

ersten 300 Millionen-Moduls begann noch im selben Jahr und wurde dank der Unterstützung der Fachleute aus Regensburg im Jahr 1989 erfolgreich abgeschlossen.

Von da an wurde das Projekt zweigleisig weiterbetrieben mit den Schwerpunkten Weiterentwicklung und neue SMD-Gehäuse am Standort Regensburg, Massenfertigung am Standort Malacca.

Diese Strategie war so erfolgreich, dass Infineon aktuell (Ende 2008) als Weltmarktführer bei einer Jahreskapazität von 12 Milliarden Einzelhalbleiter-Bauelementen angekommen ist, bei wesentlicher Erweiterung des Typen- und Gehäuse-Spektrums, sehr hoher Ausbeute und ausgezeichneter Qualität (siehe Tabelle).

◄ „Rotkäppchen" im SMD-Prüffeld

» Einzelhalbleiter-Bauelemente

	» 1968 Germanium-Metall	» 1982 Silizium-SMD	» 2008 Silizium-SMD
Anzahl unterschiedlicher Gehäuse	2	2	20
Anzahl unterschiedlicher Typen	2	5	> 200
Anteil Einzel-Fertigungsprozesse	15	16	4
Anteil Einzel-Prozesskontrollen	15 (manuell)	11 (manuell)	4 (automatisch)
Gesamtanteil manuelle Tätigkeiten	100 %	70 %	5 %
Ausfallrate	20 %	15 %	< 3 %
Feldausfallrate	5000 ppm	500 ppm	< 1 ppm
Mitarbeiter pro Million Bauelemente	15	1,5	0,15
Fertigungsfläche pro Million Bauelemente	26 qm	4 qm	1 qm

Solartechnik in Regensburg war ein Versuch ...

Von Gerd Otto

Ein Hoffnungsträger für den Siemens-Standort im Westen der Stadt war zu Beginn der 8oer Jahre die Überlegung, Regensburg zu einem Entwicklungs- und Fertigungszentrum für die Solartechnologie des Konzerns zu machen. Der Landtagsabgeordnete Xaver Wolf zum Beispiel wollte in einem Brief an den Vorstandsvorsitzenden Dr. Karlheinz Kaske im März 1981 nicht einsehen, warum die Entwicklung der Solartechnik in Freimann stationiert sein müsse, und schlug auch mit Blick auf den in Ostbayern vorhandenen Rohstoff für die Siliziumfertigung vor, diese Aktivitäten in Regensburg zu konzentrieren.

„Wir machen uns große Sorgen um die Zukunft der attraktiven Siemens-Arbeitsplätze beim Bauelementewerk!" Die Zukunftsängste verstärkten sich zunehmend und veranlassten die politischen Repräsentanten der Region zu weiteren geharnischten Appellen in Richtung Zentralvorstand, aber auch an die Adresse der Staatsregierung in München. Oberbürgermeister Friedrich Viehbacher und der Regensburger Landrat Rupert Schmid etwa sahen es an der Jahreswende 1981/82 als „nahezu aussichtslos" an, angesichts der großen Schwierigkeiten des gesamten Bauelementebereichs, neue Produktionen nach Regensburg zu bekommen: „Eine mittelfristige Schließung des Regensburger Werkes dürfte dann, wenn es ausschließlich auf die Fertigung von Bauelementen abgestellt ist, unvermeidlich sein!" Und Rupert Schmid unterlegte seine Befürchtungen mit konkreten Zahlen: Seit 1974 zum Beispiel sei die Zahl der Beschäftigten von damals 4500 auf inzwischen nur noch 2170 geschrumpft, und vor dem Hintergrund der „beängstigenden Arbeitslosenquote unseres Raumes" bat der Landrat den bayerischen Wirtschaftsminister Anton Jaumann „um Ihr persönliches Eingreifen".

Die Konzernspitze freilich reagierte auf die visionär vorgetragenen Argumente aus Regensburg recht unterkühlt. So verwies Dr. Ulrich Haier im Januar 1982 darauf, dass die Muster im Bereich der Solartechnik schon deshalb in München aufgebaut werden müssten, um eine möglichst enge Verflechtung von Forschung, Produktentwicklung und Musterbau zu gewährleisten. Ohnehin komme eine Serienfertigung erst dann in Betracht, wenn ein ausreichendes Marktvolumen erreichbar erscheint. Der Markt nehme die Solartechnik offenbar viel langsamer auf „als wir dies anfänglich erhofft hatten." Dieser Argumentation schloss sich auch die bayerische Staatsregierung an. Ministerpräsident Franz Josef Strauß zeigte jedenfalls Verständnis dafür, dass die Regensburger Pilotlinie mit der Silizium-Materialforschung in München-Freimann zusammengelegt wurde. Immerhin habe man ihm versprochen, diese Produktion in Regensburg einzurichten, wenn – wie erhofft – sich ein tragfähiger Markt entwickeln würde. An die Adresse der Regensburger gerichtet, bedauerte Strauß, dass die Solartechnik ein Versuch gewesen sei, für den Standort Regensburg die Voraussetzungen für eigene Neuentwicklungen zu schaffen, „der leider aber nicht die erhofften Ergebnisse erbracht hat".

Beate Hensiek
Ich hatte schon Verkäuferin und Konditorin gelernt, bevor ich 1997 als Operator begann. 2003 wurde ich Line-Expert in der Ofentechnik, aktuell bilde ich mich weiter zur Fachkraft Mikrotechnologie. Schnell merkte ich, dass die Chipherstellung ein sehr interessantes Aufgabengebiet ist. Bis heute bin ich fasziniert, daran mitzuwirken, dass z. B. ein Handy funktioniert – und das alles ohne Studium, sondern weil mir Infineon die Möglichkeit zur Weiterbildung gibt.

▶ Anfang der 80er Jahre, als die Opto-Scheibenfertigung noch nicht im Reinraum stattfand.

Optohalbleiter:
Von der Fotodiode über die LED zum Halbleiter-Laser

Von Dr. Werner Späth, Dr. Norbert Stath, Dr. Klaus Panzer, Johann Luft, Hans-Ludwig Althaus

Einleitung

Vor knapp 40 Jahren ging in Regensburg das Halbleiterlicht an. Anfangs zwar noch schwach leuchtend, aber mit der Zeit immer heller werdend. Es sind die Luminiszenzdioden, die von Blau bis in das mittlere Infrarot strahlen. Was in diesen kleinen Lämpchen leuchtet, ist ein kleiner Halbleiter-Chip aus einem sogenannten III-V-Halbleiter, wie z. B. GaP, GaAsP, GaN, GaAlAsP, die 1952 von Welker, Siemens Erlangen, erfunden wurden. Er wandelt den Strom direkt in Licht um. Silizium (Si), das Halbleiter-Material für die Mikroelektronik, eignet sich auf Grund seiner anderen physikalischen Struktur nicht für die Herstellung von LEDs, aber sehr wohl für die Herstellung von Photodioden, Phototransistoren und Photo-ICs, also für die Bauelemente, die Licht in Strom umwandeln.

Die Optohalbleiter sind das Basismaterial für LED, IRED, Laser und Photodetektoren. Sie sind die Kernelemente der Optoelektronik. Sie wandeln Strom in Licht und Licht in Strom um. Wie Strom ein Fluss von Elektronen ist, so ist Licht ein Fluss von Photonen.

Optohalbleiter-Bauelemente bei Siemens

Photodetektoren aus Ge wurden bereits in den 50er Jahren im Labormaßstab bei Siemens in München gefertigt, denen dann Photodetektoren aus Si folgten. Die Scheibengröße betrug Mitte der 60er Jahre ein Zoll. Die Si-Bauelemente gewannen immer mehr an Bedeutung und verdrängten allmählich die Ge-Bauelemente. Ab 1969 wurde zu deren Herstellung für die Si-Photobauelemente die sogenannte Planartechnik von den Einzelhalbleitern übernommen, was eine enorme Qualitätssteigerung zur Folge hatte. Anfang der 70er Jahre wurden die ersten Phototransistoren für Lichtschranken und Lochkartenleser entwickelt, die in Regensburg montiert wurden.

Es hat einige Jahre gedauert, bis die ersten LEDs im Forschungslabor demonstriert wurden. Mitte der 60er Jahre wurden dann die ersten grün-gelb leuchtenden GaPN-Dioden und die Infrarot strahlenden GaAs-Dioden mit Hilfe der Flüssigphasen-Epitaxie (LPE = Liquid Phase Epitaxy) im Forschungslabor ent-

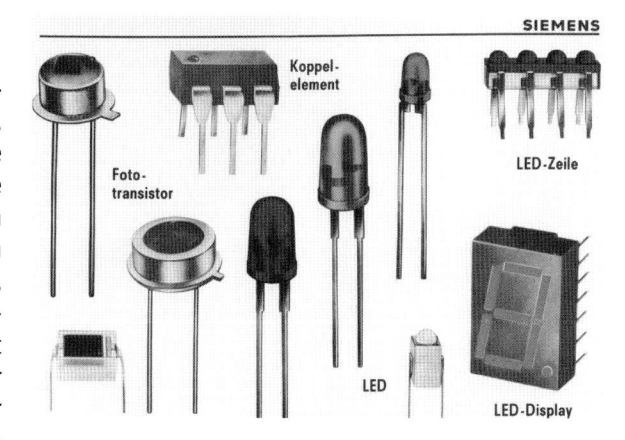

◀ So sahen sie einmal aus: verschiedene optoelektronische Bauelemente

wickelt, die dann Anfang der 70er Jahre vom damaligen Bauelementewerk München-Balanstraße übernommen wurden. Die Epitaxiescheiben für die rot leuchtenden GaAsP-Dioden (Standardrot) lieferte anfangs das Forschungslabor in Erlangen. Auch die sogenannten TSN-Epitaxiescheiben wurden von Erlangen geliefert. 1978 wurde dann in Regensburg eine eigene Gasphasen-Epitaxieanlage (VPE) für diese Bauelementegruppe installiert.

Als Anfang der 70er Jahre das Montagevolumen die Laborkapazität in der Bad Dürkheimer Straße in München überstieg, fing man an, in Regensburg LEDs, IREDs, Photodioden und Phototransistoren zu montieren. Hinzu kamen dann noch die Optokoppler und 7-Segment-Displays. Die Montage dieser Bauelemente wurde dann ab 1978 Zug um Zug nach Malaysia verlagert. Die Chips für LEDs und IREDs kamen weiter aus den Münchner Labors, die Chips für die Photodioden und Phototransistoren aus der Einzelhalbleiter-Fertigung.

Opto-Scheibenfertigung in Regensburg

Die Opto-Scheibenfertigung wurde Mitte der 70er Jahre aufgebaut. Die Fertigung fand noch nicht im Reinraum statt, jedoch bereits unter Laminarboxen. Die wesentlichen Prozesse waren Aufdampfen von Au/Zn und Au/Ge für Vorder- und Rückseitenkontakt, Aufsputtern von Siliziumnitrid, photolithographische Strukturierung sowie Ofen- und Chemieprozesse. Danach kam das Zerteilen der Scheiben in einzelne Chips durch Trennschleifen, allgemein „Sägen" genannt, hier war der Opto-Bereich Pionier, mit anschließendem sogenanntem Damage-Ätzen, sowie dem elektrooptischen Prüfen der Chips. Die Fertigung war ausschließlich für Zwei-Zoll-Scheibendurchmesser ausgelegt, wobei runde, standardisierte Zwei-Zoll-Scheiben noch viele Jahre nicht erhältlich waren. Zu dieser Zeit war auch die Flüssigphasen-Epitaxie noch im Bereich der Scheibenfertigung untergebracht.

▲ Eine Mitarbeiterin bestückt den Teller einer Beschichtungsanlage mit Wafern.

Die GaP-LPE ging auf eine Idee von Professor Weyrich zurück, der damals Abteilungsleiter im Forschungsbereich war und später Technischer Vorstand der Siemens AG wurde. Bei diesem Prozess wurde ein sogenanntes Rückschmelzverfahren angewendet, bei dem das flüssige Gallium (Ga) mechanisch über die Scheiben geschoben wurde, die bündig in einer Aussparung liegen mussten. Da standardisierte Scheiben noch nicht erhältlich waren, wurde der Prozess in München-Balanstraße weiterentwickelt, und man fand eine Lösung, bei der das Ga nicht mechanisch auf die Scheibe geschoben werden musste, sondern man nutzt den Benetzungseffekt eines dünnen Ga-Films, der beim Hochheizen durch Verdampfen des Phosphors (P) auf der Scheibenoberfläche entsteht: Dieser zieht das daneben liegende Ga über die Scheibe. Beim Abkühlen wächst aus dem mit P gesättigten Ga wieder eine einkristalline GaP-Schicht. Mit dem Zufügen entsprechender Dotierungen kann man nun perfekte LED-Strukturen erzeugen. Diese Technologie funktionierte ohne Mechanik, ermöglichte eine sehr hohe Chipausbringung pro Anlage, war sehr kostengünstig und führte zu bis dahin nicht erreichten großen Helligkeiten. Dies machte Siemens über viele Jahre auf diesem Gebiet konkurrenzlos. Diese Technologie wurde 1977 nach Regensburg transferiert.

In einer etwas abgewandelten Form wurde dieses Verfahren auch zur Herstellung von sehr effizienten Infrarotdioden eingesetzt. Im Gegensatz zu GaP-Scheiben waren damals GaAs-Substratscheiben kommerziell erhältlich, allerdings nur in einer charakteristischen D-Form: Sie wurden in großen Mengen seinerzeit von einer Firma aus England bezogen.

Kristallzucht

GaAs-Substrate gab es bereits Ende der 60er Jahre kommerziell, nicht aber GaP. Das erste Opto-Halbleitermaterial, das in Regensburg hergestellt wurde,

▲ Durch Sägen werden die entstandenen Chips voneinander getrennt.

war GaP, das man als Substratmaterial für grüne, gelbe und rote LEDs benötigte. Diese Technologie hat Siemens weltweit als erster eingeführt. Sie wurde im Forschungslabor in Erlangen entwickelt und 1977 nach Regensburg transferiert. In den gleichen Anlagen wurde später auch InP, das Grundmaterial für 1,3 – 1,55 µm-Lichtwellenleiter-Bauelemente hergestellt. Die Kristallstäbe wurden in Scheiben zersägt, welche anschließend poliert wurden.

Gasphasen-Epitaxie (VPE)

Die Schlüsseltechnologie für die Herstellung von LEDs und Halbleiter-Lasern ist die Epitaxie, also das Aufwachsen von monokristallinen III-V-Halbleiterschichten auf monokristalline Halbleitersubstrate, wie z. B. GaP oder GaAs. Bis Mitte der 70er Jahre konnte man Leuchtdioden nur mit Hilfe der Flüssigphasen-Epitaxie herstellen. Für Epitaxieschichten, bei denen sich die Zusammensetzung während des Wachstums ändern sollte, musste man eine Gasphasen-Epitaxie (VPE = Vapor-Phase-Epitaxy) verwenden, bei der man die Gaszusammensetzung und damit die Kristallzusammensetzung über Gasflüsse regeln kann. Wollte man zur Ergänzung des Lichtspektrums rote oder gelbe Leuchtdioden herstellen, so musste man mit Hilfe der VPE eine GaAsP-Mischkristallschicht abscheiden, deren Gitterabstand sich je nach Zusammensetzung ändert. Um standardrote GaAsP-Dioden (650 nm) herzustellen, benutzte man GaAs-Substrate, um superrote (630 nm) und gelbe (590 nm) GaAsP-Dioden zu bekommen, verwendete man GaP-Substrate. Für gute Lichtausbeuten wurden die Schichten mit Stickstoff dotiert. Da das GaP-Substrat bei der Emissionswellenlänge transparent ist, nennt man diesen LED-Typ auch TSN (Transparent Substrate Nitrogen doped)-Dioden.

Die VPE ist eine komplexe Technologie und benötigt eine aufwändige Infrastruktur. Die Anlagen und die Infrastruktur wurden 1979 installiert. In der Reaktorkammer waren ca. 20 Substratscheiben mit zwei Zoll Durchmesser senkrecht an einem sich drehenden Karussell befestigt, an dem die Reaktionsgase nach unten strömten und sich auf den Scheiben abschieden. Zur Gasversorgung wurde ein Gashaus errichtet. Entsprechend wurde die Belüftung weiter ausgebaut. Mit diesen Anlagen konnten pro Tag mehr als 100 Zwei-Zoll-Epitaxie-Scheiben hergestellt werden.

Reinraumfertigung

Im Jahre 1984 sah man, dass es für die Optohalbleiter überlebensnotwendig war, in eine neue Waferfab zu investieren. Aus Qualitäts- und Ausbeutegründen und auch aus Umweltgründen war es zwingend notwendig geworden, die Chipherstellung in einer Reinraumumgebung ablaufen zu lassen. Es sollte die erste bezugsfähige Reinraumfläche am Standort Regensburg West sein, und sie leitete zusammen mit MEGA den Wandel von Regensburg zu einem Technologiestandort ein.

Neue Reinraum-Materialfertigung

Die neuen MOVPE (Metal Organic Vapor Phase Epitaxy)-Technologien für Halbleiter-Laser machten den Bau eines Reinraumes zwingend notwendig, der 1984 erfolgte. Da es damals noch keine kommerziellen MOVPE-Anlagen gab, wurde als erstes eine Zwei-Scheiben-AlGaAs-Anlage nach dem Konzept aufgebaut, das von den Perlacher Forschern entwickelt worden war. Mit dieser Anlage wurden dann innerhalb kürzester Zeit bei den 880 nm-Lasern in Regensburg Leistungsrekorde erzielt.

Die zweite MOVPE-Anlage war für Lichtwellenleiter-Bauelemente im längeren Wellenlängenbereich (1,3 µm und 1,55 µm) ausgelegt. Bis zu diesem Zeitpunkt wurden die entsprechenden InGaAsP-Halbleiter-Laser und PIN-Fotodioden mit der LPE hergestellt, die aber erhebliche Defizite in der Qualität und in der Ausbeute hatte. Diese beiden Anlagen waren sozusagen die Keimzellen für die heutige moderne LED-Herstellung. Zu dem damaligen Zeitpunkt brachte die MOVPE-Technologie die Lichtwellenleiter-Technologie einen riesigen Schritt voran. Die Anlagenkapazitäten waren allerdings auf einige wenige Scheiben begrenzt, sodass an eine LED-Massenfertigung zu diesem Zeitpunkt nicht zu denken war.

Neben der MOVPE entschloss man sich 1985, auch die LPE-Technologien zu modernisieren und neu in der entstandenen Reinraumfläche zu installieren. Das betraf die GaP-LPE für Grün, bei der der Prozess weitestgehend unverändert blieb. Anders waren die Verhältnisse bei der Infrarot-GaAs-LPE. Das alte Verfahren machte zunehmend Schwierigkeiten (begrenzte Ausbeuten), sodass ein vollkommen neues Verfahren entwickelt wurde. Dieses Verfahren war nun möglich, da es jetzt standardisierte Zwei-Zoll-GaAs-Substratscheiben kommerziell am Markt gab.

Bei dem neuen LPE-Verfahren hatte man ein Epitaxieboot, das aus einem massiven Graphitblock bestand. Aus dem unteren Teil konnte die mit GaAs gesättigte Ga-Schmelze nach oben gepumpt werden. In dem oberen Bereich befanden sich Graphitschälchen mit jeweils einem GaAs-Substrat, die übereinander gestapelt werden konnten. In einem Epitaxielauf konnten 60 Stück Zwei-Zoll-Scheiben beschichtet werden, was über eine Million Chips bedeutete. Die Qualität der Dioden war ausgezeichnet, die Ausbeute hervorragend und die Kosten waren stark gesenkt. Damit konnte wieder einmal ein technologischer Vorsprung durch Innovation erreicht werden.

Neue Reinraum-Scheibenfertigung

1985 wurde mit dem Ausbau der Reinraumfläche begonnen. In diesem Bereich befand sich vorher die Fertigung passiver Bauelemente, die verlagert wurde. Bei diesem Ausbau wurde die gleiche Technik angewandt, die sich bereits bewährt hatte. Es handelte sich dabei um eine Raum-in-Raum-Konstruktion mit der Medien- und Klimaversorgung von oben und der Medienentsorgung über Bodenkanäle. Der Reinraum war mit einer Grauraumzone umgeben, die über einzelne Zellen in den Reinraum hineinreichte, und so einen Bereich für Wartung und Anlagenanschlüsse schuf. Um einen ungehinderten Materialfluss aus der Epitaxie in die Scheibenfertigung zu gewährleisten, wurden beide Reinraumbereiche durch eine Tür miteinander verbunden.

Mitte der 80er Jahre waren alle Emissionsfarben bei den LEDs verfügbar mit der Ausnahme von Blau. Eine mögliche Technologie war Siliziumkarbid (SiC). Im Forschungslabor in Erlangen hatte man einen Prozess entwickelt, mit dem man, wenn auch sehr ineffizient, blaues Licht erzeugen konnte. Der Prozess war sehr aufwändig. Aber man konnte als alleiniger Hersteller wenigstens überhaupt blau leuchtende Dioden herstellen, wenn auch die Qualität und die Ausbeute sehr zu wünschen übrig ließ.

Nächste Ausbaustufe mit Ausbau der MOVPE und Scheibenfertigung

Die nächste Ausbaustufe begann 1994. Dies war die Zeit, in der sich ein grundlegender Technologiewandel andeutete. Es stellte sich nämlich heraus, dass man mit einem neuen Materialsystem, dem quaternären InGaAlP, superhelle Leuchtdioden im Roten und Gelben herstellen konnte. Bei diesem Material versagten alle bisherigen Epitaxieverfahren für Leuchtdioden. Um effiziente Leuchtdioden zu bekommen, musste man ähnliche Strukturen wachsen, wie man sie von den Lasern kannte. Solche Quantenstrukturen konnte man nur mit der MOVPE-Technik aufwachsen, mit der es gelang, bis zu 50 dünne Einzelschichten mit wenigen Atomlagen abzuscheiden. Hier kam Siemens die große Erfahrung mit dieser Technik bei der Herstellung von Halbleiter-Lasern zugute. Nur brauchte man größere MOVPE-Anlagen, um auch in entsprechende Fertigungsvolumina für LEDs kommen zu können.

Marco Maue
Gerne erinnere ich mich an die Zeit, in der mit dem 1M- und 4M-DRAM wichtige Grundlagen für die weitere Entwicklung der Mikroelektronik bei Siemens und Infineon gelegt wurden. Besonders beeindruckte mich, wie sicher die Veränderung von der Monokultur zur heutigen Technologievielfalt gelungen ist, in der die hohe Qualität der Produkte und der geleisteten Arbeit gute Voraussetzungen für eine positive Zukunft unseres Standorts sind.

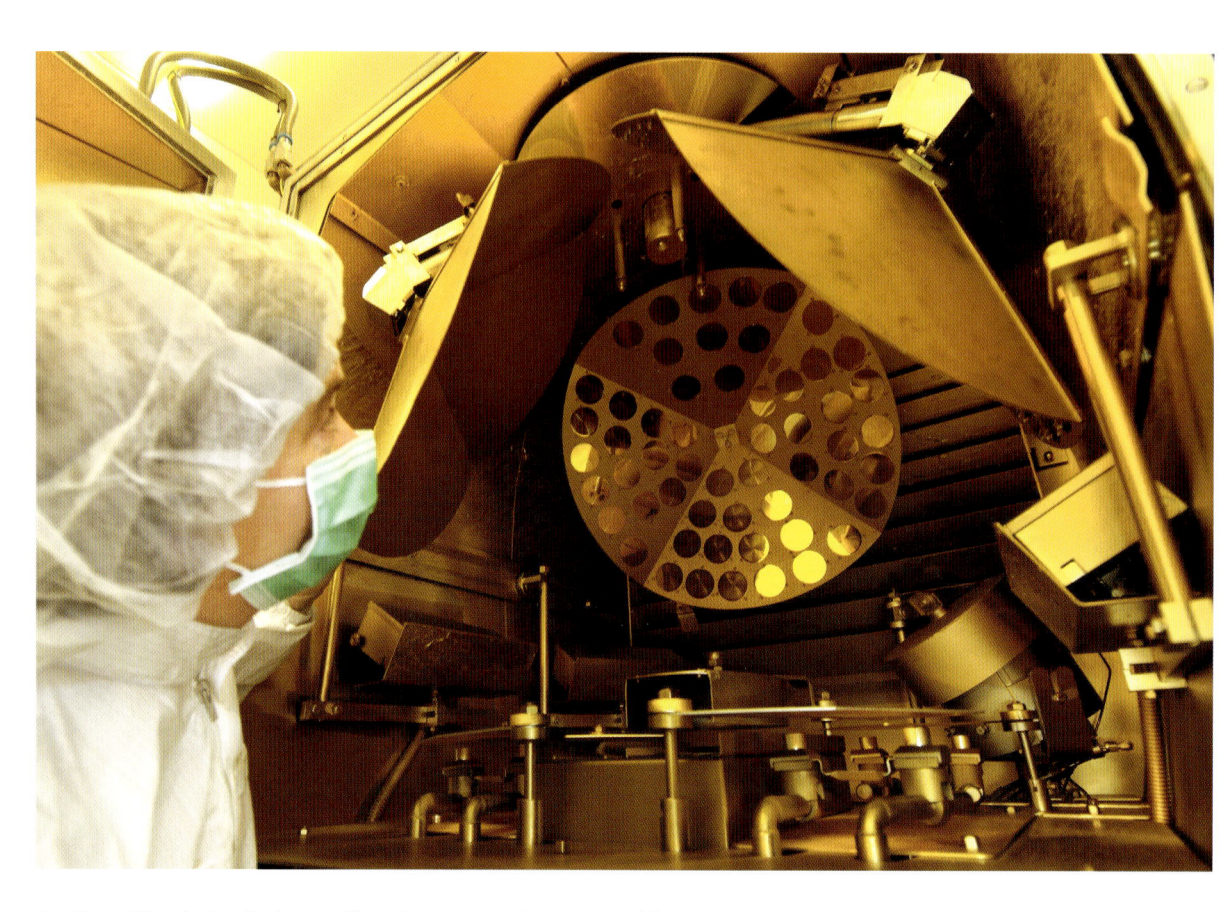

▲ Eine Mitarbeiterin kontrolliert Kalotten mit Wafern in einem Bedampfungsautomaten.

Die erste kommerzielle Mehrscheiben-MOVPE-Anlage wurde Ende 1994 angeschafft. In dieser Anlage wurde dann die InGaAlP-Technologie entwickelt, die wesentlich hellere LEDs brachte, als es mit der bestehenden TSN-Technologie möglich war. Nachdem feststand, dass diese Technologie sich bei den LEDs durchsetzen wird, wurde beschlossen, eine große Produktionsanlage zu beschaffen.

Der nächste Technologiesprung wurde ausgelöst, als 1994/95 von der japanischen Firma Nichia erstmals mit dem GaN-Zn-Materialsystem helle blaue Dioden demonstriert wurden. Das Interesse der Kunden an blauen LEDs war groß, so dass man sich entschloss, in Kooperation mit einer amerikanischen Firma die GaN-Technologie in Regensburg aufzubauen. Hierfür wurden 1996/97 GaN-MOVPE-Anlagen angeschafft und installiert. Auf einigen GaN-Anlagen wurden ab 1997 blaue Dioden in GaN-Zn-Technologie gefertigt, auf anderen wurde parallel eine neue InGaN-Technologie mit Quantenwell-Strukturen entwickelt, zunächst für blaue, dann für grüne Dioden. Dort wurde auch ein blauer InGaN-Laser entwickelt, mit dem erstmals in Europa im Juli 1999 Laserbetrieb im Pulsbetrieb demonstriert werden konnte. Die MOVPE-Technologie sollte von nun an bei der Herstellung von Leuchtdioden dominieren. Daher wurden 1998 Pläne für den weiteren Ausbau der MOVPE und der Scheibenfertigung entworfen.

Joint-Venture Osram-Infineon als Osram Opto Semiconductors

Am 1. April 1999 wurde der Halbleiter-Bereich von Siemens ausgegliedert und das Joint-Venture Osram-Infineon als Osram Opto Semiconductors gegründet. Dabei verblieben der Bereich Fiberoptik, Optokoppler und Magnetfeldhalbleiter bei Infineon, während die sichtbaren LEDs, Infrarot und der neu entstandene Bereich OLED zum Joint-Venture kamen. Im Jahre 2001 übernahm dann Osram die restlichen 49 % Anteile von Infineon. Heute ist Osram Opto Semiconductors ein Teil des Siemens-Sektors Industry.

Da am Standort Regensburg West keine Möglichkeit bestand, weiter zu wachsen, wurde am 27. Juni 2001 auf der sprichwörtlichen grünen Wiese in Regensburg-Burgweinting der Grundstein für das jetzige Opto-Halbleiter-Werk gelegt. Die letzten Mitarbeiter haben den bisherigen Standort West Ende Februar 2008 verlassen. Von den weltweit 4600 Mitarbeitern sind am neuen Standort rund 1800 tätig, von der Leitung über die zentrale Entwicklung bis zur Produktion.

Produkte und Anwendungen

LEDs haben mittlerweile dank der stetigen Weiterentwicklung und Helligkeitssteigerung über die Jahre vielfache Einsatzmöglichkeiten gefunden. Dies sind Anwendungen, bei denen alle Vorteile der LED, wie hohe Lebensdauer, mechanische Stabilität, geringe Größe und Gewicht, Dimm- und Modulierbarkeit, einfache Montage auf Leiterplatte, ähnlich einem Si-Standardhalbleiter-Bauteil und damit einfache Verteilung der verschiedenfarbigen Lichtquellen über eine Fläche genutzt werden. Bis zu 300 LEDs sind heute z. B. in einem Auto. Sie werden dort als Signallämpchen, als Hinterleuchtung für LCD, als Bremslicht oder Blinker eingesetzt, aber auch Scheinwerfer werden Zug um Zug mit weiß leuchtenden LEDs bestückt. Mobile Anwendungen wie Handys kommen ohne LED-Hinterleuchtung nicht aus. Vollfarbige Großdisplays und Verkehrsinformationssysteme nutzen die LED als Lichtquelle.

Da weißes Licht aus einer Mischung vieler Farben besteht, kann es nicht direkt aus einem Halbleiter gewonnen werden. Um Weißlicht zu erzeugen, regt man in einer LED mit einer blau leuchtenden Diode einen Leuchtstoff zur Gelbemission an, und zwar durch geeignete Mischung des blauen Primärlichtes der Diode und der Gelbemission des Farbstoffes, die im Wesentlichen durch die Konzentration des Leuchtstoffes im Gießharz oder direkt auf dem Chip bestimmt wird. Im Vergleich zum natürlichen Tageslicht fehlt dem LED-Weißlicht ein Anteil roten Lichts, es hat also eine höhere Farbtemperatur (6000 K gegenüber 5800 K der Sonne) und wirkt vergleichsweise kalt. Man erreicht heute Lichtausbeuten von 50 bis 100 lm/W. Der Rekord bei Osram liegt bei über 140 lm/W. Eine Glühlampe erreicht gerade mal 10 lm/W. In der Grafik (Seite 75) ist ein derartiges Bauelement in einer sogenannten SMT-Bauform, einer LED-Bauform, die millionenfach in hoher Qualität hergestellt wird, zu sehen. Diese Bauform wurde in enger Zusammenarbeit unter anderem mit der Firma Technoplast, Wörth, entwickelt. Technoplast ist heute auch der Lieferant dieser Bauformen. Die Firma hat eigens dafür ein Werk in Penang errichtet. Auch die Plastikgießformen für die 3 mm- und 5 mm-LED und andere Gießformen stammen von Technoplast. Diese Plastikgießformen haben die vorher verwendeten Metallgießformen ersetzt, was einen bedeutenden technologischen Fortschritt bedeutete.

Die Allgemeinbeleuchtung gehört zu einem der zukunftsträchtigsten Gebiete. Dies wird auch durch den von der Politik unterstützten Trend zu energieeffizienterer Beleuchtung unterstützt. So werden in der Beleuchtung von Geschäften und Arbeitsplätzen schon jetzt LEDs in Lampen eingesetzt, die mittelfristig herkömmliche Glühlampen ersetzen. LEDs werden sich zum selbstverständlichen Leuchtmittel entwickeln – längerfristig auch OLEDs. Die rasante Helligkeitsentwicklung beider Technologien lässt viele

Iran Hauser
Vor neun Jahren habe ich als Personalberaterin angefangen. Mir kommt die Zeit gar nicht so lange vor, Abwechslung in der täglichen Arbeit gibt es reichlich. Den Kontakt mit den Kollegen erlebe ich als kollegial, fair und konstruktiv. Vielleicht kommt es daher, dass wir immer wieder branchenbedingte Krisen bewältigen müssen, und das tut man am besten gemeinsam.

weitere Innovationen in ganz neuen Anwendungsbereichen erwarten, z. B. Flächen, die tagsüber als Fenster fungieren und sich auf Knopfdruck in Lichtquellen verwandeln.

Der Mensch kann mit seinen Augen etwa 200 Mbit/s an Information aufnehmen, Größenordnungen mehr als mit den Ohren. Daher kommt der Visualisierung von Information in der modernen Gesellschaft eine eminent wichtige Grundaufgabe zu. Flüssigkristall-Bildschirme, aber auch Beamer werden derzeit bereits mit rot, grün und blau strahlenden Halbleiter-Lichtquellen ausgestattet. Durch additive Mischung dieser drei Grundfarben können neben weiß sämtliche Farbeindrücke erzeugt werden. Das menschliche Auge empfindet das kurze zeitliche Nacheinander oder das enge räumliche Nebeneinander dieser Farben als additive Mischung. Bei den heutigen LCD-Bildschirmen besteht ein Pixel aus drei Subpixeln mit den Farben Rot, Grün, Blau. Man nutzt also das räumliche Nebeneinander. Bei Halbleiter-Lichtquellen kann man das zeitliche Hintereinander nutzen. Damit entfallen die Subpixel, man erreicht damit eine Gerätevereinfachung, im Vergleich zu den heute verwendeten Lichtquellen eine bessere Farbwiedergabe und gleichzeitig einen geringeren Energieverbrauch.

Anwendungen von Infrarot

Infrarotes Licht wird oft genutzt, um Szenerien auszuleuchten, ohne die Umgebung mit sichtbarem Licht zu stören, z. B. für Nachtsichtsysteme, Überwachung etc. Das Licht wird – wie bei sichtbarem Licht auch – von Kameras detektiert und dann in ein Bild übertragen. In fast jedem Haushalt findet sich eine Fernbedienung, die mit infrarotem Licht (IRED) verschiedene HiFi- oder TV-Geräte steuert. Hier wird ein codierter Lichtpuls übertragen, der von einem entsprechenden Empfängerbaustein (Si-Photodiode) im HiFi-/TV-Gerät ausgelesen wird. Diverse Anwendungen entstanden, u. a. die IR-Fernsteuerung, die 1976 in enger Zusammenarbeit mit Siemens von Grundig eingeführt wurde und sich weltweit durchsetzte. Für die Empfängerdiode wurde ein spezielles Plastikgehäuse entwickelt, nach dem Motto: Viel Si, wenig Kunststoff. Dieses Bauelement (BPW 34) wurde in Regensburg gefertigt und ist heute noch Teil des IR-Produktspektrums.

Aus Regensburg kommen auch die Detektoren für die Computertomographie, nämlich Photodioden mit extrem niedrigem Dunkelstrom, die ursprünglich für Belichtungsmesser von Kameras (1976 Agfa) vorgesehen waren. Ein Szintillationskristall über der Photodiode wandelt die Röntgenstrahlung in sicht-

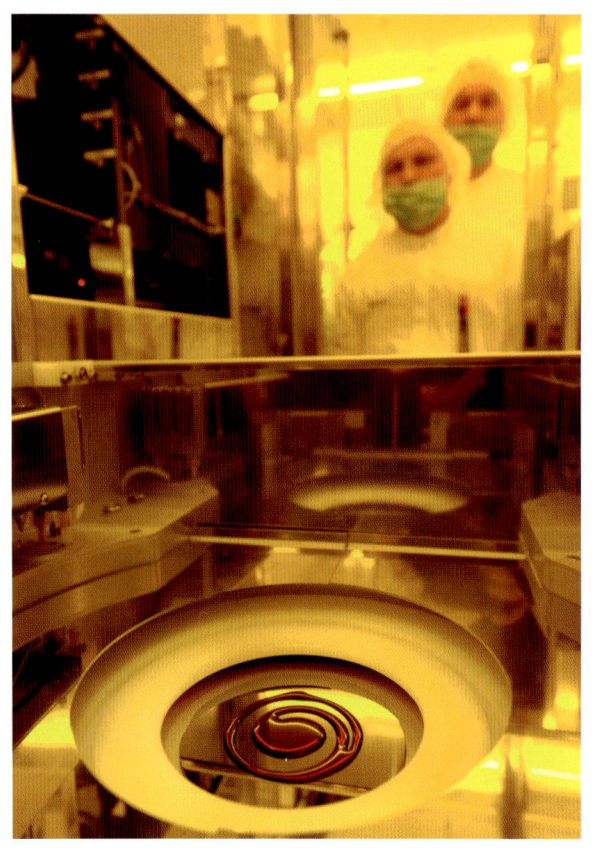

▲ Einblick in die Belackerstation der Fototechnik

» Entwicklung der Helligkeit von LEDs (mit SMT-Bauform)

Wirkungsgrad (Lumen/Watt)

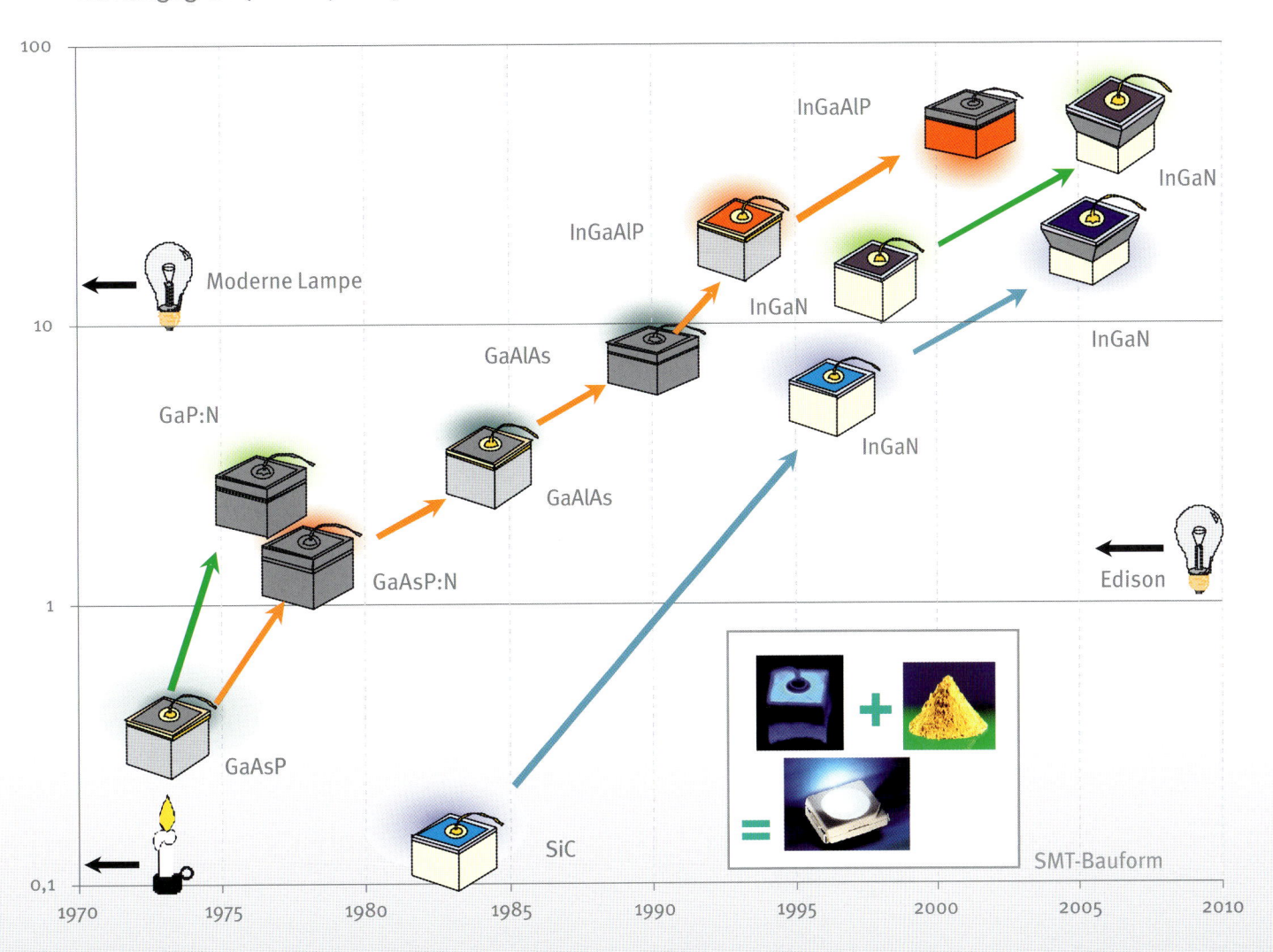

- Moderne Lampe
- GaP:N
- GaAsP:N
- GaAsP
- GaAlAs
- GaAlAs
- InGaAlP
- InGaAlP
- InGaN
- InGaN
- InGaN
- InGaN
- SiC
- Edison
- SMT-Bauform

bares Licht um, das von den Si-Photodioden detektiert wird. Über 1000 dieser Elemente enthält ein Gerät. Eine Erfolgsstory für die Siemens AG! Dank dieser herausragenden Produkte konnte zum ersten Mal weiße von grauer Hirnmasse (Dichteunterschied 1 %) röntgentechnisch unterschieden werden. Diese Technik wurde von der Firma Heimann, damals noch zu Siemens gehörend, auch für Gepäckprüfanlagen an Flughäfen übernommen.

Optische Sensoren beruhen darauf, dass man Objekte erkennt, indem man sie gezielt mit Licht beleuchtet. Ein Beispiel dafür ist die Lichtschranke, bei der eine Lichtquelle (meist eine IRED) gegenüber einem Photodetektor angebracht wird. Kommt ein Mensch oder ein Gegenstand zwischen die beiden Bausteine, wird der Lichtstrahl unterbrochen. Auf diese Weise verhindert man z. B., dass Aufzugstüren schließen, während noch jemand dazwischen steht. Sensoren dieser Art werden zahlreich in der Automatisierungstechnik eingesetzt. Auch Abstände kann man mit Sensoren messen – in diesem Fall wird ein kurzer Lichtpuls (Laser) auf einen Gegenstand gerichtet und das von diesem Gegenstand reflektierte Licht wird von einer Photodiode detektiert. Dabei wird die Laufzeit gemessen, die dieser Lichtpuls braucht, um die gesamte Strecke zurückzulegen, und daraus die Entfernung („Laserradar") berechnet. Solche optischen Entfernungsmesser findet man z. B. bei intelligenten Tempomaten in Autos, wo ein fester Abstand zum vorausfahrenden Fahrzeug automatisch eingehalten wird.

Historie der Halbleiter-Laser bei Siemens/Osram in Regensburg

Während in den 60er Jahren das Siemens-Forschungslabor in Erlangen erste GaAs-Halbleiter-Laser realisierte, wurden in den 70er Jahren dann im Siemens-Forschungslabor in München die Arbeiten dazu fortgeführt. Die frühen Laser aus Erlangen arbeiteten nur bei der Temperatur des flüssigen Stickstoffs, und das auch nur im Pulsbetrieb. Die Laser aus München waren dann, u. a. dank der verbesserten Kristallstrukturen, bereits für Dauerbetrieb bei Raumtemperatur geeignet. Mit derartigen Lasern war der Grundstein gelegt für den Beginn der optischen Datenübertragung. Da Siemens bereits bei der herkömmlichen Datenübertragung mittels Kupferleitungen weltweit, neben wenigen anderen, eine führende Rolle einnahm, wollte man nun auch bei dieser neuen Technologie ganz entscheidend mitwirken.

Der Siemensbereich Bauelemente übernahm 1980 aus dem Forschungslabor die Entwicklungsarbeiten und führte sie bis zur Fertigung weiter. Die Laserchips entstanden zunächst noch in München, die sehr anspruchsvolle Montage aber wurde von Beginn an im Wernerwerk der Siemens AG in Regensburg entwickelt und gefertigt. Es galt dabei, Lasermodule für die optische Datenübertragung zu realisieren, die extremen Anforderungen genügen mussten.

Die Laser auf Basis der Halbleiter GaAs/GaAlAs strahlten bei 840 nm bzw. 880 nm und mussten auch bei erhöhten Temperaturen bis 90 °C funktionieren. Dies wurde mit speziellen Halbleiter-Schichtstrukturen, sogenannten Doppelheteroschichten, geleistet. Dabei wird eine Licht erzeugende, aktive Schicht zwischen zwei Schichten derartig eingebettet, dass sowohl das dort entstehende Licht als auch die dafür nötigen Ladungsträger effektiv eingeschlossen werden. Das Konzept dieser Schichtstrukturen wurde später auch erfolgreich auf die Leuchtdioden übertragen. Das Wernerwerk in Regensburg war in den Jahren 1982 bis 1986 weltweit einer der wenigen Standorte, an dem den hohen Anforderungen der optischen Datenübertragung genügende Lasermodule hergestellt wurden.

Da die Laserchip-Entwicklung in der Mitte der 80er Jahre zunehmend auf eine Steigerung der optischen Ausgangsleistungen zielte (vom mW-Bereich hin zum W-Bereich), wurde zu dieser Zeit eine MOVPE (= Metal Organic Vapour Phase Epitaxy) für Laserdioden in

▲ Infrarot-Hochleistungsdioden oder -Laser werden auch im Auto zur Abstandsmessung eingesetzt – wie hier bei einem intelligenten Geschwindigkeitsregler.

Frank Umlauft
Seit 1994 bin ich bei Siemens. Als Defektdichte-Spezialist muss ich mein Know-how ständig erweitern, weil jede Technologie andere Strukturen aufweist. Die Kontinuität des ständigen Lernens macht mir Spaß. Ich wünsche mir, dass der Standort noch lange Zukunft hat, da er der Belegschaft eine Existenz schafft und eine Bereicherung für die Stadt Regensburg ist, in der ich gerne lebe.

Regensburg aufgebaut, die erste dieser Art am Standort. Mit dieser neuen, selbst gebauten Anlage konnte man erstmals in Regensburg extrem dünne (im Nanometer-Bereich) und insbesondere sehr homogene Kristallschichten abscheiden, die den hohen Anforderungen für Laserdioden genügten. Mit dieser Technologie wurden in Regensburg die ersten Hochleistungslaser im Multiwatt-Bereich hergestellt, die u. a. zum Pumpen von Festkörperlasern eingesetzt werden. Sie erhöhten den Wirkungsgrad dieser Laser um mehr als den Faktor 5. Die Regensburger haben hier zusammen mit den Forschern aus München-Perlach Pionierarbeit geleistet. Solche Reaktoren wurden anfangs nur zur Herstellung von Lasern (technologischer Treiber) und erst später auch zur Produktion von LEDs verwendet, mit dem Ergebnis, dass eine deutliche Lichtsteigerung erreicht wurde.

1988 wurde dann schließlich noch die Chipentwicklung und die Fertigung der Halbleiter-Laserchips (auf

GaAs-Basis) von München nach Regensburg verlagert, sodass nun die Entwicklung und Fertigung dieser Laser komplett im Wernerwerk stattfanden. Bereits Ende der 80er Jahre, aber insbesondere in den 90er Jahren führten Fortschritte im Schichtstrukturaufbau zu enormen Leistungs- und Qualitätssteigerungen bei den Laserdioden. Das epitaktische Abscheiden von extrem dünnen Kristallschichten im Nanometer-Bereich (Quantentopfstrukturen) mittels der MOVPE war insbesondere dafür verantwortlich. Mehr als eine Dekade, bevor der Begriff „Nanotechnologie" in aller Munde kam, wurde im Wernerwerk in Regensburg Nanotechnologie praktiziert!

Auch diese für Laser so erfolgreich eingesetzten Quantentopfstrukturen waren später wieder Wegbereiter im Hinblick auf Schichtstruktur und Herstellungstechnologie der „neuen" Leuchtdioden für den infraroten und sichtbaren Wellenlängenbereich. In der Folge entstanden Laserdioden mit immer höheren Ausgangsleistungen und Wirkungsgraden. Außerdem konnte durch Modifikation des Materialsystems für die Hochleistungsdioden-Laser der Wellenlängenbereich von etwa 780 nm bis ca. 1050 nm ausgeweitet werden. Diese Technologie ermöglichte auch die Herstellung von drei Lasern übereinander, der Abstand zwischen den Lasern beträgt lediglich ein paar Mikrometer. Diese Laser werden z. B. in intelligenten Tempomaten zur Abstandsmessung („Laserradar") eingesetzt.

Nach dem Bau der Optofabrik von Osram in Burgweinting wurden alle Laseraktivitäten dorthin verlagert. Heute werden in Regensburg bei Osram Opto Semiconductors Hochleistungsdioden-Laser mit Wirkungsgraden (elektrisch zu optisch) von 60–70 % hergestellt. Dies bei Ausgangsleistungen von mehr als 100 Watt bei einer ausgenutzten Kristallfläche von nur etwa 10 mm². Damit stellen diese Halbleiter-Laser die effizientesten Lichtquellen in dieser Leistungsklasse dar, die wir heute kennen. Ihr Einsatzgebiet erstreckt sich über ein weites Feld: medizinische Anwendungen, optische Abstandsmessungen im Automobil, ganz besonders aber das optische Pumpen von großen kW-Lasern für die Materialbearbeitung (Schneiden, Schweißen etc.) oder – durch Verkopplung der Strahlungsleistung vieler Halbleiter-Laser bis in den kW-Bereich – in der direkten Materialbearbeitung.

Im Zeitraum 1985 bis 1990 kam eine neue Gruppe von Laserdioden hinzu. Basierend auf dem Verbindungshalbleiter InP wurden Laserdioden für die optische Nachrichtentechnik im Wellenlängenbereich bei 1,3 µm bzw. 1,5 µm entwickelt und hergestellt. Ähnlich wie bei den GaAs-Lasern waren auch hier zunächst alle Chipaktivitäten in München und nur die Modulentwicklung und -fertigung in Regensburg. Anfang 1990 wurden dann aber auch die Chipentwicklung und -fertigung ins Regensburger Werk verlagert. Auch bei diesen Lasern hat die moderne Technologie (MOVPE), die in Regensburg genutzt werden konnte, den Laserbetrieb auch bei 90 °C ohne aktive Kühlung ermöglicht. Dies war zu dieser Zeit ein wesentlicher Wettbewerbsvorteil. Diese Laser lösten die GaAs-Laser für Anwendungen in der optischen Datenübertragung ab, da die verfügbaren Glasfasern im langwelligen Wellenlängenbereich deutlich günstigere Übertragungseigenschaften aufweisen.

Diese Aktivitäten als auch die Entwicklung und Fertigung von oberflächenemittierenden Laserdioden (VCSEL: Vertical Cavity Surface Emitting Laserdiodes), die ebenfalls in der optischen Datenübertragung eingesetzt werden, wurden nach der Eingliederung der Opto-Aktivitäten bei Osram bei Infineon belassen. Die beiden letzten Gruppen von Laserdioden, die bei einer Aufstellung der Laserhistorie im Regensburger Wernerwerk nicht fehlen dürfen, sind die GaAlAsP-basierten Laser für den roten sowie die GaN-basierten Laser für den blauen Spektralbereich. Diese Entwicklungen wurden im Regensburger Wernerwerk gestartet, aber bereits in einem frühen Entwicklungsstadium in die neue Optofabrik nach Burgweinting transferiert. Der erste blaue Halbleiter-Laser Europas wurde noch im Wernerwerk gefertigt!

Optische Nachrichtenübertragung

In den 70er Jahren waren die herkömmlichen Weitverkehrsstrecken für Telekommunikation an die Grenze der Kapazität gestoßen. Es begannen die Forschungen zur Nachrichtenübertragung mit Licht bzw. Photonen. Glasfasern mit geringer Dämpfung und optoelektronische Bauelemente zur Umsetzung des elektrischen Signals in Licht und umgekehrt waren die Voraussetzung. In den Labors wurden großartige Ergebnisse bezüglich Streckenlänge und Bandbreite erzielt. Doch die Umsetzung in praktisch anwendbare Produkte war ein weiter Weg, der vielfach unterschätzt wurde.

Hier lag die Stärke der Entwickler in Regensburg. Es gab gute Kontakte zu den entsprechenden Forschern in den Siemens-Forschungslabors, und man hatte in Regensburg Erfahrung bezüglich Gehäusetechnik und -fertigung in hohen Stückzahlen. Die ersten optischen Sendemodule DIL14 waren noch hochkomplexe Teile: Die auf einem Kühler sitzende Laserdiode wurde wie auf der optischen Bank mit μm-Präzision an die Faser angekoppelt.

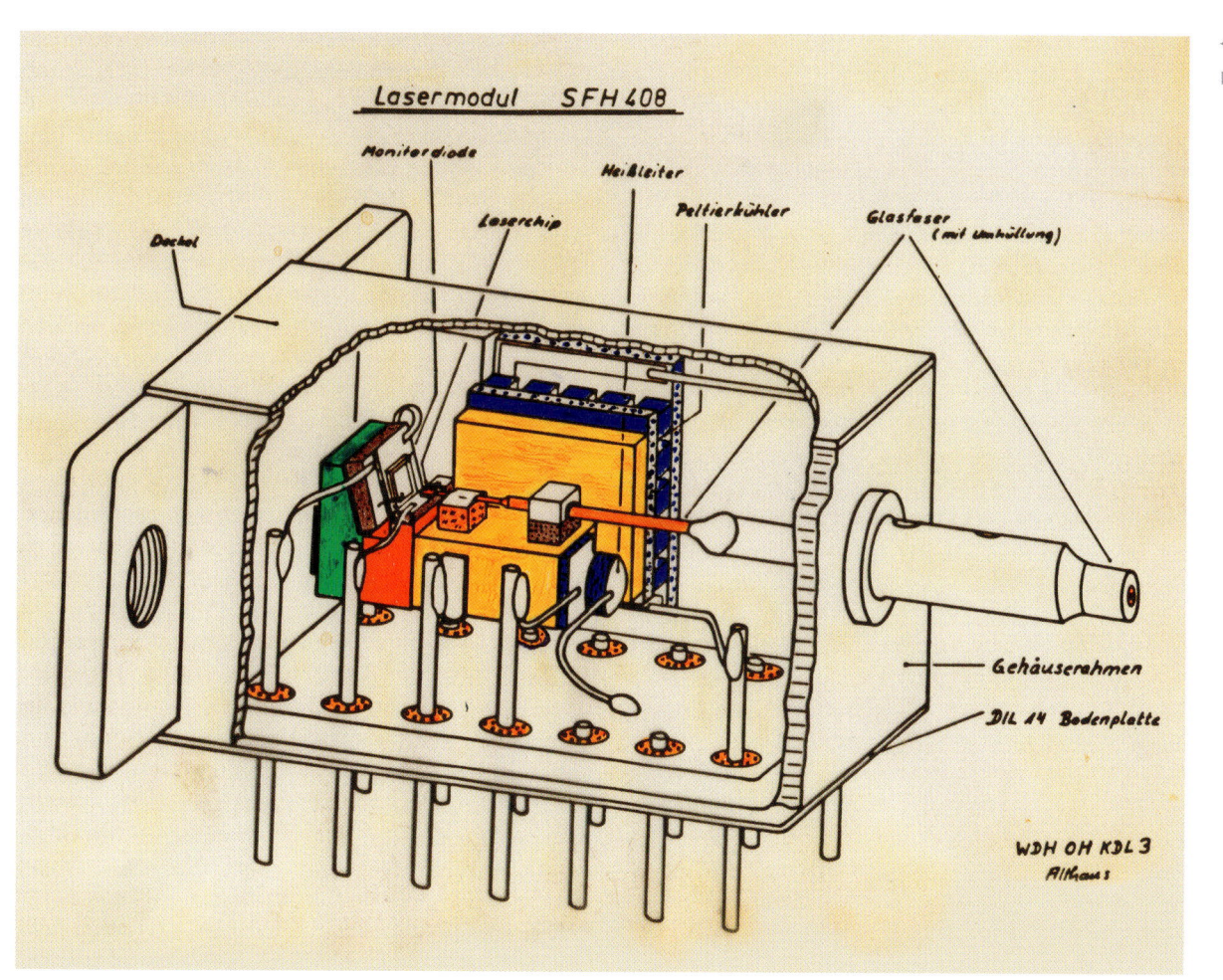

◀ Erstes Lasermodul mit Peltier-Kühler

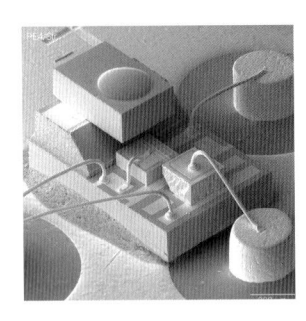

▲ Senderaufbau in Mikrosystemtechnik

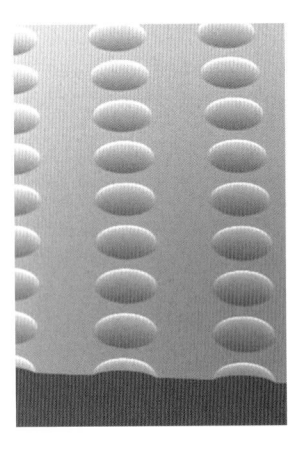

▲ Geätzte Si-Linse

Mit diesen Modulen wurde z. B. BIGFON (Breitbandiges Integriertes Glasfaser-Fernmeldeortsnetz) realisiert, das Bundespostminister Gscheidle 1981 der Öffentlichkeit vorstellte. Es war ein Systemversuch, den die Deutsche Bundespost bis 1988 in sieben Städten (Berlin, Hamburg, Hannover, Düsseldorf, Stuttgart, Nürnberg und München) durchgeführt hatte. Ziel war die praktische Erprobung von Glasfasertechnik für sämtliche Telekommunikationsdienste. Das System, einschließlich der Lasermodule aus Regensburg, erfüllte technisch die Erwartungen, aber der Aufwand war enorm. Daher gab es nach dem Versuch eine größere Denkpause, in der aber in Regensburg weiterentwickelt wurde.

Die rasante Entwicklung der Computertechnik erforderte schnelle Verbindungen zwischen den Rechnereinheiten. IBM nahm 1982 weltweit mit allen Firmen, die auf dem Gebiet der optischen Nachrichtentechnik tätig waren, Verbindung auf, um ein Datalink für 200 Mbit/s zu entwickeln. Siemens bekam dank der hervorragenden technischen Daten der Schlüsselkomponenten, die das Forschungslabor präsentierte, den Zuschlag. In München (Chips) und Regensburg (Gehäuse und Montagetechnik) wurden die Schlüsselkomponenten 1,3 µm-Sender- und -Empfängerdioden entwickelt, die später dann in Regensburg gefertigt und nach Berlin geliefert wurden. Dort war in der Siemensstadt eigens ein neues Werk eröffnet worden, und ein Meilenstein war die Grundsteinlegung dieses Werkes (WOB) im Jahr 1986.

Mittlerweile war das Lasermodul so klein geworden, dass es in ein übliches TO-Gehäuse passte. Es war so konzipiert, dass es kostengünstig in Großserie gefertigt werden konnte. Motivation dazu waren die Pläne, in jeden Haushalt einen Glasfaseranschluss zu legen (fiber to the home). Zur Herstellung dieser Laser- und Empfängermodule wurde erstmals die Mikrosystemtechnik genutzt. Nach ersten Kleinserienfertigungen im Entwicklungslabor wurde eine erweiterte Fertigungslinie in Regensburg aufgebaut, die erstmals industriell neue Mikrosystemtechniken anwendete, die in den Siemens-Labors entwickelt worden waren. Die Laser wurden auf eine Si-Scheibe (Nutzen) montiert, ebenso die Photodioden. So konnte der Burn-in und die Messung der Laser im Ganzen erfolgen, was zu einer deutlichen Kostenreduktion und Qualitätsverbesserung führte.

Das anodisch aufgebondete Umlenkprisma für den Laserstrahl war gleichzeitig der Träger für die ätztechnisch hergestellte Si-Kollimationslinse. Die Brennweiten dieser Linsen wurden vorher mit einem speziell dafür entwickelten Waferprober gemessen und gespeichert (Wafermapping), sodass der Automat jedem Laser die passende Linse zuordnen konnte. Bei der Photodiode war der Linsenträger ein schmaler, anodisch aufgebondeter Glassteg. Die Silizium-Linsen wurden im Submikrometerbereich justiert und mittels Laserlöten fixiert. Auch das Faserpigtail musste im Submikrometerbereich justiert und fixiert werden. Hierzu wurden in Regensburg spezielle Justier- und Laserschweißverfahren entwickelt. Die Bauteile überstanden über 1000 thermische Zyklen von - 45 ° C bis + 85 ° C ohne Änderung des Einkoppelwirkungsgrades. Hierzu wurden mit örtlichen mittelständigen Unternehmen gemeinsam neue hochpräzise, vollautomatische Fertigungsanlagen entwickelt und zum Serienfertigungseinsatz gebracht.

Diese Arbeiten fanden weltweit große Beachtung, vor allem als daraus ein Modul mit Sende- und Empfangselement für die Übertragung in beide Richtungen (BIDI) über nur eine Faser entwickelt wurde. Siemens ÖN war der große Treiber. Der Bereich hatte Ende der 80er Jahre ein bidirektionales optisches Nachrichtenübertragungssystem mit Übertragungsraten von 560 Mbit/s entwickelt und benötigte hierfür geeignete Komponenten. In einem gemeinsamen Entwicklungsprojekt mit dem Siemens-Forschungslabor, dem Bereich Siemens Nachrichtentechnik und Siemens Opto in Regensburg wurde hierfür ein bidirektionales Modul mit Sendelaser (1,3 µm und 1,5 µm) und Empfangsdiode entwickelt, das die Anforderungen des gleichzeitigen Sendens und Empfangens über eine Einmodenfaser (9 μm Kerndurchmesser) erfüllte. Hierbei waren höchste Qualitätsanforderungen sicherzustellen, wie z. B. 30 Jahre volle Funktionsfähigkeit bei härtesten Umgebungsbedingungen wie Temperaturwechsel von - 40 °C bis + 85 °C bei einer relativen Feuchte von 85 %. Diese zusätzlichen harten Qualitätsanforderungen bei voller Funktionalität machten für die Gehäusetechnik die Anwendungen von Metallgehäusen notwendig, die die Anwendung von Laserschweißtechniken für Verbindungen mit Justagen und Stabilitäten im Genauigkeitsbereich von weniger als 0,1 μm und hermetische Verschlusstechniken, auch durch Schweißen, ermöglichten. Damit reichte es, für interaktive Kommunikation nur eine Faser zu legen.

In den USA und Japan wurden Pilotprojekte gestartet, die mit BIDIs aus Regensburg ausgerüstet waren. Die deutsche Bundespost wagte sich nach der Wiedervereinigung besonders weit vor und setzte in den neuen Bundesländern die Glasfasertechnik im Teilnehmerbereich schon als Regeltechnik ein. Die BIDIs aus Regensburg bestanden die harten Prüfungen, die vor einer solchen Zulassung liegen.

Die unerwartet großen Fortschritte in der Computertechnik waren es eigentlich, die einen weiteren Siegeszug des BIDIs verhinderten. Bald zeigte es sich, dass aufgrund der hohen und billigen Rechenleistung auch kleine Bandbreiten reichten, um die Kommunikationsbedürfnisse der Teilnehmer zu befriedigen. Jeder kennt heute DSL, das auf dem normalen Kupferkabel ins Haus kommt. Hinzu kam, dass die Bundespost nach dem Börsengang die laufenden und geplanten Projekte wie „Fiber to the home" einstellte. Genau betrachtet wurde die Chance vergeben, früh hoch-bit-ratige Glasfaseranschlüsse für den Teilnehmer zu installieren und damit mehr Heimarbeitsplätze zu schaffen. Die Technik dazu stand unter anderem mit den bei Siemens in Regensburg gefertigten optoelektronischen Schlüsselkomponenten seit über zehn Jahren zur Verfügung.

Neben der Glasfaser wurde auch eine Plastikfaser (POF) entwickelt. Namhafte deutsche Chemieunternehmen waren dabei und setzten große Hoffnungen in diese Technik. Auch hier war Regensburg mit dem Chip-Know-how und der Fertigungstechnik ein wichtiger Partner bei der Entwicklung der Sende- und Empfangselemente. In den letzten Jahren gab es interessante Aufträge aus der Automobilindustrie.

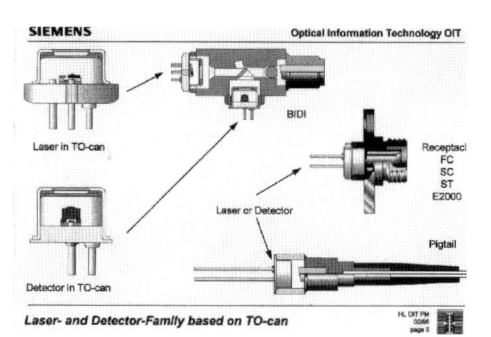

Schlussbemerkung

Das Photon wird in Zukunft in Technik und Wissenschaft weiter an Bedeutung gewinnen. Hier spielen die optoelektronischen Halbleiter-Bauelemente eine entscheidende Rolle. Denn sie haben zusammen mit der Mikroelektronik das Tor zur modernen Informations- und Kommunikationstechnik aufgestoßen. Aber auch auf anderen Gebieten, wie in der Medizin, Sensorik, Analytik, modernen Materialbearbeitung und Beleuchtung, erweisen sie sich als Innovationstreiber. Dass sich Opto in Regensburg so gut entwickelt hat, ist in hohem Maß dem Engagement der „OH-ler", wie sich die Mitarbeiter von Osram Opto Semiconductors anfangs nannten, aber auch der steten Unterstützung von Professor Heywang, Professor Weyrich und Professor Zschauer und deren Mitarbeitern vom Forschungslabor zu verdanken. Auch die enge Zusammenarbeit mit den Hochschulen und den Fraunhofer-Instituten in vielen vom BMBF und der EU geförderten Projekten haben Opto viel geholfen.

▲ Bauelemente für die optische Nachrichtentechnik

Peter Purainer
Ein halbes Jahrhundert hat Siemens/Infineon hervorragende Produkte aus Regensburg dem turbulenten Weltmarkt für elektronische Bauelemente zur Verfügung gestellt. Das geht mit dieser Beständigkeit nur mit Menschen, die sich auszeichnen durch kreative Fähigkeiten, Verbundenheit mit dem Unternehmen und ein verlässliches Arbeitsethos. Daraus ziehe ich auch viel Optimismus für die Zukunft.

Burgweinting auch in Zukunft Kompetenz-Zentrum für LED

Von Gerd Otto

Lange Zeit gehörte Opto im Halbleiter-Bereich der Siemens AG zu den „Exoten". Geld wurde in anderen Sektoren verdient, „das Licht zählte damals keineswegs zum Kerngeschäft des Unternehmens." Dr. Rüdiger Müller, der in seiner Person geradezu den Übergang von Siemens und Infineon zu Osram Opto symbolisiert, erinnert sich daran, dass Osram schon Jahre zuvor an der LED-Technik aus Regensburg interessiert war. Der Licht-Tochter von Siemens – Slogan „see the world in a new light" – war die damals mögliche Leuchtkraft aus LED-Quellen jedoch noch zu dunkel. Und so ließ man die Halbleiter-Experten der Siemens AG weiter forschen und entwickeln, bis die Zeit gekommen war: „Eine wahre Vorleistung des Mutterkonzerns!"

Durch seine Innovationskraft, patentrechtlich geschützte Technologien und etablierte Vertriebsstrukturen sei das Unternehmen gut für diese Entwicklungen gerüstet, betont Rüdiger Müller, zumal es sich bei den Anwendungsbereichen von LED nicht um Investitionsgüter handelt, sondern eher um Konsumartikel. Die Automobilindustrie habe die „Alleskönner" schon lange entdeckt. Sie sind nicht nur Lichtquelle – auch als Designobjekt und Differenzierungsmerkmal setzen Hersteller Leuchtdioden serienmäßig als Tagfahr- und Rücklicht ein und entwickeln neue Scheinwerferfunktionen. Aber auch im „unsichtbaren" Bereich des Automobils kommen Halbleiter-Laser und Infrarot-Dioden zum Einsatz und sorgen zum Beispiel im intelligenten Tempomaten für mehr Sicherheit. Designer und Architekten nutzen das Leuchtmittel ebenfalls und setzen Akzente durch extravagantes Lichtdesign. Öffentliche Auftraggeber entscheiden sich bei der Ausstattung von Straßen- und Architekturbeleuchtung immer stärker für langlebige und umweltschonende LED-Lichtsysteme. Von Johannesburg über Heidelberg bis Singapur stehen

▶ Dr. Rüdiger Müller leitet seit 1988 den Siemens-Geschäftszweig Optohalbleiter und ist seit 1999 Vorsitzender der Geschäftsführung von Osram Opto Semiconductors.

bereits Straßenleuchten, die solarbetrieben sind und durch die Kombination der beiden energiesparenden Technologien bis zu 44 Prozent Kosten im Vergleich zu herkömmlichen Leuchten einsparen. Der erste Tunnel mit vollständiger LED-Ausleuchtung ist seit Herbst 2008 an der A 71 in Thüringen in Betrieb.

Die Allgemeinbeleuchtung gehört zu einem der zukunftsträchtigsten Gebiete. Dies wird auch durch den von der Politik forcierten Trend zu energieeffizienter Beleuchtung unterstützt. So werden in der Beleuchtung von Geschäften und Arbeitsplätzen schon jetzt LEDs in Lampen eingesetzt, die mittelfristig herkömmliche Glühlampen ersetzen. LEDs werden sich zum selbstverständlichen Leuchtmittel entwickeln – längerfristig auch organische LEDs, also OLEDs. Die rasante Helligkeitsentwicklung lässt viele weitere Innovationen in ganz neuen Anwendungsbereichen erwarten.

All das, so Dr. Rüdiger Müller, sei das Ergebnis kontinuierlicher Ausgaben im Bereich Forschung und Entwicklung, wofür das Unternehmen bisher Jahr für Jahr bis zu 15 Prozent des Umsatzes eingesetzt habe. Derzeit hält man immerhin mehr als 4000 Patente. Dass der Standort in Regensburg-Burgweinting trotz einer neuen Chip-Fabrikation in Malaysia weiterhin als Kompetenz-Zentrum von Osram Opto erhalten bleiben wird, daran gibt es für Rüdiger Müller keinen Zweifel. Für Regensburg sprechen insbesondere die Mitarbeiter, also das Know-how, das in Zusammenarbeit mit den Hochschulen der Region permanent verbessert werde.

▼ Seit 2003 im Stadtteil Burgweinting – Osram Opto Semiconductors

Bernadette Seitz
Ich bin in der Betrieblichen Sozialberatung und arbeite hier sehr gerne. Für mich ist Infineon Regensburg ein ganz besonderer Standort, mit Menschen, die viel Herzblut und Engagement einbringen und immer wieder ihren Blick nach vorne richten.

▲ Die komplette Mannschaft der ersten Delegation in Japan (1985)

Der 1M-Transfer von Japan nach Regensburg

Von Professor Dr. Helmut Hummel, Professor Dr. Ernst Wild, Professor Dr. Alfred Lechner

Vorgeschichte: So fing es an

Als ich im Juli 1984 meine Tätigkeit bei der Zentralen Forschung und Entwicklung (ZFE) der Siemens AG in München-Perlach aufnahm, war das MEGA-Projekt bereits im Gange. Der Vorsprung der Asiaten in der Chiptechnologie sollte aufgeholt und diese möglichst überholt werden. Wir hatten die Aufgabe, im Wettlauf mit den Japanern einen 1Mbit-DRAM zu entwickeln, einen Arbeitsspeicher, der in der Lage war, auf ca. 1 cm² Fläche eine Million Bits zu speichern. Diese für damalige Zeiten immense Integrationsdichte erforderte eine extrem feine Strukturierung, die Schallmauer von 1 µm kleinen Strukturen war in etwa zu erreichen. Ab 1985 wurde mir zusätzlich die Organisation und Kontrolle aller Zuverlässigkeitsaktivitäten im MEGA-Projekt übertragen. Wegen der Brisanz des Projektes wurde in München-Perlach unter Hochdruck entwickelt. Es kam nicht selten vor, dass Besprechungen des Entwicklerteams um Mitternacht angesetzt wurden, da untertags für derlei Aktivitäten keine Zeit übrig war. Als ich im August 1985 doch einmal für zwei Wochen in Urlaub ging, lagen wir nach unseren Informationen um ca. sechs Wochen hinter den Japanern. Aus dem Urlaub ahnungslos zurückgekehrt, wurde mir mitgeteilt, dass beschlossen worden war, wegen des sechswöchigen Prozessrückstands den 1M-Prozess von Toshiba zu kaufen und auf Basis dieses Prozesses die bereits angelaufene 4M-Eigenentwicklung voranzutreiben. Mit einem Schlag waren unsere eigenen Prozessentwicklungen und die gesammelten Erfahrungen damit wertlos.

Erste Delegation

Die Einleitung des Transfers begann mit der Entsendung einer Expertendelegation zu Toshiba Ende September 1985. Unter der Leitung von Dr. Hans Deppe, von 2001 bis 2009 Vice President & General Manager beim Chiphersteller AMD in Dresden, fuhr eine zwölfköpfige Mannschaft von Prozessingenieuren aus den Standorten München-Perlach, München-Balanstraße und Regensburg in das Toshiba-Halbleiterwerk nach Oita auf der Japaninsel Kyushu, um den dortigen 256 k-DRAM-Prozess, den Vorläuferprozess des 1M-DRAM, zu studieren, da ja der 1M-Prozess selbst auch bei Toshiba noch in Entwicklung war. Sechs Wochen lang lernten wir die Prozessphilosophie und Entwicklungshintergründe eines führenden japanischen Halbleiter-Konzerns aus nächster Nähe kennen, d. h. direkt im Allerheiligsten, den Produktionsreinräumen, die zuvor noch nie ein Deutscher zu Gesicht bekommen hatte. Abends wurden jeweils bis in die späte Nacht bei viel Kaffee die „daily reports" zusammengefasst und nach Deutschland gefaxt. Im Anschluss an eine detaillierte Aufarbeitung der gewonnenen Erkenntnisse konnte der eigentliche 1M-Prozesstransfer nach unserer Rückkehr beginnen!

> Sehr beeindruckt hat die Kontinuität, mit der die Japaner ihre Probleme gelöst haben.

„First silicon" im neuen MEGA-Werk

Ab Januar 1986 begannen wir mit ersten Prozessversuchen im neu errichteten, aber sich noch in der Ausstattungsphase befindlichen MEGA-Werk. Nach Erhalt der vollen Prozessunterlagen durch Toshiba konnte dann unter meiner Verantwortung „first silicon", der erste vollständige Prozessdurchlauf, in Regensburg gestartet werden. Gleichzeitig wurden erstmals in einer Siemens-Halbleiterlinie 150 mm Silizium-Wafer prozessiert. Bis dahin waren Wafer mit 100 mm bzw. 125 mm Durchmesser üblich, und Toshiba selbst produzierte den 1M-Chip damals auch noch auf 125 mm-Wafern.

▶ Die erste Siemens-Delegation verhandelt mit Toshiba.

Das Einbringen und Einfahren der Fertigungsanlagen und der einzelnen Prozesse war „just in time" abgestimmt auf den Gesamtprozessdurchlauf, für den damals gut zwei Monate veranschlagt waren. Da natürlich die Reinraumausstattung noch in vollem Gange war, kam es teilweise zu abenteuerlichen Begebenheiten. So fuhren zum Beispiel gereinigte Wafer in den Oxidationsofen ein, während daneben in zwei Meter Abstand gebohrt wurde. Prozessschwierigkeiten mussten ad hoc gelöst werden, um die Durchlaufzeit von „first silicon" nicht unnötig auszuweiten. So war ich einmal zusammen mit dem damaligen Fertigungsleiter Walter E. Hupf wegen Schwierigkeiten bei der Nitridabscheidung über 26 Stunden am Stück im Betrieb, bis der Prozess weitergeführt werden konnte.

Professor Dr. Helmut Hummel

Auf dem Weg zum Durchbruch

Bereits bei meiner ersten Kontaktaufnahme als Siemens-Mitarbeiter in München-Perlach mit dem damaligen MEGA-Werk in Regensburg wurde ich nach einem gültigen Reisepass befragt. Einige Wochen später saß ich im Flugzeug nach Tokio, um das Know-how der Firma Toshiba für das MEGA-Werk in Regensburg zu übernehmen. Der Aufenthalt dauerte vier Wochen. Wir waren eine Gruppe junger Mitarbeiter, geleitet von unserem erfahrenen Chef Dr. Deppe. Vor dieser Reise verbrachten wir ca. zwei Wochen in Regensburg, um dort vom regionalen Gesamtprozess-Verantwortlichen Dr. Hummel eingewiesen zu werden. Wir diskutierten viel und betrachteten die 1M-Wafer mit dem Mikroskop nach verschiedenen Prozessschritten. Es herrschte eine Aufbruchstimmung, die ich in dieser Intensität während meines gesamten Berufslebens nicht mehr erlebt habe!

Es gab nur noch ein Thema: Wie können wir möglichst bald die ersten in Regensburg gefertigten Scheiben mit nennenswerter Ausbeute produzieren? Die gesamte Mannschaft war ein einziges Team. Alle waren offen für alles. Die Hilfsbereitschaft bei Problemen und das Engagement waren grenzenlos.

Nach unserer Ankunft in Tokio wurden wir am Abend von den Mitarbeitern der Firma Toshiba sehr herzlich begrüßt. Unser Chef war bereits unter der japanisch-höflichen Anrede „Deppe-san" wohlbekannt. Am nächsten Morgen begann unsere Arbeit bei Toshiba im Werk Kawasaki. Wir wurden mit grauen Kitteln mit Toshiba-Emblem eingekleidet, sodass wir uns als vollwertige Mitglieder der Toshiba-Familie fühlen konnten. Wir bekamen ein eigenes Büro und lernten unsere Betreuer kennen. Es wurden uns Kehrschaufel und Besen gezeigt, um „whenever you feel dirty" den Raum reinigen zu können. Im Reinraum konnten wir dann die Prozessierung der 1M-Scheiben in Japan verfolgen. Alle entstandenen Fragen wurden gründlichst, oft nach vorheriger Rücksprache mit den Experten, geklärt. Sehr beeindruckt hat mich die Kontinuität, mit der die Japaner ihre Probleme gelöst haben. Sie haben den 1M-Speicher mit möglichst vielen bereits bekannten Verfahren mit höchster Ausbeute produziert. Die Erfahrung stand in der Priorität über der Innovation. Mit dieser Philosophie war es ihnen scheinbar gelungen, in der Fertigung des 1M-DRAM die Firma Siemens zu überrunden, bei der sie vor vielen Jahren, z. B. auf dem Gebiet der Fotolithographie, das Know-how zur Herstellung mikroelektronischer Bauelemente erlernt hatten.

Mit den Erfahrungen der zweiten Japan-Delegation schafften wir trotz aller Schwierigkeiten tatsächlich „first silicon", also die ersten in Regensburg gefertigten 1M-Speicherchips, im geplanten Zeitrahmen. Allerdings funktionierte noch kein Chip, was aber wegen der geschilderten Prozessprobleme, vor allem der noch enormen Partikelbelastung durch die parallelen Installationsarbeiten im Reinraum, für uns keine Überraschung war. Ein größeres, deutlich im Elektronenmikroskop zu sehendes Problem waren damals Wucherungen aus der Zwischenoxidoberfläche, von uns „Blumenkohl" getauft, die eine einwandfreie Strukturierung der Leiterbahnen behinderten.

Gespickt mit unseren ersten 1M-Prozesserfahrungen und -problemen sowie einer Menge an Elektronenmikroskop-Aufnahmen unserer ersten Chips fuhr dann Anfang Mai ein kleines Team erneut nach Japan, um den dort laufenden 1M-Prozess mit unserem eingehend zu vergleichen und den Japanern noch möglichst viel Prozess-Know-how zu entlocken.

Am 11. Juli 1986 wurden endlich die ersten voll funktionsfähigen Regensburger Chips bei uns getestet. Der Durchbruch war geschafft, so dachten wir.
Professor Dr. Ernst Wild

Nachwehen

Eigentlich sollte unsere Ausbeute von anfangs einigen Prozent in relativ kurzer Zeit nach der sogenannten Lernkurve durch Beseitigung von Prozessschwächen, Anlagenproblemen, verminderter Partikelbelastung und verbesserten Fähigkeiten der Operator stark ansteigen bis zu dem von Toshiba bereits erzielten Niveau. Dem war aber nicht so. Nach Anfangserfolgen, wie z. B. der Beseitigung des sogenannten V-Effekts (auf den Wafern fielen immer in einem gewissen V-förmigen Randbereich besonders viele Chips aus) durch Streichung einer bestimmten Reinigung zwischen zwei aufeinanderfolgenden Prozessen, stagnierten die Ausbeuten. Hauptausfallursache waren elektrische Leckströme durch extrem dünne Oxide. Diese Gateoxide isolieren zwei winzige Kondensatorplatten voneinander, die den Kern einer jeden Speicherzelle darstellen. Wenn die Isolierungen Defekte aufweisen, verlieren die Zellen ihre binäre Information.

Nach vielen Versuchen stellte man unter anderem fest, dass nach den hohen Oxidationstemperaturen bei ca. 1000 °C die Scheiben zu schnell auf Raumtemperatur abgekühlt wurden. Dabei entstehen sogenannte Stapelfehler, welche die darüber liegenden Gateoxide ihrerseits schädigen. Durch Optimierung des Ofenprozesses, wobei die Scheiben langsamer und in Stufen abgekühlt wurden, konnten die Probleme mit den leckenden Gateoxiden reduziert und die Ausbeute an funktionierenden Chips erhöht werden. Eine vollständige Problemlösung war es jedoch noch nicht. Die Ausbeuten waren immer noch deutlich zu gering. Aber auch mit umfangreichen Untersuchungen und Prozessvariationen konnte ein „schuldiger" Prozessschritt nicht gefunden werden,

Dieter Helber
Ich bin seit Juli 1999 im Unternehmen beschäftigt. Es war gerade die Zeit, als sich der Wechsel von Siemens zu Infineon vollzog. Es war der gute Ruf der Firma Siemens, der mich bewog, aus meiner badischen Heimat nach Regensburg zu ziehen, und ich habe es bis heute nicht bereut, hier zu leben und zu arbeiten.

was, wie sich später herausstellte, auch gar nicht möglich war, da sich die Ursache über den gesamten Prozess verteilte.

Vor jedem Hochtemperaturschritt – davon gibt es im gesamten Prozess sehr viele – müssen die Wafer von Verunreinigungen wie Partikeln und Metallen befreit werden. Geringste Spuren von metallischen Ionen, wie z. B. Eisenionen, können zu Defekten in den Gateoxiden führen. Besonders katastrophal ist es, wenn Ionen sich bei den hohen Temperaturen durch Diffusion an vorhandenen Stapelfehlern anlagern und diese Defekte auch noch elektrisch aktiv werden.

So wurde mit Unterstützung aus München eine task force gegründet, an der auch ich als Chemiker maßgeblich beteiligt war. Nach vielen Kreuzversuchen, bei denen einzelne Wafer zwischen Japan und Regensburg hin- und hergeflogen und teils bei Toshiba, teils bei Siemens prozessiert wurden, stand letztlich das Wasserstoffperoxid, eine Komponente vieler Reinigungslösungen, im Zentrum der Ursachenfindung. Es stellte sich heraus, dass, wenn man Peroxid aus Japan statt deutscher Ware einsetzte, die Ausbeute um mehr als 20 Prozent anstieg. Die chemische Analyse der beiden Wasserstoffperoxide ergab ein zunächst unverständliches Ergebnis. Die deutsche Chemikalie war signifikant sauberer als die japanische. Andererseits, wenn man die Scheibe, die man mit der Wasserstoffperoxidlösung behandelt hatte, anschließend auf Metalle hin analysierte, zeigte sich das umgekehrte Ergebnis: das japanische Peroxid hinterließ weniger Kontamination als das deutsche.

Diese zunächst scheinbar widersprüchlichen Befunde konnten durch eingehende Analysen geklärt werden. Im „dreckigeren" Peroxid aus Japan befanden sich gerade noch nachweisbare Spuren organischer Verbindungen im parts per million-Bereich, die den Zerfall von Peroxid in Wasser und Sauerstoff verhindern. Diese Spuren waren als unbeabsichtigte Verunreinigungen im japanischen Peroxid auch Toshiba unbekannt. Die Ware aus Deutschland war dagegen in deutscher Gründlichkeit so gut aufgereinigt, dass sich keinerlei Stabilisatoren darin befanden. Stabilisatoren – auch Komplexbildner genannt – verhindern aber auch das Abscheiden von Metallen auf den Siliziumoberflächen. Als Folge bleiben die Ionen in der Reinigungslösung und sind nicht störend. Im Fall reinen, komplexbildnerfreien Wasserstoffperoxids aus Deutschland scheiden sich sämtliche darin gelösten metallischen Kontaminationen auch auf dem Siliziumwafer ab.

Als Problemlösung wurde nun gezielt ein Stabilisator den Reinigungslösungen zugegeben. Bei gleichzeitiger Optimierung der Ofenprozesse war das Problem mit dem Gateoxid gelöst, der eigentliche Hochlauf konnte endlich beginnen.

Professor Dr. Alfred Lechner

» Nach Dienstschluss

Nach Dienstschluss bei Toshiba folgte das Abendessen in einem Restaurant unserer Wahl in der Nähe des Hotels. Wachsmodelle von Speisen halfen uns bei der Auswahl. Erfahrene Mitglieder unseres Transferteams hatten schon eigene Bezeichnungen für manche Gerichte gefunden, wie z. B. „Teflon-Dichtungsringe". Das half uns dann schon bei der Auswahl …

Die intensive und herzliche Betreuung durch die Japaner war in der Freizeit nicht zu Ende. Es wurden Ausflüge organisiert. In allen Lebenslagen hatten wir Ansprechpartner. Die Frage, ob es denn irgendwie möglich sei, für unsere Frauen eine Perlenkette zu erwerben, wurde umfassend beantwortet. Nach der entsprechenden Vorbereitung unserer Gastgeber wurde uns dargelegt, welche Geschäftsverbindung der Toshiba-Konzern mit dem Perlengeschäft Mikimoto in der Ginza in Tokio unterhielt. Der Geschäftsgründer war im Übrigen der Erfinder der Zuchtperle. Am Wochenende wurden wir dann von einer charmanten Sekretärin in der Ginza empfangen und zum Einkauf begleitet.

Professor Dr. Ernst Wild

„Lieber konzentriert arbeiten und dann mehrere Tage hintereinander frei machen"

Von Gerd Otto

Was sich Mitte der 80er Jahre rund um das MEGA-Chip-Projekt im Westen Regensburgs abspielte, war letztlich der Start in eine Aufholjagd, zu der sich 1984 nicht nur der Siemens-Konzern entschlossen hatte. Es ging vielmehr um den Wirtschaftsstandort Deutschland. Gegenüber den Japanern – so machte Projektleiter Dr. Hans Friedrich immer wieder deutlich – betrug der Rückstand nicht weniger als drei Jahre. Wollte man aber nicht nur technologisch-wissenschaftlich gleichziehen, dann musste sich offenbar sehr viel mehr ändern. Die industriepolitische Zukunft stand auf dem Spiel. Entsprechend weitgreifend verlief damals die grundsätzliche Diskussion in der Gesellschaft, welchen Stellenwert künftig Arbeit und Freizeit haben sollten, und in welcher Ausformung.

„Eine Industriegesellschaft wie die unsere kann nicht ohne Sonntagsarbeit auskommen!" Dieser Position des bayerischen Arbeitsministers Karl Hillermeier stand 1986 zum Beispiel die Meinung von Dr. Franz Henrich, des Direktors der Katholischen Akademie Bayern in München, entgegen: „Menschen, die Feste abschaffen und den Sonntag nicht mehr hochachten, sägen selbst den Ast ab, auf dem sie als Europäer sitzen!" Regensburg spielte in dieser Kontroverse, die bundesweit völlig neue Frontstellungen hervorbrachte, schon deshalb die entscheidende Rolle, weil hier mit dem Siemens-MEGA-Werk und dem neuen BMW-Standort gleichzeitig zwei gewaltige Technologie-Investitionen hochgezogen wurden. Dies musste Auswirkungen haben. Und in der Tat: Am Ende hatte sich die Arbeitswelt gravierend verändert!

Um rückblickend die hitzigen Diskussionen quer durch alle herkömmlichen Wertemuster verstehen zu können, muss man sich die gesellschaftspolitische Befindlichkeit jener Zeit vor Augen führen. Die Wirtschaft, konfrontiert mit den Notwendigkeiten geradezu atemberaubend vorangetriebener Technologien, stieß Mitte der 80er Jahre bei dem Versuch, kapitalintensive Arbeitsplätze auch entsprechend auszulasten, zwar auf den erbitterten Widerstand der Kirchen und Gewerkschaften – doch die eigentlich Betroffenen, die Arbeitnehmer schienen kaum Verständnis für diesen in Gang gekommenen Disput aufzubringen. Die hehren Worte von Funktionären und Priestern standen in deutlichem Widerspruch zum Verhalten der Einzelnen. Die kooperativen Organisationen taten sich generell immer schwerer, im Einklang mit ihren Mitgliedern zu agieren, Gewerkschaften wie den Kirchen drohten die Menschen wegzulaufen.

Dass der Sonntag erst durch die 350 Regensburger MEGA-Chip-Werker in ihrer Reinraum-Montur ins Gerede gekommen sein soll, traf natürlich nicht zu. Immerhin war die Zahl der an Sonn- und Feiertagen tätigen Arbeitnehmer schon damals von 2,1 Millionen in den 60er Jahren auf über sechs Millionen (davon 10 Prozent in der Industrie) im Jahr 1984 gestiegen – eine Entwicklung, die weder mit christ-

Otto Schrödl
Im März 1976 habe ich bei Siemens in der Kondensatoren-Fertigung als Folienschneider angefangen. Mein Vater empfahl mir die freie Stelle. Der Zufall wollte es, dass mein Firmeneintritt und sein Austritt in den Ruhestand in das gleiche Jahr fielen. Somit wurde der Name Schrödl am Standort weitergeführt. Heute bin ich Operator in der Ofentechnik. Für die Zukunft wünsche ich mir, dass die nächsten 50 Jahre ebenso erfolgreich verlaufen wie die vergangenen 50.

▲ Gerd Schmidt, stellvertretender Vorsitzender des Aufsichtsrats, Vorsitzender des Gesamtbetriebsrats Infineon, Vorsitzender des Betriebsrats Infineon Regensburg

lichen Wertevorstellungen vereinbar schien, noch die Arbeitnehmerbewegung zufrieden stellen konnte, die das Verbot von Sonn- und Feiertagsarbeit schließlich 1891 erkämpft hatte. Gerd Schmidt, 1984 erstmals in den Betriebsrat gewählt, kann sich noch genau an das „Spießrutenlaufen" erinnern, wenn die Regensburger ihren Kollegen von anderen Siemens-Werken begegneten. Von „Renegaten", von Abtrünnigen war auch in der Öffentlichkeit die Rede. Man zeigte insgeheim zwar Verständnis dafür, dass man an der Donau eben die Chance neuer Arbeitsplätze ergreifen wollte. „Doch wo bleibt euer politisches Bewusstsein?" mussten sich Günter Wittstock, der damalige Betriebsratsvorsitzende, und seine Kollegen immer wieder fragen lassen. „Regensburg – das wird jetzt im ganzen Konzern als Vorbild verkauft", befürchteten etwa Münchner Betriebsräte einen Präzedenzfall.

Dabei hatten es sich Wittstock&Co. keineswegs leicht gemacht. „Es war in der Rezession sehr hart", erinnerte sich der Betriebratschef schon am Tag des Spatenstichs, an jenem 12. Oktober 1984 an die vergangenen Jahre, als er immer wieder darauf verwiesen hatte, dass der Regensburger Standort unbedingt eine zukunftträchtige Fertigung benötige. Um diese Ziele aber zu erreichen, habe die Belegschaft eben auch Zugeständnisse machen müssen. Wittstock war damals nicht bange, dass die Regensburger dieses MEGA-Projekt stemmen würden, insbesondere dank der ausgezeichneten Zusammenarbeit zwischen Standort-Leitung und Betriebsrat. Überzeugt waren die Betriebsräte danach insbesondere von der Notwendigkeit, rund um die Uhr produzieren zu müssen. Zum einen verwies Wittstock auf die technischen Zwänge: Ähnlich wie in einem Stahlwerk können die Anlagen nicht einfach für ein paar Stunden abgestellt werden! Zum anderen ließ der Regensburger Betriebsrat aber auch das ökonomische Argument gelten, nämlich die immens hohen Kosten jedes einzelnen Arbeitsplatzes.

Sechs Tage Dienst und vier Tage frei – auf diese Formel war das Regensburger Arbeitszeitmodell ausgerichtet. Während man am Siemens-Standort durchaus gute Erfahrungen mit diesem Rhythmus sammelte und ganz generell Aufbruchstimmung herrschte, war noch zwei Jahre später von einer grundsätzlichen Entscheidung für die Sonntagsarbeit nichts zu spüren. Umso mehr wurden die Betriebsräte und vor allem der IG Metall-Bevollmächtigte Walter Meyer aus den eigenen Reihen unter Beschuss genommen. Sein Chef in der Frankfurter IG Metall-Zentrale hieß zu jener Zeit Franz Steinkühler, und der smarte Gewerkschaftsführer legte sich damals sogar vehement mit Oskar Lafontaine an, der in Sachen Samstags- und Sonntagsarbeit eine „pragmatische Phantasie" angemahnt hatte.

Heiße Diskussion um die Sonntagsarbeit entbrannt
Bleibt die „seelische Erbauung" jetzt endgültig auf der Strecke?
Regensburger Siemens-Betrieb gilt manchem nur als Speerspitze

Der Position von SPD-Vize Lafontaine wurde freilich nicht nur von Gewerkschaftsseite heftig widersprochen. Insbesondere in den Reihen der Sozialdemokraten tobte schon bald eine veritable Grundsatzdiskussion. Nicht nur der Vorsitzende Hans-Jochen Vogel, sein Stellvertreter Johannes Rau oder Renate Schmidt warnten vor einer Aufweichung, auch die Enkel-Generation sprach sich fast einstimmig für den „freien Sonntag" aus. Der spätere Bundeskanzler Gerhard Schröder, damals Oppositionsführer im niedersächsischen Landtag, plädierte zwar durchaus für mehr Flexibilität, die durch die ökonomische Entwicklung erzwungen werde. „Aber ich bin gegen die totale Ökonomisierung des gesellschaftlichen Lebens", meinte Gerhard Schröder und wollte, „wo immer es geht, den freien Sonntag aus kulturellen Gründen als freie Zeit für möglichst viele Menschen" verteidigen.

Vor allem aber in der IG Metall-Zentrale warnte man davor, durch die Ausdehnung der Samstags- und Sonntagsarbeit eine „kostenlose Kapazitätssteigerung" in Kauf zu nehmen, mit der Konsequenz der Schließung von Produktionsstätten und strukturpolitisch geradezu katastrophalen Folgen. Was nützt der SPD, so fragte Franz Steinkühler seine Genossen, einen Zustand zu schaffen, in dem es möglich sei, „dass Männer und Frauen auch die Hausarbeit gemeinsam machen, Kindererziehung gemeinsam machen", wenn durch die Ausdehnung der Betriebsnutzungszeiten Schichtarbeit geradezu produziert werde, „die Frau also dann morgens und der Mann dann abends arbeitet"? Walter Meyer freilich, dessen Familie sehr stark in der Gewerkschaftsbewegung verwurzelt war, ließ sich nicht beirren. Er sah vor Ort, ganz pragmatisch, die Chancen für die von ihm betreuten Kollegen und handelte danach, wie er ohnehin der Meinung war, die neuen Technologien insbesondere als Herausforderung zu begreifen.

So sehr in jenen Jahren der DGB mit aller Macht das freie Wochenende, die 5-Tage-Woche und den 8-Stunden-Tag als tägliche Höchstarbeitszeit verteidigen zu müssen glaubte und etwa der Regensburger Staatsrechtler Professor Dr. Otto Kimminich sogar von einer Atmosphäre der Muße und Entspannung sprach, die am Sonn- und Feiertag herrschen müsse, so spürbar war Mitte der 80er Jahre aber auch der neue Trend in Richtung Flexibilität und Mobilität. Selbst der Ordinarius für christliche Sozialwissenschaft an der Universität Regensburg, Professor Dr. Lothar Schneider, erklärte zwar den Sonntag für „nach wie vor verbindlich", doch sein Vorschlag einer 36-Stunden-Woche – und dies als 4-Tage-Woche – enthielt bereits damals derart viele Alternativen, die unter anderem natürlich das Ende von „samstags gehört Vati mir" bedeuteten.

Mit Sonntagsarbeit gegen japanische Konkurrenz
Bei der Mega-Chip-Produktion will Siemens Drei-Jahres-Rückstand aufholen / „Konti-Schicht" gut bezahlt

Das Ende vom Tag des Herrn?
„Gottlos und ohne Kultur!"
Sonntagsarbeit in der Diskussion

Modische Zeitreise durch fünf Jahrzehnte: Von der Kittelschürze zum Reinraumanzug

Von Barbara Zierer

◄ Optische Prüfung von Drahtwiderständen (1962)

► Prüfautomat für Kondensatoren (1965)

▼ Arbeitsplätze zum mechanischen Wendeln von Kohleschicht-Widerständen (um 1962)

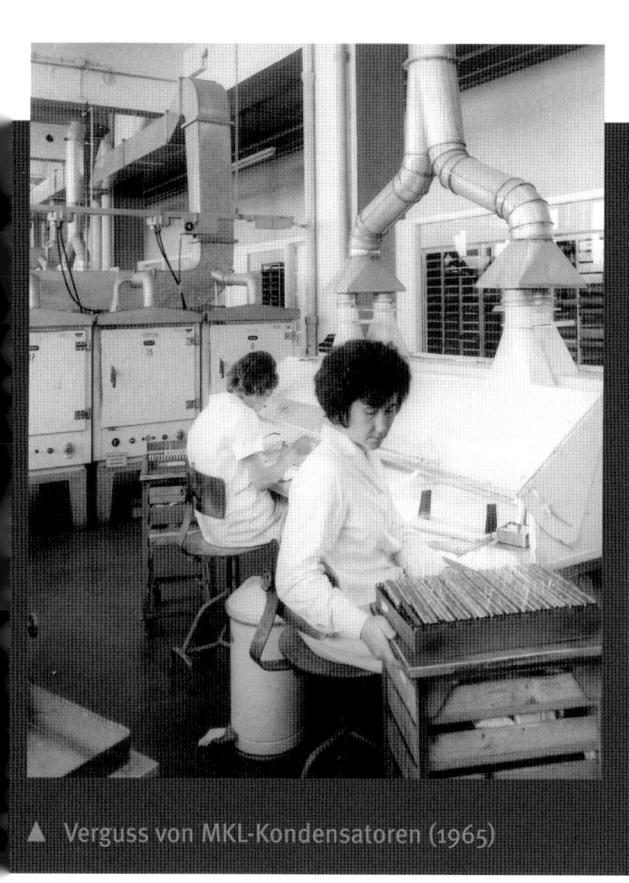

▲ Verguss von MKL-Kondensatoren (1965)

▲ Infrarot-Spektrograf zur Werkstoffprüfung (1971)

◄ Prüfautomat zur Endprüfung von Kondensatoren (1970)

In den Anfangsjahren der Kondensatoren-Fertigung waren Kittelschürzen „en vogue". Mit MESA zogen in den 70er Jahren dann weiße Arbeitsmäntel ein.

▲ Gymnastik in der Montage (1975)

◀ Prüfautomat für MOS-Tetrode (1974)

▼ Legieren von Metall-Transistoren von Hand (1968)

Ganz clean geht es heute im Reinraum der Mikrochipfertigung zu: Sogar das Anziehprocedere verläuft nach strengen Regeln.

▲ Reinraum 2008

◄ Sicherheitsschleuse im Chipcard Backend (2008)

Architektur im Einklang mit dem Qualitätsbegriff des Unternehmens

Von Gerd Otto

„Wir sind ein Technik-Unternehmen!" Die sich daraus ergebende logische Strenge, aber auch die gedankliche Präzision eines Unternehmens wie Siemens oder Infineon verlangen natürlich mit Blick auf Fabriken, Bürogebäude oder spezielle Projekte einen entsprechenden gestalterischen Ausdruck der besonderen Art. Heinz Gräber, der in den 80er und 90er Jahren als Repräsentant der Hauptabteilung Bauten und Anlagen (ZBA) gerade auch am Standort Regensburg architektonische Spuren hinterlassen hat, betreute damals sowohl die haustechnische als auch die architektonische Durchführung des MEGA-Projektes. Die Abteilung Technik unterstützte den Bauherrn darüber hinaus bei allen Anforderungen des betrieblichen Umweltschutzes, beim rationellen Einsatz der zur Verfügung stehenden Mittel, bis hin zu Spezialproblemen der Hightech-Fertigung, wie Reinstluft, Reinstwasser oder Reinstgas.

Ähnlich wie in Bezug auf die hier produzierte Technologie im Innern, galt damals auch für die Architektur solcher Industrieprojekte das Silicon Valley in den USA als Vorbild für die ZBA des Siemens-Konzerns, „später kam Japan hinzu und danach spielten auch wir an den Standorten Villach, Regensburg und später Dresden in dieser Liga," erzählt Heinz Gräber, der bis zum 67. Lebensjahr in Diensten von Siemens stand und heute als selbständiger Consultant tätig ist. In den 80er Jahren waren Gräber und sein Team kreuz und quer durch die USA und durch Japan unterwegs. Schmunzelnd erinnert er sich noch daran, dass „wir vom Bau auch in das Allerheiligste der Firmen rein durften, während dieser Blick den Ingenieur-Kollegen verschlossen blieb". Aus all diesen Erfahrungen ergab sich für die Siemens-Mannschaft die klare Aufgabenstellung: „Wie schaffen wir es, mit Blick auf das MEGA-Chip-Projekt die notwendigerweise hochintegrative Systemlösung zu optimieren?"

Die Planung eines Industrie-Projekts diesen Ausmaßes kann man sich freilich gar nicht umfassend genug vorstellen. Sie reicht von der Standortwahl bis zur Gestaltung des Eingangs, ja sogar bis zur Platzierung des Firmennamens am Gebäude. Gerade Fabriken oder Bürogebäude, so Heinz Gräber, leben von der Identität stiftenden Wirkung ihrer Architektur. Dies zeige sich in der äußeren Form ebenso wie daran, wie Mitarbeiter oder Besucher die Innenräume erleben. Dass das Entrée eines Gebäudes die Visitenkarte eines Unternehmens ist, stimmt schon deshalb, weil beim Besucher der erste Eindruck „emotional und weitgehend unbewusst" über Sympathie oder Ablehnung entscheidet. Es gibt, davon war das ZBA-Team stets überzeugt, zahlreiche positive Beispiele dafür, dass Mitarbeiter sich an ihrem Arbeitsplatz deshalb wohlfühlen, weil deutlich ist, dass die Baukultur Teil der Unternehmenskultur ist. Schließlich habe Architektur neben der reinen Gebrauchsfunktion auch eine ästhetische und eine symbolische Funktion. Freilich, ästhetische Urteile wandeln sich, ein Langzeitprodukt wie ein Gebäude jedoch dürfe sich im Sinne der Kontinuität und Glaubwürdigkeit nicht „visuell verschleißen" – so hieß es im ganzheitlich orientierten Gesamtkonzept der ZBA. Das bedeutet konkret: „Wie die Beispiele Berlin-Siemensstadt (1930) und München-Hofmannstraße (1990) zeigen, erreichen wir mit einer allgemeingültigen, zeitlosen Formensprache, dass unsere Firmengebäude ansehnlich und glaubwürdig sind!"

Wie man bei der ZBA immer wieder betont hat, beruhe die Wiedererkennbarkeit der Siemens-Gebäude nicht auf der routinierten Wiederholung fertiger Patentlösungen, sondern darauf, dass sich eine bestimmte Entwurfshaltung erkennen lässt, aber auch auf der konstanten Anwendung bewährter baulicher Einzellösungen wie Geländer, Treppen, Leuchten oder Schilder. Nicht Masse und Material sollen dominieren, sondern die Form. Es sei an der Zeit, „unseren Gebäuden wieder Symbolwerte zu geben", hieß es damals.

Ist dies – rückblickend betrachtet – eigentlich geglückt? Für Heinz Gräber ist Qualität der gemeinsame Nenner, und deshalb sei es entscheidend gewesen, die Gestaltung der Industrie-Architektur in Einklang mit den technologischen Produkten des Hauses Siemens zu bringen. Regensburg erscheint ihm dabei als sehr gelungenes Beispiel. Jedenfalls sei das ursprüngliche Konzept über alle Umbauten der letzten Jahrzehnte hinweg eingehalten worden: „Dies hat gut funktioniert, bis heute!" Siemens habe stets als Synonym für Qualität und Vertrauen gegolten, dieser Nimbus strahlte aus, und zwar weltweit.

◀ Industrie-Architektur im Trend der 80er Jahre

„Siemens war immer ein ganz besonderer Mosaikstein"

Von Gerd Otto

Ob 2000 Jahre alt zu sein schon ausreicht, um als Weltkulturerbe im Gedächtnis der Menschen haften zu bleiben, sei dahingestellt. Für die Entwicklung einer Stadt von heute, die auch morgen Zukunft verspricht, wäre dies in jedem Fall zu wenig. Dr. Günter Stöberl, der über Jahrzehnte hinweg für Planung, Bau und die wirtschaftliche Entwicklung Regensburgs Verantwortung getragen hat und zuletzt als berufsmäßiger Stadtrat wirkte, konnte speziell die Siemens-Projekte im Westen der Stadt immer wieder als „Bausteine für die Standortsicherung" würdigen.

„Siemens kann praktisch sofort loslegen", lautete etwa im Sommer 1991 die prompte Antwort des Regensburger Planungschefs auf eine Pressekonferenz im fernen Paris, wo Siemens-Vorstandsvorsitzender Karlheinz Kaske die Vereinbarung mit IBM über die Entwicklung des 64 Megabit-Chips verkündet hatte. Es gebe – so Günter Stöberl damals – „keinen Standort, der so gut auf ein solches Werk vorbereitet ist wie Regensburg". Und in der Tat: Erst kurz zuvor waren die letzten „Tauschgeschäfte" am Rennplatz abgeschlossen worden, und auch sonst sah der oberste Stadtentwickler „keine unüberwindbaren planerischen Hindernisse".

Schließlich hatten Siemens und IBM in jener Zeit schon ein Jahr lang gemeinsam an der Entwicklung des 64 Megabit-Chips gearbeitet, und dies hatte man in Regensburg natürlich stets genau beobachtet. Dass die Produktion des 64 Megabit-Chips letztlich nicht an der Donau, sondern in „Elb-Florenz", also in Dresden gestartet wurde, steht auf einem anderen Blatt.

Von solchen „Rückschlägen" darf sich ein Stadtentwickler ohnehin nicht ins Bockshorn jagen lassen. Und Günter Stöberl hatte dazu in jenen Jahren auch gar keine Zeit, so sehr wurden Regensburgs Stadtentwickler damals gefordert. Und so stellten sich auch bald wieder Erfolgserlebnisse ein. Beispiel April 1994: Erweiterung der „Fabrik der Zukunft", wie das Chip-Werk im Westen der Stadt mit seinen 2500 Mitarbeitern gerne genannt wurde – und damit weitere 150 Arbeitsplätze! Bedingung des Investors war freilich: Das Genehmigungsverfahren für die neue Halle 15 darf nicht mehr als vier Wochen beanspruchen. Und Günter Stöberl und sein Team brachten auch das zuwege.

Die Basis für eine unter dem Strich überaus erfolgreiche Standortpolitik wurde freilich schon viel früher gelegt. Während die meisten Städte nach dem II. Weltkrieg zuerst einmal den Wiederaufbau in den Mittelpunkt rückten und sich anschließend mit der Verkehrsproblematik befassen mussten, so galt Regensburg schon vor 1945 als Sanierungsfall. Günter Stöberl nennt als Aufgaben, denen man sich mit Blick auf die Altstadt folgerichtig schon in den 50er Jahren widmete, zum Beispiel die Rettung der Bausubstanz, die Beseitigung der hohen Brandgefahr oder auch die Verbesserung der katastrophalen hygienischen Verhältnisse bei gleichzeitig außerordentlich hoher Bevölkerungsdichte. Von Denkmalschutz oder der wirtschaftlichen Lage war jedenfalls noch lange nicht die Rede.

Vor diesem Hintergrund – so erinnert sich Dr. Stöberl – wurde nicht zuletzt die Diskrepanz zwischen den zügig wieder aufgebauten und schnell aufblühenden Städten sowie den unzerstörten historischen Städten zunehmend größer: „Bausubstanz und wirtschaftliche Lage korrelierten, die soziale Situation der direkt betroffenen Bevölkerung entwickelte sich dementsprechend!" Die Antwort der Politik kam 1971 mit dem Städtebauförderungsgesetz. Bereits zwei Jahre später schlossen sich die Städte Bamberg, Lübeck und Regensburg zu einer Arbeitsgemeinschaft zusammen – und diese Auswahl geschah nicht zufällig. Alle drei Städte nämlich waren damals an einem Punkt angelangt, „den man getrost als Notlage bezeichnen kann." Sie kämpften, wie der damals als Stadtplaner in Regensburg aktive Stöberl erläutert, „mit erheblichen Strukturproblemen, die in der Schattenlage zum Eisernen Vorhang besonders schwer zu meistern waren." Nord- und Ostbayern, aber auch Schleswig-Holstein zählten zu den ärmeren Landstrichen im aufstrebenden Wirtschaftswunderland Deutschland.

Das zumindest gedankliche Gegensteuern freilich hatte schon in den 60er Jahren begonnen, als der Bundesverband der Deutschen Industrie in seinem Kulturkreis eine „Stiftung Regensburg" gründete und 1967 eine umfassende Studie präsentierte. Erstmals wurden in dieser Untersuchung nicht nur denkmalpflegerische und städtebauliche Gesichtspunkte berücksichtigt, vielmehr zog sich ein übergreifender Entwicklungsgedanke wie ein roter Faden durch die Abhandlung, bis hin zur Einbeziehung der regionalen Gesichtspunkte. Diese Studie, so Günter Stöberl heute, war ihrer Zeit weit voraus, selbst in Regensburg begriff man ihren Wert „bestenfalls in einigen universitären Zirkeln". Unter anderem stießen hier einige visionäre Gedanken „wie die Überbauung des Hauptbahnhofs als Erweiterung der Altstadt mit einem für damalige Verhältnisse erschreckend großen Einkaufszentrum" auf vehemente Ablehnung.

Obwohl enge Partner innerhalb der Arbeitsgemeinschaft, verfolgten die Städte Bamberg, Lübeck und Regensburg durchaus unterschiedliche Konzepte. Regensburg kopierte weder den individuellen „Bamberger Weg" noch die planerische Fülle Lübecks, meint Dr. Stöberl im Rückblick. An der Donau wurden vielmehr der Entwicklungs- und der Erhaltungsgedanke miteinander verknüpft: „Die Altstadt wurde nicht als Gesamtkunstwerk betrachtet, das marode war und revitalisiert werden sollte, sondern die gesamte Stadt sollte so entwickelt und gefördert werden, dass der erwartete Aufschwung und Zugewinn die Sanierung der verfallenden Altstadt mittragen konnte!" Und es gelang. Siemens war aus der Sicht von Günter Stöberl immer ein ganz besonders wichtiger Baustein!

▲ Dr. Günter Stöberl

Dr. Andreas Kyek
2001 kam ich direkt von der TU Münchnen zu Infineon Regensburg. Die Herzlichkeit und Offenheit, mit der ich an meinem neuen Arbeitsplatz aufgenommen wurde, machten es zu „Liebe auf den ersten Blick". Heute ist Regensburg meine Wahlheimat. Mit diesen Kollegen lässt sich noch viel bewegen – auch wenn wir manchmal unser Licht unter den Scheffel stellen. Ich freue mich auf die Zukunft mit Euch! Es sind die Menschen.

Wie man sich als Handwerksbetrieb an den Standard der Industrie anpasst. Beispiel: Die Spenglerei Jakob Zirngibl

Von Angelika Zirngibl

Zum Zeitpunkt der Grundsteinlegung des Siemens-Werks in Regensburg bestand das mittelständische Familienunternehmen Jakob Zirngibl schon fast 100 Jahre lang. In diesen Jahrzehnten hatte es sich stetig als Spenglerei und Sanitärinstallateurbetrieb entwickelt und durch fachliches Können und Beständigkeit einen guten Ruf erworben, jedoch sein noch aus der Gründungszeit bestehendes Aufgabenfeld nicht auf andere Gewerke ausgedehnt. Es herrschte der damalige Standard im Bau- und Ausbauhandwerk sowie die üblichen Verarbeitungsprozesse, die sich nicht von anderen Betrieben der Branche unterschieden. Als der Firmenchef eines Tages einen Anruf erhielt, ob die Firma in der Lage sei, für den Bau des Siemens-Werks das Bau-WC zu errichten, konnte man sich daher nicht vorstellen, welch weitreichende Entwicklungen sich daraus in den folgenden Jahrzehnten ergeben sollten.

Die kontinuierliche Zusammenarbeit mit dem industriellen Auftraggeber und seine Anforderungen brachten dann wesentliche Veränderungen, die bis hin zur Gründung eines eigenen Betriebs, der Zirngibl GmbH Rohrleitungs- und Anlagenbau, im Jahr 1986 führten. Dabei vollzog sich die Weiterentwicklung des traditionellen Handwerksbetriebs zum spezialisierten Lieferanten für Siemens/Infineon in den unterschiedlichsten Bereichen. Bei der Verarbeitung neuer Werkstoffe bedeutete dies zum Beispiel die Aneignung von Know-how für Kunststoffsysteme sowie besondere Verarbeitungstechniken beim Verlegen von Chemikalienleitungen. Aber auch der professionelle Umgang mit Säuren und Laugen, Lösemitteln, Kühlwässern sowie Abwässern mit Chemikalienrückständen und Gasen war für die Mitarbeiter der Firma Zirngibl neu. Gearbeitet werden musste unter Chemikalienvollschutz inklusive Atemschutz. Das Montage-Personal musste extra geschult werden.

Auch Personalqualifizierungsmaßnahmen für Arbeiten im Grau- und Reinraum waren notwendig, um die speziellen Anforderungen zu verstehen. Um extrem kurze Lieferzeiten und höchste Reaktionsschnelligkeit im Notfall zu ermöglichen, wurde auf dem Werksgelände sogar eine Zweigstelle errichtet, mit computergestützter Lagerverwaltung und einer spezialisierten und bedarfsgerechten Bereitstellung von am Standort benötigten Materialien zu jeder Zeit.

Es folgten werksinterne Qualifizierungsmaßnahmen und Auszeichnungen, wie zum Beispiel das Zertifikat „Qualifizierter Lieferant Prozessbewertung für den Rohrleitungsbau und Medien-Ver- und Entsorgung in der Halbleiterfertigung" (1997) oder das Zertifikat für besondere Leistungen im Bereich Infrastruktur-Dienstleistungen (2000). Infineon selbst zeichnete das Unternehmen 2005 mit dem Umwelt Award für besondere Verdienste und Leistungen im Umweltschutz aus.

Die stete Herausforderung, sich an die hohen Ansprüche des Auftraggebers Siemens/Infineon anzupassen, brachte für den gesamten Betrieb Anstöße zur Weiterentwicklung und führten zu einer Ausweitung des allgemeinen Leistungsspektrums. Über das anfängliche Angebot hinaus bietet die Firma Zirngibl heute alle Gewerke der haustechnischen Installation (Sanitär, Heizung, Lüftung, Klima und Elektro), eine verstärkte Kompetenz im Bereich Planung und Entwicklung, eine sehr gute Organisation des 24-Stunden-Services und den spezialisierten Rohrleitungs- und Anlagenbau an. Durch Kontakte zu neuen Lieferanten aus dem industriellen Materialbereich wurden neuerdings sogar Montage-Einsätze im Ausland bis nach China übernommen.

Die Erfahrung, an seinem Auftraggeber zu wachsen, machte das Unternehmen auch offen für alle Anfragen und fördert kreative Problemlösungen. So wurden zum Beispiel für eine heikle Arbeit im Sprinklerbecken des Werks die Erfahrungen zweier als Taucher versierter Mitarbeiter zur Durchführung eines Unterwassereinsatzes genutzt. Aus der 1870 gegründeten Spenglerei Jakob Zirngibl ist heute ein leistungsstarker, qualitätsorientierter und über das übliche Maß der SHK-Branche hinaus qualifizierter Anbieter geworden.

Richard Plank
An der Entwicklung, Ausrüstung und dem Stellenwert einer funktionierenden Selbsthilfeorganisation wie der Betriebsfeuerwehr sieht man sehr gut die gestiegenen Anforderungen am Standort. Diese sind von Mitarbeitern und Leitung gut gemeistert worden. Als Schlagwort gilt hier: von der Saalfeuerwehr zur Betriebsfeuerwehr, vom Eimerträger zum Atemschutzgeräteträger.

Vom Pförtner zum Werkschützer – der Werkschutz im Wandel der Zeit

Von Alois Grabsch

Mit dem Bau der MEGA-Chip-Fabrik änderten sich auch die Ansprüche an die Sicherheit am Standort. Vorbei war es mit dem beschaulichen Pförtnerleben: Jeden Tag die Mitarbeiter, insbesondere die leitenden Damen und Herren – von der Sekretärin, über die Meister, Dienststellenleiter bis hin zum Betriebsleiter – mit einem freundlichen Wort zu begrüßen (denn man will es sich ja mit niemandem verderben), genügte nicht mehr. Die Kontrollrundgänge, eigentlich eine Verschlusskontrolle der Gebäude, bei denen der Pförtner schwer beladen war mit massivem Funkgerät, zwei Schlüsselbunden in den ausgebeulten Hosentaschen, großer Taschenlampe und mechanischer Stechuhr, entsprachen einfach nicht mehr den Sicherheitsanforderungen! Streng vorgeschrieben war seinerzeit die Dienstkleidung. Sie bestand aus einem Dienstanzug in Blau-Anthrazit, der auch im Sommer mit langärmeligem Hemd getragen werden musste. Im Herbst wurde das Outfit ergänzt von einem Regenmantel, im Winter schützte ein schwerer Wintermantel vor der Kälte. Die Schirmmütze war beim Rundgang Pflicht – auch nachts und am Wochenende.

▶ Hauptpforte Wernerwerkstraße Anfang der 60er Jahre

Mitte der 80er Jahre wurde erstmalig ein Sicherheitskonzept für den Standort erstellt. Erste elektronische Überwachungssysteme, wie z. B. Zugangskontrolleinrichtungen und Kameraüberwachungen inklusive Detektionseinrichtung, wurden installiert. Hintergrund war die Gefahr des Know-how-Abflusses, insbesondere die Angst vor Spionage aus dem damaligen Ostblock, aber auch der extrem gestiegene Wert der Anlagen und der mögliche Produktionsausfall durch Sabotage, der pro Tag leicht zwei Millionen DM überschreiten konnte. Schrittweise wurden die elektronischen Zaunüberwachungen über das gesamte Gelände ausgeweitet und zusätzliche elektronische Zutrittseinrichtungen für besonders sicherheitsrelevante Bereiche in den Gebäuden installiert. Die Mannschaft im Werkschutz war gegenüber den neuen Herausforderungen jederzeit motiviert; und wie sagte doch der damalige Wachleiter: „Da muas ma durch."

2004 zog das Chipkarten-Backend an den Standort. Wegen der sicherheitssensiblen Bauteile, zum Beispiel für Reisepässe und Versichertenkarten, die dort gefertigt werden, musste der Sicherheitsstandard nochmals erheblich angehoben werden. Die Anforderungen seitens der Chipkarten-Kunden waren nicht nur Neuland für den Standort, sondern auch für die zentrale Sicherheit im Konzern. Vorhandene technische Sicherheitskonzepte von Sparkassen und Banken konnten hier nicht einfach übertragen werden. Also wurde ein eigenes Sicherheitskonzept entwickelt und umgesetzt, bestehend u. a. aus Einbruchmeldeanlagen, Kameraüberwachung, Raumüberwachungsanlagen, Anlagen zur Abhörsicherheit, Bewegungsmeldern, Schleusensystemen, Glasbruchmeldern, Vereinzelungsanlagen für Zutritte.

Seit den Anschlägen vom September 2001 hatten sich die Sicherheitsanforderungen verschärft und Versand und Warenannahme waren sicherheitstechnisch neu definiert worden. Der alte Hangar wurde technisch hochgerüstet mit Schleuse, Bewegungsmeldern, Zutrittssystemen, Kameraüberwachung, Raumüberwachung, Einbruchsmeldeanlagen bis hin zu Fahreridentifikationssystemen. Die gleichen Frachtsicherheitsstandards wie sie auch für Geldtransporte gelten (C-TPAT, SOX, TAPA-C) wurden in das Sicherheitsmanagementsystem und in die Prozessabläufe integriert. Selbstverständlich überprüfen Zertifizierungsorganisationen und Kunden die Sicherheit dieser Standards.

▲ Historischer Sicherheitsstandard im Jahr 1972

▲ Sicherheitsexperten heute

Der Werkschutz hat den Wandel der letzten 20 Jahre bravourös gemeistert. Heute ist der Werkschutz-Mitarbeiter ein Sicherheitsexperte mit ausgefeiltem technischem Wissen. Und trotzdem gilt es, das Alltagsgeschäft nicht zu vernachlässigen. Freundlichkeit und Bestimmtheit im Auftreten ist gestern wie heute das A und O, denn die Pforte ist und bleibt das Aushängeschild eines Unternehmens.

▲ Fertigungsstraße der Firma Mühlbauer im Regensburger Chipkarten-Backend

„Als Menschen noch entschieden, nicht nur Gremien"

Von Gerd Otto

Endlich einmal ein Unternehmen, besser gesagt ein Unternehmer, der nicht alles relativiert, Befürchtungen äußert und schlechte Prognosen publiziert. Josef Mühlbauer, gelernter Werkzeugmacher, der 1981 mit einer CNC-Fräsmaschine in seinem Keller in München gestartet war, ist heute Vorstandsvorsitzender und Mehrheitsaktionär eines vom oberpfälzischen Roding aus weltweit agierenden Technologiekonzerns im Bereich innovativer Sicherheits-Lösungen. Er jammert keineswegs über die Krisenerscheinungen, selbst wenn er nicht verschont bleibt. Die Mühlbauer AG beschäftigt inzwischen 1900 Mitarbeiter – allein 1000 davon am Firmensitz in Roding.

Begonnen hatte diese Erfolgsgeschichte nicht zuletzt dank einer engen Zusammenarbeit mit der Siemens AG, speziell mit dem Halbleiter-Sektor am Standort Regensburg. Zuerst lieferte man Präzisionsteile für die Maschinenbau-Branche sowie für die Luft- und Raumfahrt-Industrie. Unter den Kunden war damals auch der Siemens-Konzern. Als eines Tages der Lieferant für Bestückungs-Automaten Insolvenz anmelden musste, kaufte Mühlbauer kurzerhand diese Firma, freilich durchaus nüchtern kalkulierend, dass die Kooperation mit Siemens das Risiko mindern würde. Und der „Kunde Siemens", so Josef Mühlbauer im Rückblick, enttäuschte ihn tatsächlich nicht.

Nicht zuletzt in dieser vertrauensvollen Zusammenarbeit reifte auch der Entschluss, einen eigenen Maschinenbau-Sektor aufzubauen, freilich immer mit dem Ziel, Maschinen zu entwickeln, die noch nicht am Markt sind. Rückblickend erscheinen Mühlbauer die Zeiten schon deshalb anders, vielleicht sogar besser, „weil damals noch Menschen Entscheidungen fällten und nicht Gremien." Wichtig sind für den Unternehmer Anpassungsfähigkeit an den Markt und die Bereitschaft, wirklich Verantwortung zu übernehmen.

Der Gründer und Firmenchef Josef Mühlbauer ist stolz auf sein Team, das im Kerngeschäft des Unternehmens, also Cards and Security, ständig neue Rekordwerte beim Auftragseingang hereinholt. Die Mühlbauer AG gilt heute als weltweit führender Systempartner für den gesamten Technologie- und Know-how-Transfer zur Herstellung von elektronischen Identifikations-Dokumenten, z. B. von Pässen. Weltweit, global also, muss sich das Oberpfälzer Unternehmen aber auch aufstellen. Dabei geht der Chef mit gutem Beispiel voran, wie er dies auch schon vor Jahren gepflegt hat. In Malaysia zum Beispiel kam Mühlbauer schon sehr früh mit dem Siemens-Standort in Verbindung – eine Beziehung, die bis heute trägt.

▲ Nach Josef Mühlbauer (rechts) ist in Roding sogar ein Platz benannt!

Technoplast als Zulieferer für die Halbleiter-Industrie seit den 80er Jahren

Von Katharina Lenz

Die Geschichte der Zusammenarbeit von Siemens mit der heutigen Deutschen Technoplast GmbH (DTP) in Wörth an der Donau beruht wie so oft auf der engen Zusammenarbeit zweier Persönlichkeiten, zweier Entwickler und Vordenker auf ihrem Gebiet: dem Technoplast-Gründer Johann Bauer und Günter Waitl, damals Gehäuseentwickler für Opto-Bauelemente und -gehäuse bei Siemens. Im gegenseitigen Austausch fanden sie gemeinsam neue Lösungen für komplexe Probleme bei der Weiterentwicklung der Lichttechnologie mittels optischer Halbleiter, der LED.

Günter Waitl erinnert sich an die Anfänge dieser Partnerschaft: „Zusammen mit unserer Einkaufsabteilung war ich Mitte der 80er Jahre auf der Suche nach einem neuen Lieferanten für die Gießförmchen, in denen bei den damaligen LEDs das Epoxidharz vergossen wurde. Obwohl die Gießförmchen ein Hilfsprodukt waren, ein Verschleißteil, das nach 20 bis 25 Abgüssen ausgewechselt werden musste, war deren Qualität für unser Endprodukt enorm wichtig." Und der neue Lieferant sollte bei hoher Qualität, Zuverlässigkeit und entsprechender Preisgestaltung in akzeptabler Entfernung von Regensburg zu finden sein, um Zeichnungen oder Produktmuster auch „auf dem kleinen Dienstweg" austauschen zu können. Da wurde Günter Waitl auf „ein kleines Unternehmen in Wörth" aufmerksam. Ab 1985 lieferte Technoplast Gießformen für LEDs an die Siemens-Halbleiter-Produktion.

Auf dem Fundament dieser grundsoliden Zusammenarbeit entschloss sich Siemens Ende der 80er Jahre, auch die neuen oberflächenmontierten (SMT)-LEDs – die TOP LEDs – in Zusammenarbeit mit Technoplast zu entwickeln. Der Beitrag von Johann Bauer und Technoplast lag und liegt hier vor allem in der Realisierung des in Bandumspritztechnik hergestellten LED-Gehäuses. Dieses dient gleichermaßen als Vergießform für das Harz (die Linse der LED) wie als Reflektor und Isolator und muss darüber hinaus mit dem vorgestanzten metallischen Trägerband (Leadframe) eine dichte Verbindung zwischen dem anorganischen Metall und den organischen Kunststoffverbindungen des Gehäuses eingehen.

1991 begann die Serienfertigung der TOP LED, die im selben Jahr auch von der Zeitschrift „Electronic Products" als Produkt des Jahres ausgezeichnet wurde. Technoplast hatte damit als kleiner Mittelständler den Umstieg in die Hochtechnologie-Branche geschafft. Dieser Herausforderung stellte sich das Unternehmen mit allen Konsequenzen. Denn die

Der neue Lieferant sollte bei hoher Qualität, Zuverlässigkeit und entsprechender Preisgestaltung in akzeptabler Entfernung von Regensburg zu finden sein.

▲ Gießförmchen der ersten Generation

enge Bindung an Siemens forderte von dem immer noch eher handwerklich ausgerichteten Familienbetrieb 1993 einen weiteren großen Schritt: eine eigene Produktionsniederlassung in Malaysia aufzubauen, um im Rahmen eines Second-Source-Konzeptes weltweite Liefersicherheit garantieren zu können. Der neue Standort in Melaka/Malaysia, die Deutsche Technoplast Sdn. Bhd., hat sich dabei – heute ergänzt um ein eigenes Logistikzentrum – alles andere als zu einer „Beschäftigungsbremse" für den bayerischen Stammsitz entwickelt: Die Zahl der Mitarbeiter von Technoplast hat sich seit 1993 allein in Wörth auf über 100 nahezu verdreifacht. Insgesamt arbeiten rund 150 Mitarbeiter an beiden Standorten des Unternehmens nach exakt den gleichen Standards. 2001 baute Technoplast zudem in Wörth die Kunststofffertigung aus und erweiterte gleichzeitig die Qualitätssicherung, 2008 den Werkzeugbau und die Konstruktionsabteilung.

Ein solches betriebliches Wachstum beruht natürlich auch auf der fortgesetzten Entwicklungsarbeit mit Siemens bzw. heute Osram Opto Semiconductors und dem Siegeszug der LED-Technologie. Auch für Infineon stellt Technoplast Spritzgussteile für die in Regensburg gefertigten Reifendrucksensoren her. Über den Generationswechsel in der Geschäftsleitung von Technoplast und die aufstrebende Konkurrenz in Fernost hinaus bewährt sich dabei die nunmehr fast zwei Jahrzehnte währende Entwicklungspartnerschaft dieser Unternehmen.

▲ DTP-Geschäftsleitung in zweiter Generation: Hans Jürgen Bauer, mit dem Bayerischen Staatspreis ausgezeichnet, und seine Schwester, Dipl.-Ing. Birgit Bauer-Groitl

▶ Hoher Besuch
im Reinraum (1995)

Der Reinraum – das Allerheiligste der Mikroelektronik-Produktion

Von Lodevicus Hermans

Im Oktober 1984 war die Grundsteinlegung für die Regensburger MEGA-Chip-Fabrik. Damals wie heute ist Reinraumfertigung ein Synonym für Hightech-Chipfertigung und Entwicklung. Reinräume waren Anfang der 80er Jahre totales Neuland und wir mussten die Standards in unserem Regensburger Reinraumteam erst einmal selbst erarbeiten. So kam es in der Anfangsphase schon einmal vor, dass ein Mitarbeiter einer Anlieferfirma im Reinraumoverall, voll vermummt, auf einem Gabelstapler im Außenbereich herumfuhr. Auch habe ich einmal einen Kollegen erwischt, der im Reinraumanzug draußen im Freien genüsslich eine Zigarette geraucht hat. Leider waren damals Digitalkameras noch nicht erfunden. Ich hätte hier gerne ein Bild gezeigt.

Die Luftqualität im Reinraum bestimmt maßgeblich Qualität und Ausbeute der gefertigten Produkte. Partikel im Reinraum stören die Funktionalität der Mikrochips und führen außerdem zu Zuverlässigkeitsproblemen, das kann dann bedeuten: Im Auto versagen die Bremsen, die Motorsteuerung fällt aus oder der Airbag löst nicht aus, wenn er gebraucht wird.

Damit dieses Szenario erst gar nicht Wirklichkeit wird, müssen alle Halbleiter-Bausteine im Auto zu 100 Prozent fehlerfrei funktionieren und das auch noch nach 15 Jahren bei extremsten Witterungsbedingungen. Dabei sind in jedem Auto weltweit ca. 25 Infineon-Systeme verbaut.

▲ Sperrige Arbeitsflächen mit Röhrenmonitoren und „Reinraumpapier" in den 90er Jahren

Der erste Regensburger Reinraum wurde 1985 in der damals besten Reinraumklasse 10 fertig gestellt. Das bedeutet, in einem Kubikfuß Luft dürfen maximal zehn Staubteilchen größer als 0,5 Mikrometer (nach Federal Standard 209) zu finden sein. In Punkto Filtertechnik und Infrastruktur war unsere Halle 17 damals führend in Europa. Halle 17 ist auch heute noch in Betrieb, sie erfüllt jetzt, 24 Jahre später, die

Reinraumklasse 1, ist also um das Zehnfache verbessert worden. Diese Weiterentwicklung war schon deshalb notwendig, weil die kleinsten gefertigten Chipstrukturen von 1 µm im Jahr 1985 auf 0,25 µm heute verkleinert wurden.

» Besucher im Chipwerk

Viele Besucher und Kunden haben in den letzten 20 Jahren das Chipwerk besucht. Auch prominente Personen konnten wir durch das Werk führen. Die Herren Stoiber und Schröder (nicht zusammen!) zum Beispiel habe ich noch in guter Erinnerung. Auch Oberbürgermeisterin Christa Meier hat einmal einen Reinraumanzug getragen. Besucher durch die Reinräume zu führen, ist immer etwas ganz Besonderes und man muss auf alles vorbereitet sein:

Drei Beispiele:
Eine Gruppe von ca. 40 Koreanern musste ich, weil zwei andere Kollegen verhindert waren, alleine führen. Am Ende der Führung haben dann drei Leute gefehlt! Eine Suchaktion brachte die Herrschaften wieder zum Vorschein. Tatsächlich hatten sie sich selbständig gemacht und waren dabei, alles zu fotografieren, obwohl strengstes Kameraverbot herrscht. Ihre Mühe war dann doch umsonst, den Film aus ihrer Kamera mussten sie nämlich dalassen!

Bei einer anderen Besuchergruppe wollte eine Besucherin partout nicht glauben, dass unsere Notduschen in der Lüftungszone auch wirklich funktionieren. Nach mehrmaligem Nachfragen ihrerseits habe ich ihr dann vorgeschlagen, sie sollte es doch einfach mal ausprobieren. Kurz darauf war sie klatschnass, denn die Notdusche hat natürlich einwandfrei funktioniert. Ich musste allerdings später eine Menge Wasser wegputzen, da unsere Notduschen keinen Abfluss haben, weil sie ja wirklich nur im Notfall zu benutzen sind.

Bei einem weiteren Besuch musste eine Dame einen Schuh vorübergehend zurücklassen. Der Schuh blieb mit dem Absatz in einem Gitterrost stecken. Meine Kollegen von der Wartung hatten dann ihre liebe Mühe beim Befreien des Absatzes, notdürftig wurde er wieder repariert und die Dame konnte einigermaßen damit laufen. Seitdem stellen wir Damen mit hohen Absätzen spezielles Schuhwerk zur Verfügung.

Lodevicus Hermans

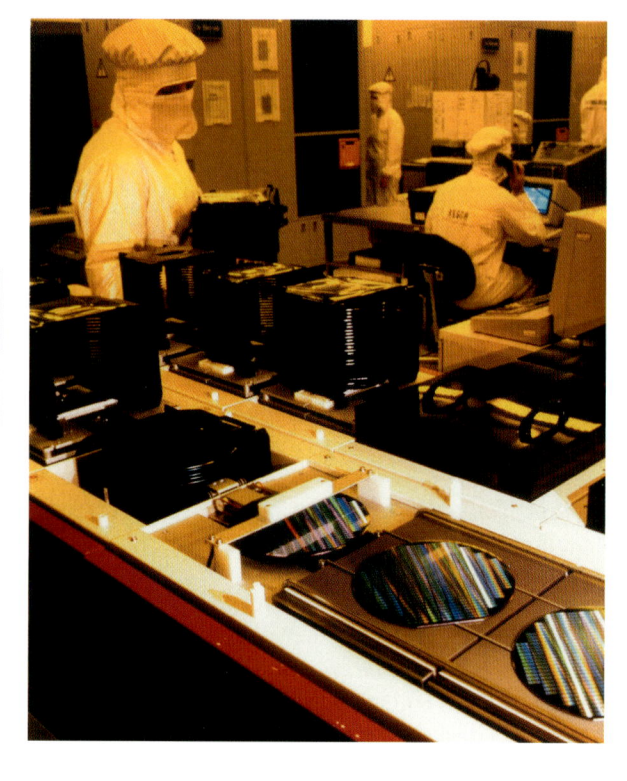

▲ Belacker-/Entwickleranlagen mit hohem Platzbedarf in den 90er Jahren

Oberstes Gebot

Extreme Reinheitsanforderungen gelten in der Chipfertigung auch für Reinstwasser, Chemikalien und Gase. Sogar die Anlagen müssen extrem sauber sein, die Instandhalter arbeiten mit speziell gereinigtem Werkzeug, das immer im Reinraum verbleibt. Aber nicht nur Partikel stören die Halbleiterfertigung, sondern auch sogenannte AMC, das sind molekulare Verunreinigungen aus der Reinraumluft. Diese feinsten Emissionen, z. B. Chlor-Moleküle, können sowohl durch die Halbleiter-Prozesse selbst im Reinraum entstehen, als auch von der Außenwelt eingetragen werden, z. B. vom benachbarten Westbad oder der ehemaligen Zuckerfabrik. Im Frühjahr konnten sogar regelmäßig Düngersubstanzen im Reinraumbereich festgestellt werden. All diese Emissionen können zu Qualitätsbeeinträchtigungen führen, so ist z. B. Korrosion sehr gefürchtet bei bestimmten Halbleiter-Prozessen. Die Lösung des AMC-Problems liegt in der Anwendung von Aktivkohle-Filtern.

Reinheitsgebot – nicht nur für Luft

Temperatur und Luftfeuchte müssen im Reinraum möglichst konstant gehalten werden, weil die kritischen Prozessparameter empfindlich auf Temperatur- und Feuchte-Änderungen reagieren. Somit beträgt die Temperatur im Reinraum Sommer wie Winter, Tag und Nacht 22 °C, mit einer maximalen Abweichung von 1 °C, und das auf 12.000 m² Produktionsfläche gleichbleibend. Aufwändige Klimaanlagen befeuchten oder entfeuchten, heizen oder kühlen die Frischluft, die anschließend mit der rezirkulierten Umluft vermischt wird und von oben nach unten durch die Reinräume strömt. Pro Jahr verbrauchen diese riesigen lufttechnischen Anlagen viele Millionen Kilowattstunden. Für die riesigen Klimageräte steht bei Stromausfall kein Ersatz zur Verfügung, denn dafür hätte man ein eigenes kleines Kraftwerk gebraucht.

▲ Schnittbild einer Reinraumhalle:
blau: Lüftung/Klimaanlage
weiß: Reinraum · orange: Versorgung

Stromausfall im Reinraum – der Super-GAU

Nach einem Stromausfall würden innerhalb von nur zehn Minuten im Reinraum ganz normale Außenbedingungen herrschen, mit allen negativen Konsequenzen für die Mikrochips. Nach einem Neustart der Klimasysteme müsste zuerst alles im Reinraum gereinigt werden, Anlagen, Tastaturen, Tische, Böden, und auch die Menschen im Reinraum müssten die Reinraumkleidung tauschen. Besonders in den 80er und auch noch in den 90er Jahren gab es jedes Jahr bis zu fünf Stromunterbrechungen! Die Ursachen waren meist Blitzschläge, der Energieversorger hat damals noch Schadensersatz bezahlt. Zum Glück gehört dieses Problem – fast – der Vergangenheit an. Die Stromnetze sind zwar viel sicherer und stabiler geworden, aber gegen einen Baggerfahrer, der aus Versehen eine Leitung kappt, ist man nach wie vor machtlos.

Bei Tiefdruckwetter keine Chipfertigung

Unglaublich aber wahr: In der Anfangsphase der Chipfertigung war tatsächlich das Wetter entscheidend für das Gelingen der fotolithografischen Prozesse! Die Belichtungsmaschinen, Waferstepper genannt, reagierten sehr empfindlich auf Luftdruckschwankungen. Bei extremen Wetterbedingungen wie z. B. Tiefdrucklage musste die Arbeit sogar eingestellt werden. Dies konnte erst durch modernere Fertigungsanlagen abgestellt werden.

Handy aus – im Reinraum wie im Flugzeug

Elektromagnetische Störfelder (EMI) können die empfindliche Elektronik der Halbleiter-Anlagen stören, deshalb gibt es in der Chipfertigung wie im Flugzeug Handyverbot. In der Anfangszeit der Handys ist so manche Fertigungsanlage abgestürzt und die Produkte, die gerade in Bearbeitung waren, mussten

Kececi Safak
Durch meine Arbeit am Standort habe ich in dieser wunderschönen Stadt ein neues Zuhause gefunden. Ursprünglich komme ich aus der Türkei, aber für meine Kinder, die hier geboren wurden, ist Regensburg die Heimat.

verworfen werden. Das bedeutete jedes Mal einen Schaden im fünfstelligen Eurobereich.

Elektrostatische Aufladung

Im Reinraum führt elektrostatische Aufladung zu Partikelanziehung und kann Mikrostrukturen schädigen. Abhilfe schaffen Ionisatoren, leitfähige Materialien und die Erdung der Fertigungsanlagen und auch der Personen im Reinraum. Besonders bei den Nassprozessen wird sehr viel hochreiner Kunststoff verwendet, z. B. Teflon. Dieses Material lädt sich bei der niedrigen Luftfeuchte von 40 % bis zu 20.000 Volt auf. Hier helfen nur noch Fertigungsanlagen mit aufwändigen Ionisatoren, um die Aufladung zu neutralisieren.

Schnüffler an jeder Ecke

Chemikalien und Gase in hochreiner Qualität durchlaufen kilometerlange Speziallleitungen aus reinsten Materialien, bevor sie mit den Chips in Berührung kommen. Sicherheit ist das oberste Gebot. Ein ausgeklügeltes Sicherheitsnetz mit vielen Sensoren und „Schnüfflern" überwacht jede Ecke im Reinraum. Jeder Mitarbeiter kennt die Sicherheitsvorschriften, und bei Räumungsalarm muss die Fertigungsmannschaft den Reinraum über den kürzesten Weg sofort verlassen, d. h. über die Notausgänge, direkt ins Freie. Dann steht die komplette Mannschaft draußen auf der grünen Wiese im Reinraumanzug. Zum Glück gab es dieses Szenario bis jetzt nur im Übungsfall.

Arbeiten im Reinraum

Und dann taucht auch noch der Mensch im Reinraum auf, als Partikelschleuder, umgeben von einer immensen Staubwolke, die sich nie auflöst. Aber ohne den Menschen ist Produktion im Reinraum nicht möglich. Der Mensch bewegt sich in einem partikelfreien Luftstrom, der mit einer konstanten Geschwindigkeit von 0,35 m/s aus der Filterdecke austritt und durch die perforierten Bodenplatten wieder verschwindet, bei genau 22 °C und 40 % Feuchte. In diesem Umfeld muss er sich wohlfühlen, denn er muss hochkonzentriert arbeiten, jeder Fehler kostet sehr viel Geld. Darüber hinaus muss aber auch der Reinraum rein bleiben; das heißt, jede Partikelfreisetzung durch den Mensch ist zu vermeiden. Die Reinraumkleidung hat nun beide Ansprüche zu erfüllen: Das Produkt vor Partikeln zu schützen, und der

» Arbeiten im Chipwerk

„Im Sommer 1986 bin ich von einem Freund darauf aufmerksam gemacht worden, dass Siemens Mitarbeiter sucht. Daraufhin habe ich mich beworben, allerdings für den Bereich Kondensatoren, weil ich vom MEGA-Werk noch gar nichts wusste. Ich bekam tatsächlich eine Einladung zum Vorstellungsgespräch und es stellte sich heraus, dass ich im neuen MEGA-Werk anfangen könne. Das war ganz schön aufregend. Die erste Woche war Schulung, da bekamen wir Sachen zu hören, die ich zuvor noch nie gehört hatte: Reinraum, Grauraum, Reinraumanzug, Hepa-Filter, Luftdusche, Megabit-Chip usw. Auch erfuhren wir, dass die Luft im Reinraum 1000 Mal sauberer sein soll als im Gebirge … Als ich dann zum ersten mal den Reinraum betrat, war mir ziemlich unbehaglich: Alle gingen langsam, redeten leise und waren natürlich voll vermummt, man sah nur die Augen der Leute.

Als mich dann Bekannte fragten, was ich bei Siemens so mache, sagte ich: Chips. Daraufhin erntete ich meistens ein Grinsen vom Gegenüber und die ungläubige Frage: Seit wann macht denn Siemens Kartoffelchips?! Ja, so fing es bei mir damals an.

Heute habe ich den Eindruck, dass die meisten damals nicht so recht wussten, was sie eigentlich taten, es war völliges Neuland. Aber wir haben es geschafft, den 1MEGA-Chip zu fertigen. Schon bald darauf folgte der 4M-Chip. Es ging steil bergauf und es wurde sogar eine neue Halle gebaut, damit wir die Produktion ausbauen konnten. Heute werden am Standort keine Speicherchips mehr gefertigt, sondern Hunderte anderer Produkte, die in Autos, Ausweisen, Chipkarten und vielen anderen Dingen ihre Anwendung finden."

Hermann Kendlbacher

Mensch muss sich wohlfühlen. Das waren 1985 die Rahmenbedingungen zur Entwicklung der idealen Reinraumbekleidung.

Partikelarmut lässt sich nur über eine sehr geringe Porengröße des textilen Materials erreichen. Mit den heute verfügbaren, engporigen Kunststofftextilien sind die entsprechenden Kriterien durchaus zu erfüllen. Allerdings ergibt sich damit auch ein Problem: Mit abnehmender Porengröße werden die bekleidungsphysiologischen Eigenschaften ungünstiger. Konkret heißt das, dass die Wasserabgabe des Körpers verhindert wird. Der Träger der Kleidung wird schwitzen. In Zusammenarbeit mit dem Bekleidungsphysiologischen Institut Hohenstein und dem Regensburger Betriebsarzt Dr. Gerhard Roos entstand 1985 ein optimales Gesamtbekleidungssystem. Spezielle Unterbekleidung, bestehend aus Funktions-T-Shirt und Trainingsanzug, stellt das Wohlfühlklima für den Menschen sicher. Der Reinraumoverall mit Kopfbedeckung und Mundschutz lässt nur die Augen frei. Das Material ist Polyester mit 0,3 µm Porengröße. Dazu trägt man passende Reinraumstiefel mit leitfähiger Sohle.

Reinraumkleidung in der Praxis

Eine Verbesserung des Bekleidungssystems wurde 2004 eingeführt: Speziell entwickelte, partikelfreie Handschuhe, die ständig im Reinraum getragen werden, verringerten die Partikelabgabe um ein Vielfaches, und auch die Chipausbeute kletterte dadurch signifikant nach oben. Die Reinraumkleidung muss regelmäßig gereinigt werden. Hierzu wurde bei einer textilen Reinigungsfirma in Regensburg sogar ein

◀ Manuelles Scheiben-Handling mit Saugpinzetten – heute undenkbar, in den 90er Jahren Standard

114 ▲ Reinraum heute mit 200 mm-Siliziumscheiben

kleiner Reinraum eingerichtet. Reinstwasser, partikelfreies Reinigungsmittel und spezielle Waschmaschinen und Trockner entfernen die Partikelverunreinigung der Reinraumkleidung restlos. Dies alles geschieht durch geschultes Personal im Reinraumanzug. Eingeschweißt in Kunststofffolie werden die gereinigten Kleidungsstücke täglich bis in die Reinraum-Umkleide angeliefert. Ein Dermaskop, wie es auch Hautärzte benutzen, zeigt uns den tatsächlichen Reinigungserfolg.

Der Zeit voraus – Rauchverbot seit 1985

Das Rauchverbot löste damals viele Diskussionen aus. Rauchen ist seit 1985 während des Schichtbetriebes und auch zwei Stunden vor Schichtbeginn untersagt. Mittels eines empfindlichen Partikelmessgerätes wurden Messreihen an freiwilligen Mitarbeitern durchgeführt. Tatsächlich kann man einwandfrei nachweisen, dass ein Raucher viel mehr Partikel emittiert als ein Nichtraucher. Die Fertigungsmannschaft akzeptierte das Rauchverbot problemlos auch aufgrund dieser Messungen. Heute ist es völlig selbstverständlich, dass in der Chipfertigung niemand raucht – weder der Produktionsleiter noch der Anlagenbediener oder der Prozessingenieur.

Strenger Verhaltenskodex

Im Reinraum ist eine Reihe strikter Verhaltensregeln zu beachten. So wird die Reinraumbekleidung nach einer vorgegebenen Choreografie an- und ausgezogen und muss vollständig und korrekt getragen werden. Auch besteht aus Partikelgründen ein Kosmetik- und Schmuckverbot. Schnelles Gehen und Rennen wären wegen der daraus resultierenden Turbulenzen geradezu kontraproduktiv. Es wird ganz bewusst ohne Hektik gearbeitet – die Abläufe sind nicht getaktet, da Qualität und nicht Schnelligkeit das oberste Gebot ist. Alle neuen Mitarbeiter werden zum richtigen Reinraum-Verhalten in einer einwöchigen Grundschulung informiert und lernen so, dass objektive Erfordernisse zugrunde liegen. Dadurch gibt es keine Akzeptanzprobleme.

Think Clean

Unter diesem Motto stehen die jährlichen Reinraumschulungen, in denen der Reinraumkodex der Fertigungskultur kontinuierlich vermittelt wird. Unter Fertigungskultur verstehen wir eine ausgeklügelte Kombination aus Bekleidungssystem, Reinraumverhalten, Reinraumdisziplin, Produkthandling und Reinheit am Arbeitsplatz. Mitarbeiter im Reinraum müssen eben nicht nur ihre Anlagen fehlerfrei bedienen können, sie müssen auch teilhaben an der Fertigungskultur. Unsere Kunden legen großen Wert darauf und machen die Fertigungskultur zu einem wichtigen Bestandteil bei Kunden-Audits.

» Tschernobyl: Der Reinraum war der sicherste Ort Bayerns

Als am 26. April 1986 der Block 4 explodierte, ergossen sich die radioaktiven Niederschläge bald darauf auch über Regensburg. Ganz Europa war auf eine derartige Katastrophe nicht vorbereitet, die Informationen flossen zäh und widersprüchlich, und wir wussten auch nicht so recht, wie wir reagieren sollten. Da ich fest an die Effizienz unserer Luftfilter glaubte, fuhr ich kurz entschlossen zusammen mit meinem Kollegen Karl Suva zur Uni Regensburg, wo wir uns einen Geiger-Müller-Zähler ausliehen, um Gewissheit zu haben. Schon als wir in die Nähe der Lüftungsebene kamen, begann das charakteristische Knacken des empfindlichen Instrumentes. Unsere Filter waren stärker belastet als es der Messbereich des Gerätes zu messen erlaubte. Auf einer kleinen Probe konnten wir mit unserer Analytik Cäsium nachweisen. Sofort gingen wir mit dem Zählrohr in die Fertigung und waren wirklich erleichtert, dass der Reinraum und die Menschen darin keinerlei Belastung abbekommen hatten. Unsere Filter haben jeden Partikel säuberlich herausgefiltert, der Reinraum war in dieser Zeit der sicherste Ort weit und breit. Aufwändig mussten alle belasteten Filter getauscht werden. Sie wurden von einem Spezialunternehmen aus Erlangen in Schutzanzügen ausgebaut und entsorgt.

Lodevicus Hermans

PARADIGMENWANDEL IN DER ARBEITSMEDIZIN

Von Dr. Michael Stein

▲ Dr. Michael Stein (rechts), Alois Grabsch (Dritter von rechts) und Dr. Gerhard Roos (Vierter von rechts) beim Info-Transfer in Kulim (Malaysia)

Der demographische und wirtschaftliche Wandel in der Arbeitswelt stellt auch die Arbeitsmedizin vor neue Herausforderungen. Standen früher die Schnittstelle Mensch – Technik und ihre gegenseitigen Wechselbeziehungen im Vordergrund, so ist die arbeitsmedizinische Tätigkeit heutzutage zunehmend durch die Förderung, Erhaltung und Mitwirkung bei der Wiederherstellung von Gesundheit sowie von der Arbeits- und Beschäftigungsfähigkeit des Menschen geprägt. Die sich durch den demographischen Wandel abzeichnenden Versorgungsprobleme in unserem Gesundheitssystem können nicht mehr nur durch eine Erhöhung der kurativen Maßnahmen gelöst werden, sodass der Prävention ein immer größer werdender Stellenwert eingeräumt werden muss. Die Arbeitsmedizin stellt mit ihren spezifischen Kernkompetenzen ein wichtiges Bindeglied in einem präventiven und ganzheitlich ausgerichteten betrieblichen Gesundheitsmanagement dar.

Gesundheit kann als labiler Zustand aufgefasst werden, den es zu erhalten gilt. Die Implementierung eines effektiven Gesundheitsmanagements in die Unternehmensstrategie ist mittlerweile zu einem Wettbewerbsvorteil geworden. Dies gilt insbesondere im Hinblick auf die demographische Entwicklung und die Verlängerung der Lebensarbeitszeit. Die im Rahmen von Gesundheitsförderungsmaßnahmen häufig durchgeführte Erfassung von individuellen Risikofaktoren ist sicherlich sinnvoll.

Die Frage ist jedoch, wie ein Gesundheitsmanagement effektiv und eben auch nachhaltig als Prozess implementiert und mit vertretbarem finanziellem Aufwand größtmöglicher individueller und betrieblicher Nutzen geschaffen werden kann. Dazu ist eine Abkehr von Einzelmaßnahmen hin zu einer ganzheitlichen Betrachtung des aktuellen Gesundheitszustandes unter Einsatz von wissenschaftlich evaluierten, individuellen Beurteilungsparametern erforderlich. Wenn die individuelle Gesundheit und Fitness im Sinne einer Schlüsselqualifikation mitverantwortlich für den individuellen und betrieblichen Erfolg sind, so schafft ein ganzheitlich ausgerichtetes Gesundheitsmanagement eine Win-Win-Situation für das Unternehmen und die Beschäftigten.

Halbleiter-Fertigungen stehen für extreme Dimensionen: hohe Investitionen, kleinste Strukturen, komplexe Fertigungsprozesse unter Reinraumbedingungen mit höchsten Anforderungen an die Mitarbeiter. Wir verlangen viel von unseren Beschäftigten, und gerade deshalb tut Infineon alles, um gesundheitliche Risiken auszuschalten.

Die Halbleiter-Fertigung arbeitet mit einer Vielzahl von unterschiedlichen Chemikalien. Auch wenn die eingesetzten Mengen im Vergleich zur chemischen Industrie gering sind, so besteht dennoch ein hohes Gefährdungspotential. Die Anforderungen an die arbeitsmedizinische Betreuung unserer Beschäftigten sind dementsprechend hoch und die medizinische und analytische Ausstattung, nicht nur im Werk Regensburg, trägt dem Rechnung. Die dabei erworbene Kompetenz und langjährige Erfahrung in der arbeitsmedizinischen Betreuung wird auch von externen Dienstleistern gern genutzt.

Mit der arbeitsmedizinischen Betreuung bei Infineon eng verknüpft und maßgeblich an deren Aufbau beteiligt war Dr. Gerhard Roos (von 1981 bis 2007 Betriebsarzt in Regensburg mit weltweiter Verantwortung). Er hat die konzeptionellen Grundlagen für die arbeitsmedizinische Betreuung bei Infineon gelegt, wofür er u. a. den Medizinpreis „Prix Santé et Entreprise 1992" verliehen bekam.

Mit Blick auf die Expositionssituation im Reinraum, in der eine Vielzahl von Gefahrstoffen über unterschiedlichste Wege in den Körper gelangen können, ist das oberste Ziel der arbeitsmedizinischen Betreuung die Sicherstellung eines präventiven Arbeits- und Gesundheitsschutzes. Dafür sind z. B. klinisch-medizinische Untersuchungsverfahren oder technische Messungen der Luft am Arbeitsplatz nur bedingt geeignet. So kann z. B. durch Luftmessungen die Aufnahme von schädlichen Stoffen über die Atemwege abgeschätzt werden; die Aufnahme über die Haut und durch Verschlucken bleibt dabei jedoch unberücksichtigt.

Die Messung von Stoffen bzw. ihren Abbauprodukten in Blut oder im Urin ist eine seit langem bekannte Methode zur Erfassung einer Gefahrstoffaufnahme. Dieses als Biomonitoring bezeichnete Untersuchungsverfahren erfasst alle Aufnahmewege und wurde daher bei Infineon schon früh mit dem Ziel eingesetzt, die Expositionssituation an den Arbeitsplätzen beurteilen zu können. Die hierbei gewonnenen Ergebnisse sind u. a. die Grundlage für eine umfangreiche Datenbank, die auch eine retrospektive Aussage über die jeweilige Gefahrstoffexposition an den Arbeitsplätzen erlaubt.

Amerikanische Studien aus dem Jahre 1986 gaben erste Hinweise auf erhöhte Fehlgeburtenraten innerhalb von Halbleiter-Fertigungen. Da ein nicht zu vernachlässigender Anteil aller Fehlgeburten unerkannt in der Frühschwangerschaft auftritt, ist diese sogenannte Abortrate für die Risikobeurteilung nur unzureichend geeignet. Da sich auch Biomonitoring hierfür nicht eignet, wurden in Regensburg Untersuchungen durchgeführt, um die direkte Einwirkung von Chemikalien auf eine Schwangerschaft oder das Erbgut festzustellen. Grundlage hierfür war der sogenannte Mikrokerntest, mit dem Schäden am Erbgut erfasst werden können. Mit dessen Hilfe gelang es, die Expositionssituation zu beurteilen und gegebenenfalls Maßnahmen abzuleiten, die eine Gefahrstoffaufnahme ausschließen.

Die betriebsärztlichen Dienste werden von Regensburg aus weltweit koordiniert, sodass an allen Infineon-Standorten einheitlich hohe Sicherheitsstandards und Präventionskonzepte gelten. Biologisches Monitoring und regelmäßige Audits gewährleisten das hohe Niveau dieses Arbeits- und Gesundheitsschutzes Infineon-weit. Auch hinsichtlich der notfallmedizinischen Versorgung unserer Beschäftigten gelten einheitliche Standards. So wurde im Jahr 2009 z. B. auch in Kulim/Malaysia ein Frühdefibrillationskonzept eingeführt, bei dem lebensbedrohliche Herzrhythmusstörungen durch den Einsatz eines Elektroschockgerätes (Defibrillator) behandelt werden können.

Martin Scholz
Ich bin seit 2000 am Standort. Abgesehen davon, dass Regensburg eine sehr lebenswerte Stadt ist, haben auch die Kollegen immer dazu beigetragen, dass ich mich hier pudelwohl fühle. Aus meiner Tätigkeit im Qualitätsmanagement habe ich außerdem Teamwork als wichtigsten Erfolgsfaktor erlebt: Es ist der Schlüssel zum Erfolg, gerade in nicht so einfachen Zeiten.

Heisse Diskussionen um „Die dreckige Arbeit am sauberen Chip"

Von Gerd Otto

„Sie können darauf Gift nehmen, dass wir mit den gefährlichen Stoffen sorgsam und umweltbewusst umgehen – schauen Sie, ich wohne doch auch hier, unmittelbar neben dem Werk!" Noch ehe der erste Megabit-Chip in Regensburg produziert wurde, mussten sich Standortleiter Kurt Rümmele und seine Kollegen immer wieder besorgten Fragen der Anwohner oder auch polemisch vorgetragener Kritik politischer Gruppierungen stellen. Dies galt insbesondere, nachdem das Hamburger Nachrichten-Magazin „Der Spiegel" im Sommer 1985 über die skandalösen Vorkommnisse bei der Chipherstellung im amerikanischen Silicon Valley berichtet hatte. Zu der Zeit hatte man in Regensburg gerade Richtfest gefeiert und bis Februar 1986 alle Einrichtungen installiert – genau der richtige Zeitpunkt, um vor Ort genauer hinzusehen, was sich da im Westen der Stadt tat.

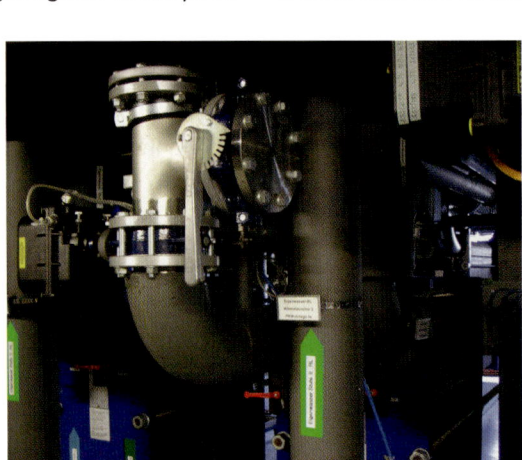

▲ Infrastruktur Wärmerückgewinnung

Abgesehen von der Polemik, dass auch beim MEGA-Chip-Projekt das altbekannte Motto gelte „Für München den Speck, für die Oberpfalz den Dreck", musste sich in der Tat auch der Regensburger Stadtrat mit dem Thema beschäftigen. Die Grünen hatten sogar den Antrag gestellt, die Betriebsgenehmigung so lange auszusetzen, bis durch ein unabhängiges Institut eindeutig geklärt sei, dass das Chipwerk keine Gefährdung für die Anwohner und deren Lebensgrundlagen, also für Boden, Wasser, Luft darstellt. Dr. Werner Martin, der erste Leiter des MEGA-Werks, wehrte sich nachdrücklich gegen einen Vergleich der Umweltgefährdung des Siemens-Werks mit ähnlichen Projekten in den USA: „Schon wegen der wesentlich schärferen Sicherheitsvorschriften und Umweltauflagen in Deutschland, aber auch aufgrund der bei Siemens darüber hinausgehenden Vorsichtsmaßnahmen!" Martin und sein erst kurz zuvor ernannter Umweltschutzbeauftragter Alois Grabsch wurden nicht müde, die Bedenken der Regensburger ernst zu nehmen. Gleichzeitig aber machten sie auch deutlich, dass der Fall „Silicon Valley" keineswegs auf die Chipfertigung in Regensburg übertragen werden dürfe. Mit Blick auf die hier verwendeten Chemikalien wie Säuren und Laugen, Fotolacke oder phosphor- und arsenhaltige Gase hob Dr. Martin hervor, dass die im MEGA-Chip-Werk Regensburg eingesetzten Gefahrstoffe nicht in die Kanalisation und das Erdreich gelangen können, was im Silicon Valley der Fall gewesen sei.

In Regensburg wurde auch kein einziger Tank für Lösungsmittel und sonstige Chemikalien im Erdreich eingegraben, vielmehr sind die Tanks bis heute in eigens dafür gebauten Räumen mit Sicherheitsbehältern und Überwachungsvorrichtungen aufgestellt. Die Lösungsmittel werden in besonderen Behältern aufgefangen und als Wertstoff – und nur zu einem geringen Anteil als Sondermüll – abtransportiert. Für all diese Maßnahmen wurden damals rund 50 Millionen DM investiert, und zwar einmal für den Umweltschutz, also als Sicherheit nach außen, aber auch nach innen, zum Schutze der eigenen Mitarbeiter. Immerhin war die Belegschaft des MEGA-Werks Mitte 1986 auf 700 Mitarbeiter angewachsen, 350 davon arbeiteten unter Reinraumbedingungen.

Die Serienproduktion des 1Mbit-DRAM wurde im Dezember 1987 gestartet. Im weiteren Verlauf der MEGA-Kooperation mit Philips konzentrierte sich Siemens auf die Entwicklung des 4Mbit-DRAM, während Philips einen statischen 1M-Speicher (SRAM) entwickeln sollte. Erste Labormuster des Siemens-4M wurden dem damaligen Bundesforschungsminister Heinz Riesenhuber bereits im Frühjahr 1987 präsentiert. Durch die in jener Zeit starke Nachfrage nach diesen Bauelementen konnte zumindest ein Teil der zuletzt auf drei Milliarden DM angewachsenen Kosten des MEGA-Projekts hereingeholt werden. In Regensburg wurden allein 1988 nicht weniger als 3,5 Millionen Stück der 1Mbit-DRAM produziert.

Anfang der 90er Jahre, zeitgleich mit der Aufnahme der Massenproduktion des 4Mbit-Speichers in Regensburg, war der Umweltbeauftragte des Werks erneut gefordert. Diplom-Chemiker Alois Grabsch musste sich – ähnlich wie vier Jahre zuvor – harte Attacken gefallen lassen, die neben grundsätzlicher Kritik an der Chipherstellung auch um einige Störfäl-

▲ Besucher informieren sich am Mitarbeiter-Tag über den Wasserkreislauf bei Infineon.

le kreisten. So hatte es beim Transport von Arsenwasserstoff zwischen Köln und Regensburg bei einem Zulieferer einen durchaus gravierenden Unfall gegeben, bei dem über 2300 Liter hochgiftigen Gasgemischs entwichen waren.

Keineswegs bestritten wurde gegenüber der zum Teil durchaus verunsicherten Öffentlichkeit, dass in dem MEGA-Werk Stoffe verwendet werden, von denen einige gefährlich sind. Diesem Sachverhalt versuche man aber durch ausgefeilte Überwachungssysteme gerecht zu werden. Für zwei Millionen DM hatte man zum Beispiel ein kontinuierlich messendes Gasmonitoring eingerichtet. Gleichzeitig war Alois Grabsch ehrlich genug, darauf zu verweisen, dass auf etliche Gefahrstoffe bei der MEGA-Chip-Technologie „derzeit noch nicht verzichtet werden kann." Aber: „Eine freie Fahrt für Schadstoffe ist beim MEGA-Werk nicht denkbar!" Die Behauptung jedenfalls, das Werk im Westen der Stadt schade der Umwelt oder den Mitarbeitern, sei schlichtweg falsch.

Von sich aus klärte der Siemens-Standort die Frage, inwieweit die Anlage einer Chipfertigung genehmigungsbedürftig sei, hatten Kritiker doch immer wieder darauf verwiesen, dass jeder Zementsilo dem Bundesemissionsschutzgesetz unterliege, nicht aber die chemische Produktion von Mikrochips. Die frühen 90er Jahre waren aus Sicht des Umweltschutzbeauftragten von intensiver Schulung der Mitarbeiter in Sachen „Umweltschutz im MEGA-Werk" geprägt, wie Regensburg hier ohnehin eine Führungsrolle bei der Halbleiter-Fertigung übernahm. In jener Zeit wurden auch das Wassereinsparungskonzept umgesetzt (40.000 m^3 im Jahr!) sowie Ressourcen eingespart, die sich 1993 immerhin auf 500.000 DM summierten. Kein Wunder, dass die Stadt Regensburg dem Standort 1994 erstmals den Umweltpreis verlieh, eine Auszeichnung, die das Werk dann Jahr für Jahr fast regelmäßig gewinnen konnte.

Schwachstellenanalyse Energie, die Erstellung einer Datenbank umweltrelevanter Anlagen, die Senkung des Schlammanfalls durch eine Verfahrensänderung oder auch die Optimierung der Abgasanlagen waren Aspekte, mit denen sich die Siemensianer in Regensburg befassten. Intern – inzwischen hieß das Unternehmen Infineon Technologies AG – setzte man am Standort aber auch mit Aktionen wie „Rama dama" Maßstäbe für die gesamte Region, was insbesondere auch für die Verleihung eines „Umwelt Award" an Lieferanten galt. Im Jahr 2000 führte der Umweltschutzbeauftragte mit seinem Team eine detaillierte Bewertung der Auswirkungen der Fertigung auf die Umwelt am Standort durch. Ein Jahr später wurde das Werk Regensburg für seine vorbildliche Umwelterklärung geehrt. Ganz im Zeichen des Wassers stand bei Infineon das Jahr 2002: Damals sammelten die Mitarbeiter anlässlich des Weltwassertages „Wasser-Euro". Nicht von ungefähr wurde Infineon Regensburg 2003 für die rationelle Energienutzung in der Chipkarten-Fertigung ausgezeichnet – dieser Aspekt spielt bis heute eine wesentliche Rolle. Umgekehrt wurde fast zeitgleich das Projekt „Green Product" mit dem Infineon ESH Award gewürdigt. Bei Infineon selbst ist natürlich Recycling von besonderer Bedeutung. So wurde die Recyclingquote für Schwefelsäure, Säuregemisch, Phosphorsäure, Isopropanol oder Fotolack wesentlich erhöht. Von außen wurden diese Aktivitäten unter anderem mit der Bayerischen Umweltmedaille gewürdigt.

Diesen Ansprüchen wird das Werk Regensburg seitdem immer wieder gerecht, wobei Alois Grabsch und seine Kollegen keineswegs „im eigenen Saft schmoren", sondern in hohem Maße über den Tellerrand der selbst erarbeiteten Erkenntnisse hinausblicken. So reiste der Umweltbeauftragte gemeinsam mit den Betriebsärzten Dr. Gerhard Roos und Dr. Michael Stein nach Malaysia, um unter dem Aspekt „weltweiter Wissenstransfer" den dortigen Mitarbeitern die Regensburger Sicherheits- und Umweltschutz-Standards näher zu bringen. Gleichzeitig stellte sich Infineon permanent den Anforderungen der diversen Umweltmanagementsysteme.

Heute und für die Zukunft sind neue, intelligente Lösungen zur Reduktion des Energieverbrauchs bzw. zur effizienteren Nutzung von Energien gefragt, d. h. Sparen ohne Verlust an Lebensqualität – auf diese Zielrichtung macht Alois Grabsch mit besonderem Nachdruck aufmerksam. Seit Februar 2009 fließt z. B. über eine Fernwärmeleitung vom REWAG-Blockheizkraftwerk beim Westbad so viel Wärme zu Infineon wie 800 Einfamilienhäuser pro Jahr verbrauchen. Für die REWAG ist es das bisher größte Wärmeprojekt mit einem Industriekunden. Für Infineon freilich zählt neben geringeren Heizkosten vor allem der Umweltvorteil. „40 % weniger Primärenergieeinsatz und 6000 Tonnen CO_2-Einsparung pro Jahr sprechen für sich und bekräftigen unsere Entscheidung zu dieser Zusammenarbeit mit der REWAG", betont der Umweltbeauftragte von Infineon. Die Fernwärmekooperation passe zudem gut zum Infineon-Fokusthema „Energie-Effizienz".

Der Standort Regensburg engagiert sich nicht nur in der eigenen Produktion für einen verantwortungsbewussten Umgang mit natürlichen Ressourcen, das Unternehmen forscht stetig an der effizienteren Nutzung der Energieströme in den produzierten Halbleitern. Die Einsatzgebiete von Infineon-Chips reichen von der Elektronik in Automobilen über den Einsatz in Mobiltelefonen bis hin zur Steuerung von Industrieanlagen.

Alois Grabsch verweist nicht ohne Stolz auf das Infineon-Engagement zur Energieeffizienz und den Beitrag zu Energieeinsparung und damit Umweltschutz, wie er sich zuletzt in den Schlagzeilen der Fach- und Wirtschaftspresse widerspiegelt:

» „Umweltfreundlich und schneller – Infineon ermöglicht neuartige Motorsteuerungen"
» „Augen auf beim Fernsehkauf – Infineon-Chips reduzieren Stromhunger von Flachbildschirmen deutlich"
» „Infineon erhöht mit neuen intelligenten Leistungsmodulen die Energieeffizienz und Zuverlässigkeit von Antrieben in Haushaltsgütern"

Übrigens: Allein im Jahre 2008 wurde das Werk Regensburg gleich mehrfach mit dem Infineon Award geehrt: für sein richtungsweisendes Abfallkonzept sowie in Sachen Gefährdungsanalyse und Schutzstufenkonzept. Darüber hinaus gilt der Standort auf diesem wie auch anderen Sektoren als Benchmark, als Messlatte innerhalb wie außerhalb des Konzerns.

▲ Als erstes Industrieunternehmen in der Region erhält der Standort 2003 die Umweltmedaille des Freistaates Bayern. Im Bild: Der Sprecher der Betriebsleitung, Dr. Hermann Jacobs (links), mit dem bayerischen Umweltminister Dr. Werner Schnappauf

Gemeinschaftserlebnis beim Rama dama-Frühjahrsputz

Von Alois Grabsch

▲ Die erste Rama dama-Aktion 2000 mit Oberbürgermeister Hans Schaidinger

Ein Samstagvormittag im März 2000, 9 Uhr früh. Für die meisten Mitarbeiter von Infineon hat längst das Wochenende begonnen – auch für die 34 dick angezogenen Mitarbeiter, die fröstelnd am Infineon-Parkplatz in Burgweinting warten. Schon bald wird es der Truppe warm werden. Vermummte Gestalten, die sich nun mit Schaufeln, Spaten und Greifern bewaffnen, um die in der Nähe gelegenen Biotope in Burgweinting von einem, so die einhellige Meinung der Gruppe, „durchaus vermeidbaren Übel" zu befreien: vom Hausmüll. Innerhalb kürzester Zeit holen sie Autoreifen, einen Feuerlöscher, Unmengen von Dosen und sogar einen Computer aus der Landschaft. Trotz zunehmenden Schneefalls bereut es niemand, sich freiwillig für die traditionelle Rama dama-Aktion gemeldet zu haben. „Rama dama" heißt auf bayerisch so viel wie „räumen tun wir" und ist eine Aktion von Infineon, angeleitet vom Umweltamt der Stadt.

„Trotz aller körperlicher Anstrengung hat es vor allem Spaß gemacht. Es war schließlich auch ein tolles Gemeinschaftserlebnis", resümiert die Infineon-Truppe. Die erschöpfte, schmutzige, aber sehr zufriedene Gruppe kann nach fünf Stunden Arbeit 24 m^3 Müll und 590 kg Glas fein säuberlich getrennt der fachgerechten Müllentsorgung zuführen.

Die Aktion „Rama dama" ist nur ein kleines, aber bezeichnendes Beispiel der zahlreichen Umweltschutzaktivitäten des Standorts – der Aktivitäten, die nicht am Werkstor Halt machen. Denn es ist vor allem das gesellschaftspolitische Engagement im Bereich Umweltschutz, das Infineon Regensburg von anderen Unternehmen unterscheidet. Dass dies tat-

Von VV über 3i zu Yip

Von Artur Meller

sächlich so ist, untermauern die Umweltpreise der Stadt Regensburg, die Infineon in den letzten Jahren erhalten hat. Die Kontinuität der Umwelt-Aktivitäten auch außerhalb des Betriebsgeländes kann Hans-Joachim Hoffmann, langjähriger Leiter des städtischen Umweltreferates, bestätigen: "Infineon macht solche Aktionen nicht nur an einem Tag im Jahr. Das ist keine Effekthascherei, das geschieht aus Überzeugung."

Aktionen wie „Rama dama", das Sponsoring des Umweltzentrums im Naturkundemuseum Ostbayern oder Info-Fahrten für Mitarbeiter zur Waldbauernschule, zur ökologischen Fischteichzucht oder zum Lebensraum des Bibers erscheinen auf den ersten Blick wie ein Tropfen auf den heißen Stein, haben aber Signalwirkung und sollen eine Sensibilisierung der breiten Öffentlichkeit bewirken. Mitarbeiter, Kunden, Anwohner und Zulieferer können durch solche kleinen Anregungen zu einem verantwortungsvolleren Umgang mit der Natur bewegt werden. Und genau dieser Anspruch ist es, der das Umwelt-Engagement des Standorts so außergewöhnlich macht.

Das betriebliche Vorschlagwesen zielt darauf ab, Mitarbeiter-Ideen zur Verbesserung von Produkten, Anlagen oder Prozessen zu fördern und zu würdigen. Heute bekommt derjenige, der einen Vorschlag einreicht, nach der Realisierung einen gewissen Anteil vom Nutzwert bzw. Geschäftswertzuwachs seiner Idee als Prämie ausbezahlt.

Am Standort Regensburg wurden bisher in Summe ca. 100.000 Ideen eingereicht, knapp 60 % davon konnten realisiert und prämiert werden. Die Namen der Programme wandelten sich über die Jahre von „VV" (Verbesserungs-Vorschlagswesen) über „3i" (Ideen, Impulse, Initiativen) zu „Yip" (Your Idea Pays, Ideenmanagement).

Klaus Wild

Als Schichtaufsicht in der Liniensteuerung gefällt mir besonders die Vielfältigkeit der Aufgaben. Jeden Tag gibt es neue Situationen, die es zu lösen gilt. Es macht mir immer noch Spaß, meinen Anteil beizusteuern, damit im Regensburger Frontend die Fertigungskennzahlen stimmen! Hier haben wir in Regensburg immer punkten können und so soll es auch bleiben!

Gründung der Infineon Technologies AG – kein Aprilscherz des Jahres 1999

Von Gerd Otto

▶ Partystimmung: Infineon feiert seinen ersten Geburtstag in der Donau-Arena.

Die – zumindest im Rückblick – auch für den Regensburger Standort wohl wichtigste Entscheidung der 90er Jahre war mit dem Beschluss des Siemens-Vorstands verbunden, in Dresden eine neue Halbleiter-Fabrik aufzubauen. In diese Chipfabrik wurden letztlich mehr als 2,5 Milliarden Euro investiert – nicht zuletzt auch Geld, das in Regensburg erwirtschaftet wurde.

Der Entschluss von Siemens und dem amerikanischen Unternehmen Motorola, in der sächsischen Landeshauptstadt Dresden eine weitere Fabrik entstehen zu lassen, in der letztlich 64 Mbit-Speicher auf 300 mm-Scheiben gefertigt werden sollten, datiert aus dem Jahre 1995.

Als dies dann so weit war, hieß das Unternehmen freilich längst nicht mehr Siemens, sondern Infineon Technologies AG – ein Kunst- oder Fantasiename, den nicht nur Standortleiter Christian Hagen immer wieder erläutern musste: eine Verbindung des englischen Wortes Infinity, also Unendlichkeit, mit dem griechischen Wort Eon, das für Ewigkeit steht. Seit dem 1. April 1999 löst dieser Firmenname all jene Assoziationen aus, die man von einem Mikroelektronik-Unternehmen mit Hightech-Anspruch auch erwarten darf, nämlich – so Christian Hagen – Ausdauer, Zuverlässigkeit, visionäres Denken, Dynamik und Fortschritt.

Und der Standortchef im Westen Regensburgs konnte dies damals bei den unterschiedlichsten Anlässen auch mit Zahlen belegen. „In den vergangenen Jahren sind wir doppelt so schnell gewachsen wie der Markt und gehören zu den am schnellsten wachsenden Unternehmen der Branche überhaupt," schilderte Christian Hagen die Ende 1999 überaus positive Stimmung, aus der heraus nicht zuletzt der Infineon-Preis für die besten Absolventen der Fachoberschule und Berufsoberschule gestiftet worden war.

Mit einer Umsatzsteigerung um 24 % auf 8,3 Milliarden DM schaffte Infineon in jener Zeit den Sprung unter die Top Ten der Halbleiterwelt, wozu auch Regensburg kräftig beitragen konnte. Für Infineon waren hier 3200 Mitarbeiter tätig, am Standort selbst insgesamt 4500 Menschen beschäftigt, unter anderem 550 Mitarbeiter aus dem Bereich Automobiltechnik der Siemens AG und 750 bei Osram Opto Semiconductors, einem Joint Venture von Osram und Infineon unter der unternehmerischen Führung der Siemens-Tochter Osram.

So vielschichtig die Gründe für eine Ausgliederung des Halbleiter-Bereichs aus der Siemens AG auch gewesen sein mögen, als Vorteile für Infineon nennt Christian Hagen letztlich drei Punkte. Zum einen glaubte man als unabhängiges Unternehmen in der Lage zu sein, „die internen Prozesse besser auf die Bedürfnisse unserer halbleiterspezifischen Kunden und Lieferanten abstimmen zu können." Auch einfachere und kürzere Entscheidungswege könnte die mit der Ausgliederung verbundene Reduzierung der Management-Komplexität erlauben, „was in unserem schnelllebigen Geschäft sicherlich besonders wichtig ist." Schließlich galt damals auch der Zugriff zu den Kapitalmärkten als Argument für eine Aktiengesellschaft, insbesondere im Vergleich zu den unabhängigen Wettbewerbern, die sich gerade bei weltweiten Kooperationen und Allianzen als flexibler erwiesen hätten. Eigene Aktien werden ja zunehmend als Währung eingesetzt, in der investitionsintensiven Halbleiter-Branche sei Aktientausch ein probates Zahlungsmittel.

Und dann natürlich der Börsengang! Das Frühjahr 2000 war dafür sehr gut gewählt, befand sich die Branche doch wieder einmal in einer – wenn auch kurzen – Aufwärtsphase. Infineon selbst hatte auch schwarze Zahlen geschrieben – also Anlass genug, mit einer großen Feier in der Regensburger Donau-Arena auf den ersten Geburtstag des hoffnungsvoll gestarteten Unternehmens anzustoßen. Standortleiter Christian Hagen war jedenfalls ebenso wie seine 3200 Mitarbeiter sehr stolz auf den bis dato größten Börsenstart eines Technologie-Unternehmens. Die Aktie war 33-fach überzeichnet, insgesamt wurden sechs Millionen Aktien mit einem Volumen von 200 Millionen Euro erworben. Auch die Mitarbeiter bewiesen großes Vertrauen in die Zukunft des Unternehmens, in Regensburg entschieden sich 95 % der Zeichnungsberechtigten für den Aktienerwerb.

Aufwärts ging es damals aber auch tatsächlich. Mit einer enormen Schubkraft wurde das Raumschiff Infineon nach oben befördert, zum Beispiel weltweit auf Platz 8 der Top Ten-Halbleiterunternehmen. In Regensburg kam es zu einer deutlichen Kapazitätserweiterung der Scheibenfertigung, verbunden mit einer technologischen Hochrüstung, unter anderem in Richtung 200 mm Scheibendurchmesser. Nicht zuletzt deshalb erwarb das Unternehmen in Burgweinting ein Grundstück, um hier das Chipkarten Packaging Center zu errichten. Es war jedenfalls eine tolle Zeit, erinnert sich Christian Hagen.

▼ In Regensburg angekommen: die Infineon Technologies AG

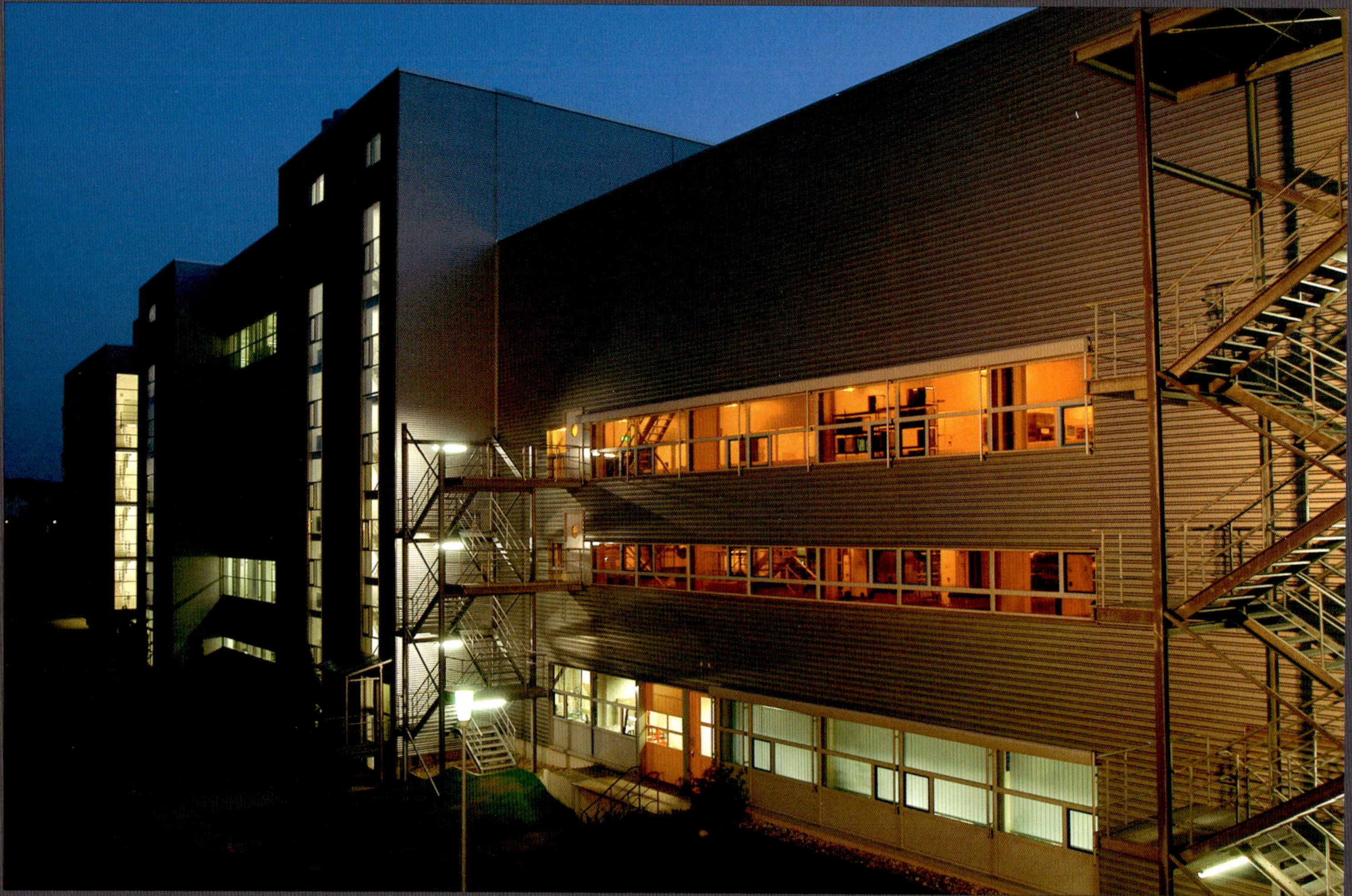

Gegenwart und Aufbruch in die Zukunft

Von Dr. Hermann Jacobs

Die lange und erfolgreiche Historie des Standorts Regensburg ist eine Geschichte von stetem Wandel und immer wieder neuen Anpassungen. Von manchen als „schicksalhaft" empfunden – und es sind ja immer auch die Lebensschicksale vieler Menschen damit verbunden – ist diese Geschichte aber nicht mehr und nicht weniger als ein Spiegelbild des technischen Wandels. Auch wenn das Wort von der (technischen) Revolution, die ihre Kinder frisst, reichlich übertrieben ist, so ist doch ein Körnchen Wahrheit darin.

Mit dem Vorantreiben der Elektrotechnik, der Elektronik und vor allem der Mikroelektronik, die in Regensburg entwickelt und produziert werden, ändert sich die Arbeitswelt lokal und global in einem Ausmaß, das von den wenigsten in der Gesellschaft auch nur annähernd verstanden wird. Gerne wird das Beispiel erwähnt, nach dem bei vergleichbarer Produktivitätssteigerung wie in unserer Branche ein Auto heute nur noch wenige Cent kosten und so gut wie keinen Kraftstoff verbrauchen würde. Diese Revolution hat aber nicht nur unser tägliches Leben als Konsumenten mit Handy, Internet, sicheren Fahrzeugen und dergleichen völlig verändert, sondern auch ganze Berufszweige verschwinden lassen oder so verändert, dass mit dem alten Wissen heute niemand mehr eine Anstellung findet. Kaum eine andere industrielle Umgebung verlangt einen so rapiden Wandel von Menschen, Methoden und Maschinen wie die Mikroelektronik, und kaum eine andere Branche ist so sehr globalisiert wie die Mikroelektronik – die jährliche Autoproduktion wird mit Tausenden von Schiffsladungen transportiert, die Weltjahresproduktion an Mikrochips passt wohl in wenige Jumbojets, mit dem entsprechenden Potential an Umschlagsgeschwindigkeit.

Es ist so gesehen also kein Wunder, wenn die Geschichte des Standorts Regensburg als wechselvoll, oder sagen wir besser abwechslungsreich, empfunden wird. Eine 50-jährige Geschichte in der Elektronik und Mikroelektronik umfasst den gesamten Siegeszug dieses Industriezweigs, der für seine Entwicklungsgenerationen mit einer Abfolge von zwei Jahren und weniger rechnet!

Die Unruhe, die einige in Regensburg als unangenehm empfinden, ist also keine Unstetigkeit des Managements alleine, sondern eine Art Grundprinzip des Fortschritts selbst und Voraussetzung für das Weiterbestehen in diesem Umfeld. Das Bemerkenswerte am Standort Regensburg – und das ist sicher eines seiner stärksten Assets, wie man heute sagt – sind aber die Menschen, die diesen Wandel, gar nicht wenige schon seit 40 Jahren, begleiten und eben nicht mit ihrem „alten" Wissen stehenbleiben. Wenn auch manches wie Fatalismus klingt, hört man doch häufig von diesen Mitarbeitern „Verlagerungen und Veränderungen hatten wir schon immer, und auf und ab ist es auch immer schon gegangen"; die Regensburger sind also entgegen ihrem Ruf nicht nur

„bodenständige Oberpfälzer", sondern realistische Begleiter der industriellen Revolution, die sie nicht nur betrachten, sondern immer schon aktiv mitgestaltet haben, wer auch immer gerade an der Spitze des Betriebs oder gar des Konzerns steht.

Die Gegenwart sieht in einem solchen Umfeld immer schwierig aus: die doch (zumindest in der üblichen Verklärung) bewährten Muster der Vergangenheit tragen nicht mehr, von der Zukunft weiß man noch weniger, ob sie erfolgreich sein kann. Das gilt umso mehr gerade jetzt. Wir erleben einen Bruch in der gesamten Weltwirtschaft wie möglicherweise seit der Depression im vorigen Jahrhundert nicht mehr, und auch dieser Vergleich ist nichtig, weil es diese Welt so nicht mehr gibt. Und warum wohl? Die Technologien, die in Regensburg maßgeblich mitentwickelt und in die Produktion überführt werden, sind genau diejenigen, mit denen heute Geld- und Warenströme in Sekundenschnelle um den Globus gelenkt werden – die Technik unterscheidet nicht zwischen „gut" und „schlecht". Mag uns auch die spezielle Situation heute besonders beschäftigen, so hat doch der Standort Regensburg sowohl für die Gegenwart als auch für die Zukunft eine länger angelegte Perspektive.

Die beiden Hauptarbeitsgebiete, nämlich die Entwicklung von Technologien für die Mikrochipfertigung auf Silizium-Einkristallscheiben und die hochproduktive Fertigung von Produkten – also Chips – in diesen Technologien einerseits sowie die Entwicklung und Produktion von Gehäusetechnologien in hochproduktiven Fertigungslinien andererseits, sind Kernelemente dieser Ausrichtung. Es ist zwar heute vielfach möglich, sowohl Chips als auch Gehäuse „von der Stange", das heißt bei Lohnfertigern, sogenannten Foundrys und Subcontractors, zu kaufen; dies gilt aber in vielen der Arbeitsbereiche von Infineon nicht: Energieeffizienz, Sicherheit und Kommunikation haben ganz spezielle technische Anforderungen, die in vielen Fällen maßgeschneiderte Technologien benötigen. Regensburg ist auch, was diese Arbeitsgebiete angeht, ein besonderer Standort: Hier werden für alle drei Schwerpunkte Chips und Gehäuse entwickelt und gefertigt. Damit trägt Regensburg entscheidend zur strategischen Ausrichtung von Infineon auf diese Zukunftsmärkte bei.

Streifen wir durch die strategischen Arbeitsgebiete und ihre Gegenwart und Zukunft in Regensburg: Für die Lösungen zur Eindämmung der weltweiten Energiekrise leisten wir in Regensburg Beiträge mit innovativen Chiptechnologien, die für sich selbst sprechende Namen wie etwa „Smart Power", also Leistung mit Intelligenz, tragen. Das sind Produkte, die intelligente Ansteuerungselektronik und Leistungsbauelemente, die zur Versorgung von sehr greifbaren Komponenten wie etwa Elektromotoren benötigt werden, miteinander integrieren, und zwar in einem einzigen Chip.

Während in der Vergangenheit „Ein" oder „Aus" beiden zur Verfügung stehenden Regel-Möglichkeiten waren, steuern die „intelligenten Kraftpakete", die in Wirklichkeit kleiner als fingernagelgroß sind, heute von der elektronisch drehzahlgeregelten Heimwerkerbohrmaschine über Fensterheber und Scheibenwischermotoren im Auto bis zum Kompressor einer Klimaanlage im schwülheißen Asien überall dort, wo nicht nur Komfort und Sicherheit, sondern Sparsamkeit im Energieverbrauch gefragt ist: Es wird immer nur soviel Energie verwendet, wie auch tatsächlich gebraucht wird. In Regensburg sind bereits früh solche Bausteine entwickelt und gefertigt worden – eine Herausforderung, die darin besteht, zwei eigentlich nicht kompatible Technologien, nämlich die fein strukturierte, störungsempfindliche eines Mikroprozessors mit der „funkensprühenden", das heißt große Ströme schaltenden Leistungselektronik zu verheiraten. Das ist nicht von der Stange zu haben!

Begleitet werden die Fertigung und Entwicklung dieser und anderer Chiptechnologien im Umfeld der „Energieeffizienz" mit den komplementären Lösungen der Gehäusetechnik. Bei den genannten Leistungsbauelementen sind die Herausforderungen hier „einfach": Der elektrische Widerstand der Zuleitungen des Chipgehäuses muss so klein wie möglich sein und die Wärmeabfuhr perfekt, damit nichts von der Performance des Chips verloren geht. Diese einfachen Forderungen verlangen selbstredend großen Einfallsreichtum bei der Gehäuseform, der Auswahl der Materialien, der Prozesse zur Verbindung vom Chip zum Gehäuse und nicht zuletzt bei den Fertigungsabläufen selber. Auch diese Bauelemente werden nicht von der oben erwähnten Erwartung an einen rasanten Kostenrückgang in jedem Jahr verschont!

Der zweite strategische Arbeitsbereich, „Sicherheit", ist seit jeher ein „Kind" von Regensburg. Hier wurden vor einer ganzen Reihe von Jahren die heute jedem bekannten, meist goldfarbenen „Chips" in den Chipkarten erfunden und erstmals gefertigt; prominente Vertreter sind die EC-Karte oder die Krankenversicherungskarte. In Wirklichkeit sieht man den Chip nicht – der ist, meist dünngeschliffen und eingekapselt, im Plastik der Karte verborgen. Was zu sehen ist, sind die charakteristisch geformten, elektrischen Kontakte zu diesem Chip. Heute ist die Entwicklung angelangt bei meist gänzlich unsichtbar eingebetteten, kontaktlosen Chips, die zum Beispiel in den neuen elektronischen Reisepässen über eine Funkverbindung mit kurzer Reichweite ihren Dienst tun. Infineon ist seit Jahren Marktführer im Chipkarten-Sektor, basierend auf Regensburger Gehäusetechnologie! Verschwiegen sei nicht, dass es bei dieser Technologie nicht nur darum geht, den Chip vor Beschädigungen, zum Beispiel beim versehentlichen Waschen der Karte in der Waschmaschine, zu schützen, sondern auch darum, ihn vor den weltweit wie besessen agierenden Hackern abzuschirmen. Schließlich stellen diese Komponenten, ob in der SIM-Karte im Handy, in der Bankkarte, als Fahrkartenersatz oder als Pay-TV-Schlüssel, einen nicht unerheblichen Wert dar, weswegen der Chipkarten-Bereich in Regensburg auch wie „Fort Knox" abgeschirmt ist – mehr wird nicht verraten.

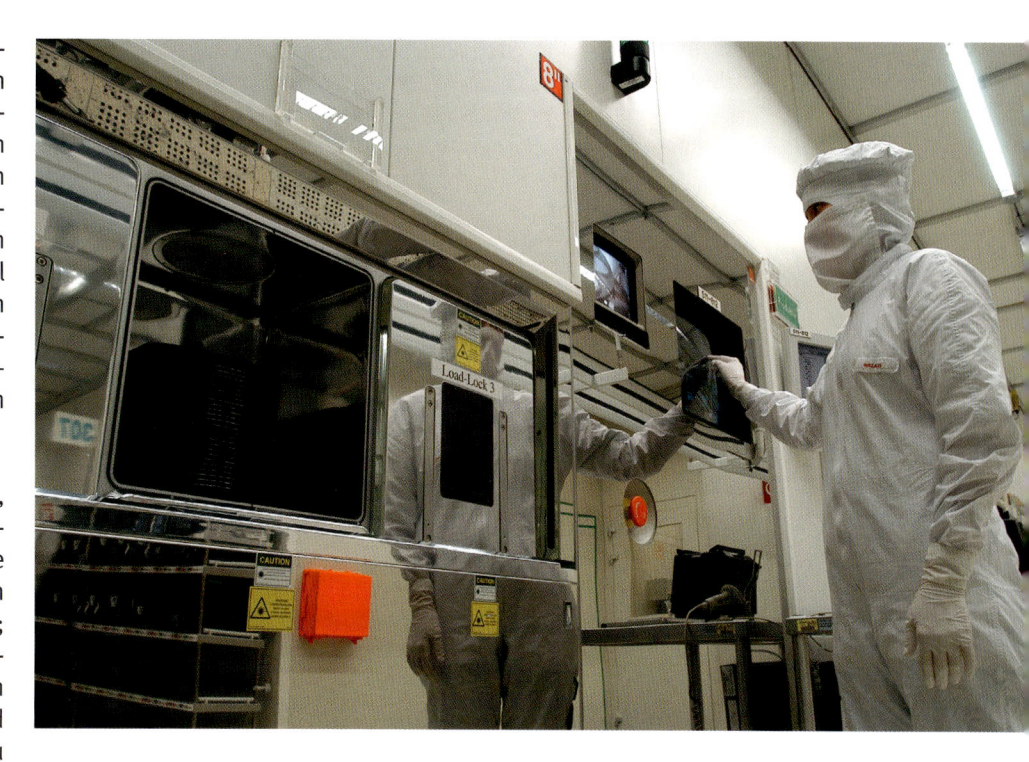

Zu dem genannten Arbeitsbereich wollen wir auch die automobile Sicherheit zählen. Wer kann sich heute noch ein Auto ohne Airbag vorstellen, einen nach dem Sicherheitsgurt schon klassisch zu nennenden Lebensretter?! Regensburg hat sich in den vergangenen Jahren, nach kleinen Anfängen, zum Leitstandort für automobile Sensoren entwickelt. Sensoren sind die „Sinnesorgane" der Elektronik in die reale Welt – überall, wo sich etwas kontrolliert bewegen soll, wo Beschleunigungen (und vor allem Abbremsungen!), Temperaturen, Drücke festzustellen sind, übersetzen Sensoren diese mechanischen und physikalischen Größen in elektrische Signale. In diesem Arbeitsfeld kommen auf die Chiptechnologie neue Herausforderungen zu: Bewegliche Membranen müssen her, Chips müssen auf magnetische Einflüsse, auf Temperatur reagieren – alles Dinge, die man den hochempfindlichen Schaltungen sonst eher nicht zumuten möchte. Hier treffen dann auch die Mechanik und die Elektronik aufeinander, in Form

▲ Anlage zur Ionen-Transplantation

der mikroelektromechanischen Systeme, kurz MEMS. Die Gehäusetechnologie trifft es noch schlimmer: Jetzt müssen die hochsensiblen Chips, die sonst so hermetisch eingekapselt werden, gnadenlos der Außenwelt ausgesetzt werden, z. B. der Reifendrucksensor dem sicher nicht hochreinen Innenleben eines Autoreifens oder der Rotationssensor an der Kurbelwelle eines Automotors dem heißen Schmieröl. Hier gibt es keine Standards, an denen man sich orientieren kann, hier müssen Materialwissenschaftler, Physiker und Ingenieure ganz neue Lösungen schaffen. In Regensburg findet diese Art der Sensorik ein ideales Umfeld – Chiptechnologie und Gehäuseentwicklung an ein und demselben Standort, Hochschulen mit Mikrosystemschwerpunkt, eine Strategische Partnerschaft Sensorik als Verbund der Sensorikunternehmen und nicht zuletzt Automobilzulieferer als Kunden vor Ort. Prominentes Produktbeispiel ist der Seitenairbag-Sensor, der bis heute ausschließlich im Regensburger Werk gefertigt wird, vom Chip bis zum fertigen Bauteil für das Modul im Auto.

Ein Aspekt darf bei automobilen Sicherheitskomponenten nicht vergessen werden: Ein Airbag muss immer zünden, wenn ein Aufprall es verlangt – und er darf nie zünden, wenn nichts passiert ist. Ein nicht anspringender Motor oder ein defektes Navigationssystem ist dagegen im Normalfall zwar ärgerlich, hat aber selten das Potential für einen Unfall. Die Art von Qualität, die bei den Sicherheitskomponenten erforderlich ist, erreicht man nicht mit normalen Mitteln. Regensburg ist einer der Pioniere der „Zero Defect"-Kultur, die darauf abzielt, nur absolut fehlerfreie und

▶ Belackung in der Foto-Lithographie

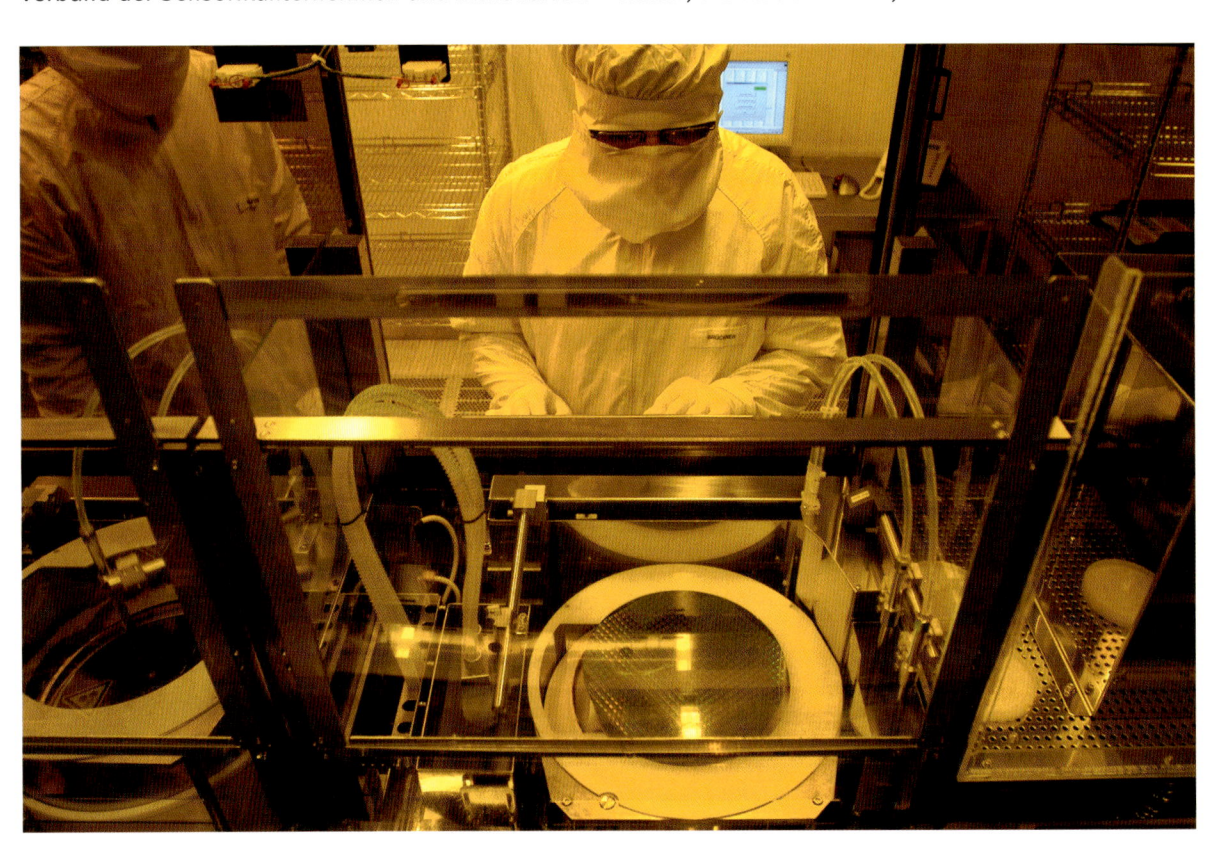

zuverlässige Produkte zu liefern. Hier ist es nicht mit der üblichen Qualität von „parts per million" getan, also einigen wenigen von einer Million Bauteilen, die ausfallen „dürfen". Hier geht es tatsächlich um „Null Fehler". Das scheinbar Unmögliche möglich zu machen, ist damit jeden Tag Aufgabe der Menschen in Regensburg, und die Mitarbeiter sind sich bewusst, dass von ihrer Präzision und der Hingabe für ihre Aufgabe Leben abhängen – es könnte auch ihr eigenes sein. Es gibt heute so gut wie kein Auto ohne Komponenten von Infineon!

Das dritte der strategischen Arbeitsgebiete ist die Kommunikation. Heute enthalten Handys Chips mit Rechenleistungen, die leicht an die eines Laptops heranreichen. Besonders aufwändig ist hierbei die Umsetzung des digitalen Funks in verständliche Sprachsignale und weniger die integrierten Büroanwendungen. Der Vergleich mit dem Rechner, mit dem Menschen auf dem Mond gelandet sind, ergibt schon lange keinen Sinn mehr ... Gleichzeitig ist die extreme Miniaturisierung der Handys augenscheinlich. Die Chiptechnologie, die für die Handybausteine notwendig ist, kann man heute, anders als die oben geschilderten Bauelemente der Leistungselektronik oder der Sensorik, in der Tat von der Stange kaufen. Hier steckt die Intelligenz eher in der geschickten Schaltungstechnik und zunehmend auch in der Software; Regensburg hat bezüglich der Chiptechnologie deshalb weniger Karten im Spiel.

Ganz anders ist es aber bei der Gehäusetechnologie. Hier ist Regensburg wiederum die Schmiede einer ganz neuen, revolutionären Technik: Während bisher die Verpackung der Chips in das Gehäuse meist ein serieller Vorgang war und ist – jeder Chip wird einzeln vom (Mini-)Roboter gegriffen und in das Gehäuse platziert –, setzt das neue Verfahren auf eine parallel verarbeitende Technik. Aber mehr noch, und hier kommt das Alleinstellungsmerkmal von Regensburg wieder zum Tragen: Das Gehäuse selbst bekommt in der Kombination mit Fertigungsschritten aus der Chiptechnologie (!) nun die Funktion eines „Verteilerkastens". Die Herausforderung besteht darin, dass die Chips inzwischen schon so klein sind, dass für die vielen elektrischen Anschlüsse zur Außenwelt (das ist die Leiterplatte im Handy) nicht mehr genug Platz auf dem Chip selbst ist, um diese Verbindungen groß genug zum „Anlöten" zu machen; hier stört die Grundregel der Mikroelektronik: je kleiner der Chip, desto geringer die Kosten. Die Regensburger Erfindung ist nun, die einzelnen Chips, genau ausgerichtet, in Kunststoff einzugießen, dem Kunststoff die Form einer Siliziumscheibe zu geben, und ab geht es damit in die Prozesse der Chiptechnologie zur Erzeugung der Umverdrahtung mit ausreichendem Platz für die Lötverbindung – jetzt aber auf „billigem" Kunststoff anstatt auf teurem Silizium-Einkristall und mit der Verarbeitung von vielen Chips gleichzeitig. Dieses „Regensburger Verfahren" ist patentiert und hat weltweit großes Interesse erregt. Wir sind dabei, diese Technik in einem Verbundprojekt zwischen Chip- und Gehäusefertigung in einer Regensburger Pilotlinie zur Serienreife zu bringen. Der mit dem Innovationspreis ausgezeichnete Handychip von Infineon wird in seiner nächsten Generation in diesem Gehäuse gefertigt werden.

Diese Beispiele aus der gegenwärtigen Aufgabe von Regensburg sind naturgemäß nur ein kleiner Ausschnitt dessen, was die gesamte Breite der Tätigkeiten an diesem Standort ausmacht. Gemeinsam ist all dem die Kombination von exzellenten Fähigkeiten und Kenntnissen der Mitarbeiter, die Kompetenz für Fertigung und Entwicklung, die Ausstattung mit Labor- und Fertigungsanlagen und die komplexe Infrastruktur eines Hightech-Betriebes.

Was die Zukunft betrifft, so ist mit der strategischen Platzierung in den drei Hauptarbeitsgebieten von Infineon die Mission des Standorts bereits zur einen Hälfte definiert. Hinzu kommt als überragender Auftrag für Regensburg – und das sollte an den genannten Beispielen aus der Gegenwart bereits klar geworden sein – das Produzieren von Innovationen; dies

Alexander Habel
Ich kann mich noch gut erinnern, als ich nach dem Studium 1999 auf Stellensuche war, vom Westbad zu Infineon hinübersah und dachte: Ob es wohl dort drüben einen Job für mich gibt? Mittlerweile bin ich seit acht Jahren an Bord und habe besonders den Zusammenhalt und den Kampfgeist der Kollegen kennen gelernt.

▲ Kein Siliziumwafer, sondern modernste eWLB-Gehäuse

bedeutet im wahrsten Sinne des Wortes „Produktion" in der Tradition des Betriebes als Stätte, an dem Erfindungen nicht als „Invention" ein Papierdasein fristen, sondern in der harten Realität der Produktionsumgebung zeigen müssen, dass sie sich definitionsgemäß als Innovationen am Markt durchsetzen können. Die für Infineon entscheidenden Innovationen werden in Bereichen gesucht, in denen es wenig Möglichkeiten der Imitation oder von Analogschlüssen gibt: Als Marktführer in den meisten unserer Arbeitsgebiete geben wir selbst den Trend vor. Dabei wird immer mehr klar, dass wesentliche Innovationen nicht alleine aus raffinierten, durch neue Schaltungstechniken und Softwarekonzepte entstehenden Produktideen kommen. Oft sind es die Herstellungsprozesse und die dabei verwendeten Materialien selber, die zu Begrenzungen werden und die für den Durchbruch zu neuen Anwendungen überwunden werden müssen. Diese Grenzen können nur von Menschen überwunden werden, die die Barrieren kennen und den Mut haben, sie aus dem Weg zu räumen oder wenigstens zu umgehen.

In Regensburg gibt es dazu die besten Voraussetzungen. Wir haben bereits frühzeitig begonnen, nicht etwa den Weg immer größerer Produktionsvolumina für Standardprodukte zu gehen – hier haben wir im internationalen, nicht immer fairen Wettbewerb um die billigsten Produktionsbedingungen (sprich: niedrige Löhne und einfache Lebensbedingungen) keine wirkliche Chance. Vielmehr haben wir in den letzten Jahren erheblich in neue Verfahren und Materialerprobungen investiert, die von den physikalischen Grundlagen her geeignet sind, die oben genannten Begrenzungen zu überwinden. Als Beispiel sei zum einen das Zentrum für elektrochemische Abscheidung genannt, in dem wir für die Mikroelektronik zum Teil exotische Materialien erproben; erwähnt sei aber auch die Konzeption und der Prototypenbau von hochdurchsatzfähigen Mess- und Testsystemen für die Endprüfung von Bauelementen, die so am Markt nicht erhältlich sind – eine Kombination eben aus Nutzung von neuen Verfahren in der Produktion einerseits und aus an die Grenzen der Materialkenntnis reichenden Prozessen andererseits.

Um diese Aufgabe, die Produktion von Innovationen, weiter voranzutreiben, haben wir im letzten Jahr „Innovation Communities" ins Leben gerufen. In diesen soll, im Verbund mit den anderen Fertigungs- und Entwicklungsstandorten, das Ausloten von neuen Möglichkeiten aus der Kombination von Bewährtem und der Ergänzung mit bisher Ungedachtem ausdrücklich erlaubt, nein, gefördert werden. Die Themenspanne ist breit; als Beispiele seien genannt die „Sehnsucht nach dem perfekten Produktionsverfahren", wie etwa das perfekte, von Ausbrüchen und Sägerauhigkeiten befreite Herauslösen von einzelnen Chips aus einem Siliziumwafer; die Ideen aus den I-Communities reichen bis hin zur Nanopaste, die als Verbindungselement zwischen Chip und Gehäuse alle gewünschten physikalischen, chemischen und mechanischen Eigenschaften für Festigkeit, elektrische Leitfähigkeit, Wärmeabfuhr und Umweltverträglichkeit in sich vereint.

Diese „I-Communities" haben wir in Regensburg mit neuen Kreativitätsmethodiken begleitet; so haben wir in einem „Open Space"-Workshop über hundert Experten, unsere eigenen Mitarbeiter, aus allen Arbeitsgebieten am Standort zusammengerufen und zwei Tage den Ideen freien Lauf gelassen. Es mussten im Verlauf neue Tafeln herbeigeschafft werden, um die Flut der Einfälle aus diesem Prozess aufzunehmen! Wenn auch nach einer bekannten Statistik von tausend Ideen nur etwa zehn das Potential für einen wirklichen Durchbruch haben, so hat doch der Standort Regensburg aufs Neue gezeigt, dass aus der Tradition von 50 Jahren, mit dem Mut, der Kreativität, aber auch der Gelassenheit professioneller Mitarbeiter eine Zukunft gestaltet wird, mit der Regensburg auch weiterhin einen entscheidenden Beitrag zum Erfolg von Infineon, einem der innovativsten Unternehmen Deutschlands, Europas und der Welt leisten wird.

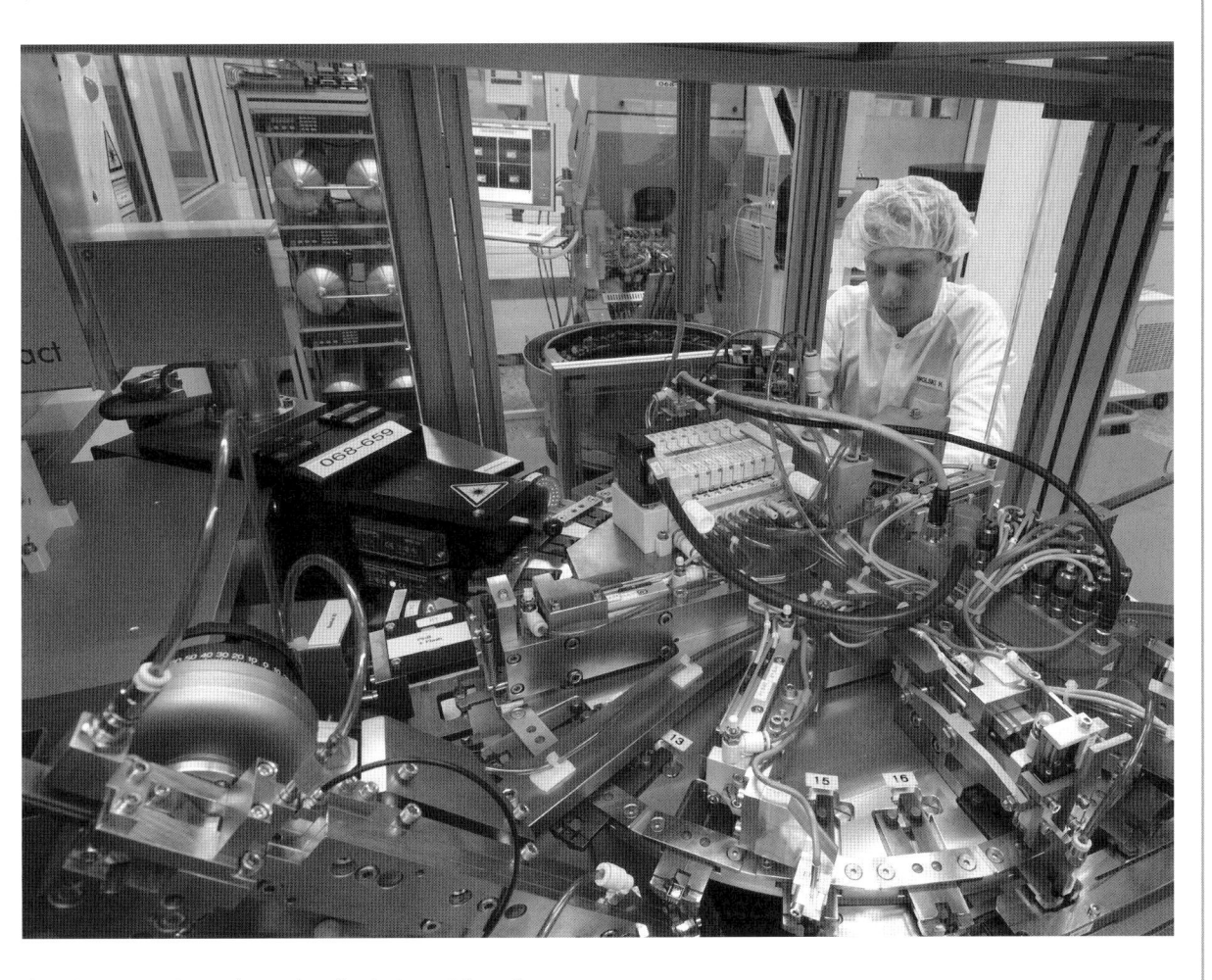

▲ Hier entstehen ultraschnelle Seitenairbag-Sensoren.

Gerlinde Merl
Im September 1983 habe ich bei Siemens angefangen, im Prüffeld, um mir, so war es gedacht, für ein Jahr nach der Lehrzeit etwas Geld zu verdienen. Jetzt sind fast 26 Jahre ins Land gegangen, ich bin immer noch hier und habe es auch noch keine Minute bereut.

Mitarbeiter-Weiterbildung und -Qualifizierung

▶ Schulungspass aus dem Jahr 1985

Von Erika Bauer und Georg Forster

Betriebsinterne Weiterbildung, heute eine Selbstverständlichkeit bei allen Großbetrieben, hatte am Standort Regensburg seine Wurzeln im MEGA-Projekt. Hier wurde ein völlig neuer und neuartiger Fertigungsbereich aus der Erde gestampft, hunderte neuer Mitarbeiter in kürzester Zeit als Anlagenbediener – Operator – rekrutiert und in ein total anderes, an die Raumfahrt erinnerndes Arbeitsumfeld gestellt. Obwohl alle Operator damals wie heute eine abgeschlossene Berufsausbildung benötigen, war keiner der neuen Kollegen vorher in einem Reinraum gewesen. Dazu kam die Konti-Schicht, ein Schichtmodell, das die Fertigung rund um die Uhr im 3-Schicht-Betrieb mit Früh-, Spät- und Nachtschicht ermöglichte. Dieses Schichtmodell erlaubte es quasi als Nebeneffekt, um auf die tarifliche Wochenarbeitszeit zu kommen, jedem Operator jährlich 18 Stunden bezahlte Weiterbildung zu gewähren. Schnell einigte man sich organisatorisch darauf, diese Schulungsstunden vor der Spätschicht, vor der Nachtschicht und nach der Frühschicht anzusetzen. Was sollten aber die Inhalte sein? Was muss ein Anlagenbediener wissen, um den 1Megabit-Speicherchip fertigen zu können?

Jahre später hieß diese Überlegung dann „Bildungsbedarfsanalyse". Im Jahr 1986 sah das so aus: drei junge „Personaltrainer", Stephan Kolibius, Georg Forster und, etwas später, Hans-Jürgen Resch, alle drei von der Ausbildung her naturwissenschaftliche Gymnasiallehrer, machten sich dazu ihre Gedanken.

Die Herausforderung war, die zwar wissbegierige und hochmotivierte, aber doch extrem inhomogene Zielgruppe mit gelernten Mechanikern, Verkäuferinnen oder Installateuren zu erreichen. Neben Schulungen zum richtigen Verhalten im Reinraum und Sicherheitsthemen kristallisierte sich so schon bald die Notwendigkeit für eine Technologieschulung heraus. Den Aufbau, die Herstellung und die Funktion des MOSFET-Transistors als Basiszelle für den 1M-Speicherchip jedem Operator zu vermitteln, das war damals das anspruchsvolle Ziel der Kontischulung. Ohne ein weites Ausholen in die physikalischen und chemischen Grundlagen ging das aber nicht. Das engagierte Team überlegte sich einen Lehrplan und setzte diesen auch in den Schulungen sofort um, damals noch ohne PC, ohne Internet, ohne Google. Folien wurden erstellt, Fotos geschossen, entwickelt, vergrößert, kopiert – „digital" gab es noch nicht – und Videos gedreht. So wurde z. B. zur Demonstration der Gefährlichkeit von Säuren eine frische Schweinshaxe im Becherglas verkohlt, schön vorschriftsmäßig mit Sicherheitsschürze, Schutzbrille und Handschuhen.

Die Folien wurden zum Teil noch mit Schablonen geschrieben und nach den neuesten methodisch-didaktischen Erkenntnissen der gymnasialen Lehrerausbildung am Overheadprojektor in Overlay-Technik und mit partiellem Klappen und Abdecken von Folienteilen präsentiert. Videos konnten schon Mitte der 80er Jahre mit einem gigantischen Beamer für damals zigtausend DM fast in Kinogröße projiziert werden. Hightech war für jeden damals spürbar präsent, wenngleich die Schulungen, speziell nach acht Stunden Arbeit, für manche Teilnehmer schon recht anstrengend waren. Genauso natürlich auch für die Trainer. Besonders „beliebt" waren die 20.42 Uhr-Termine für die Nachtschicht, die bei der Vielzahl der Schulungsgruppen nicht selten zwei oder drei Mal pro Woche anfielen. Im Großen und Ganzen schätzten die Operator diese Betreuung sehr, denn sie waren ja mit einer völlig neuen, ungewohnten Qualität von Arbeit konfrontiert. Die Horden mit je 25 Siliziumwafern wurden an den Anlagen aufgesetzt, darin bearbeitet und wieder automatisch ausgeladen. Dabei sehen die Wafer hinterher vielfach genauso aus wie vorher, mit bloßem Auge war und ist bei einigen Fertigungsschritten keine Bearbeitung erkennbar. Gegen diese hochgradige Entfremdung von der Arbeit, bei der aber von Anfang an hohe Fertigungskultur und absolute Fehlerfreiheit gefordert waren, half die Technologieschulung schon ein wenig. Viele Operator konnten sich dadurch viel besser vorstellen, was sie eigentlich machten.

Aus dieser empirischen Kontischulung entwickelte sich berufsbegleitend die Chemikantenausbildung. Das Schichtmodell und die steigende Zahl der Schichtgruppen erforderten bald, dass auch Schichtmeister Schulungen durchführen, heute selbstverständlich, damals für manche doch recht ungewohnt. Mit Checklisten und einem „train the trainer"-Konzept funktionierten die Schulungen aber bald bestens.

▼ An den Standorten Regensburg und Villach wurden die Mitarbeiter der 2005 eröffneten Halbleiter-Fabrik in Kulim (Malaysia) angelernt. Insgesamt wurden 164 Malaysier mit einer durchschnittlichen Trainingsdauer von fünf Monaten in Regensburg ausgebildet. Dieses aufwändige Training ermöglichte den Start und den Hochlauf der Fertigungsstätte in Kulim in Rekordzeit.

Systematischer Ansatz zur Weiterbildung

Bildungsanalyse, Bildungsplan, Bildungsprofil – ab 1996 startete die systematische Weiterbildung, getrieben zum Teil sicher auch durch Forderungen aus Kundenaudits und als Absicherung gegen Anlagenfehlbedienung, denn der Automatisierungsgrad war mit heute nicht vergleichbar. Schritt für Schritt implementierte man am Standort die Bildungslesung. Der Weiterbildungsreferent, auch „der Mann mit dem Koffer" genannt, ging am Standort mit seinem ersten Laptop und tragbarem Drucker von Abteilung zu Abteilung und besprach mit den Führungskräften die Bildungsprofile der Mitarbeiter. Welche Kompetenzen werden benötigt, welcher Qualifizierungsbedarf ergibt sich daraus? Ab hier bestand nicht mehr der Fokus auf dem Operator im Frontend, sondern die Bildungsbedarfsanalyse (Biba) wurde auf den ganzen Standort ausgeweitet, vom Operator bis zum Ingenieur. Es wurde geprüft, in welchen Kompetenzen (Fach-, Methoden-, Sozial- und Sprachkompetenzen) Trainingsbedarf bestand. Die Weiterbildungs-Matrix der Biba wurde auch stolz im nächstmöglichen Kundenaudit vorgestellt, – wir warteten auf ein Lob und bekamen es auch –, allerdings gab es auch gleich einen Verbesserungsvorschlag dazu: Da einige Kompetenzen (z. B. Sicherheit am Arbeitsplatz) verpflichtend für alle Mitarbeiter waren, forderten die Auditoren, dies zu kennzeichnen. Damals war das „Denglish" noch nicht erfunden – also wurde ein rotes „B" (für bindend) eingetragen. Heutzutage wäre es bestimmt ein „m" (für mandatory). Der erste Schritt zur Zertifizierung war getan.

Damit die Zertifizierung, früher auch der „Operator-Führerschein" oder Schulungspass genannt, für die Auditoren nachvollziehbar war, führte man das Dokumentationstool QUIZ (Qualifizierungsnachweis) ein. Man konnte genau nachvollziehen, wer welches Training wann absolviert hat. 1998 wurde dann „Sibille", die Standort-interne Bildungs-Lesung, eingeführt. Mit diesem Tool dokumentierte man nicht nur die Trainings, sondern hier konnten die Führungskräfte auch den Bildungsbedarf planen und hinterlegen.

Elektronische Systeme folgten. QUIZ mit Sibille als Vorläufer-Tool – ab 1999 kam dann Infitrain (Infineon Training), das erste professionelle Tool, mit dem man Trainings suchen, planen und dokumentieren konnte. Am Anfang war es ein lokales, von Regensburg entwickeltes Programm, später wurde es deutschlandweit eingeführt, und es wurde sogar als Marke beim Patentamt eingetragen. Mittlerweile gibt es seit 2005 ein neues, globales Trainingstool „eTrain", basierend auf SAP-Software. Weltweit kann man jetzt auf Trainings zugreifen, Trainings buchen, dokumentieren und vieles mehr.

In letzter Zeit legen wir in Regensburg, wie auch in den anderen Standorten, unseren Fokus verstärkt auf hausinterne Schulungen, d. h. früher gingen die Mitarbeiter zum größten Teil auf externe Seminare; heute bieten wir sehr viel intern an. Hierzu buchen wir für Infineon komplette Seminare mit Trainer für unsere Infineon-spezifischen Inhalte. Eine andere Möglichkeit ist es, dass interne Experten selbst Schulungen in ihren Kompetenzbereichen durchführen. Wir sind dadurch viel flexibler und kostengünstiger geworden, denn die Weiterbildungen fügen sich perfekt in den normalen Arbeitsrhythmus ein. Das Prinzip „train the trainer" ist ganz alltäglich geworden. Das viel zitierte Schlagwort vom lebenslangen Lernen ist bei Infineon Realität und gilt für alle Mitarbeiter, für Anlagenbediener genauso wie für Entwicklungsingenieure.

20 Millionen E-Mails pro Woche

Von Gottfried Schmid

▲ IT-Arbeitsplatz an einem BS-2000-Terminal, rechts daneben ein Nadeldrucker mit Schallschutzhaube (1989)

◀ Rechenzentrum heute

Die Informationstechnologie war in den 70er und 80er Jahren noch sehr stark auf Großrechner konzentriert. Softwareentwickler und -anwender mussten ihre Programme an klobigen, zeilenorientierten Bildschirmen und Terminals bearbeiten. Drucker wurden mit Schallschutzhauben überzogen, da die Lärmbelästigung in den Büros sonst zu hoch gewesen wäre.

Heute werden von Regensburg aus Mitarbeiter und Anlagen an 17 Infineon-Standorten betreut: 14.300 Anwender mit 8000 PCs und 5500 Notebooks, 1000 Druckern, 1000 UNIX-Servern, 1000 Windows-Servern, 2000 TByte Speicherplatz, 1700 Datenbanken, 42.000 LAN-Anschlüssen, 11.000 Sprachgeräten. Jede Woche werden bei Infineon weltweit 20 Millionen E-Mails verschickt.

▼ Präsentieren den gemeinsam entwickelten Testchip: Professor Dr. Dieter Kohlert, Hochschule Regensburg (rechts), Erhard Sixt (Mitte) und Dr. Rainer Holmer, Infineon Regensburg (2003)

Zwei Erfolgsgeschichten:
50 Jahre Siemens/Infineon – 50 Jahre Ingenieurausbildung an der Hochschule Regensburg

Von Professor Dr. Josef Eckstein und Professor Hanns Georg Hofhansel

Sie passen zueinander, die zwei Grundsteine, die vor 50 Jahren im Westen Regensburgs gelegt wurden: Die Gründung des Siemens-Werks und der Start des ersten Studienjahrs der neu formierten Ingenieurschule an der Prüfeninger Straße. Das eine sicher ein Markstein für die Regensburger Wirtschaftsgeschichte, das andere nicht weniger bedeutsam – Schaffung von Arbeitsplätzen für die Region und praxisnahe, wissenschaftlich fundierte Ausbildung von jungen Ingenieuren für Produktion und Entwicklung. Als heutige Hochschule für angewandte Wissenschaften ist die Nähe zur beruflichen Praxis sowohl in der Lehre als auch in der wissenschaftlichen Forschung und Entwicklung unser Markenzeichen.

Was vor 50 Jahren in Form von Praktikumsplätzen für unsere Studenten begann, hat sich bis heute zu einer erfolgreichen Kooperation von Siemens und Infineon mit der Hochschule auf unterschiedlichen Feldern entwickelt und eine Qualität erreicht, die die gesamte ostbayerische Wirtschaftsregion prägt. Im Bereich der Lehre sind wir weit über die früheren Werkstudenten hinaus zu gemeinsamen Ausbildungskonzepten gekommen. Mit der Siemens Professional Education haben wir duale Studiengangskonzepte entwickelt, die technische Ausbildungsberufe mit Bachelorstudiengängen kombinieren. Das Angebot geht von der Elektro- und Informationstechnik über Maschinenbau und Mechatronik bis hin zur Mikrosystemtechnik. Mittlerweile profitieren von diesem dualen Ausbildungskonzept mehr als 20 weitere Unternehmen, mit denen es Kooperationsverträge gibt. Selbstverständlich leisten unsere Studenten nach wie vor ihre Praktika bei Infineon und Siemens ab.

> WIR HATTEN ALLE VISIONEN UND EIN HOHES MASS AN OPTIMISMUS.

Nicht selten resultieren daraus Abschlussarbeiten, die im Kontext gemeinsamer und langjähriger Forschungsaktivitäten und Technologieprojekte stehen. So kann beispielsweise die gemeinsame Arbeit von Professor Dr. Dieter Kohlert und Dr. Rainer Holmer (Infineon) an der Entwicklung von Testchips zur Prozess- und Ausbeuteoptimierung auf eine achtjährige Erfolgsgeschichte zurückblicken. Die Zahl der gefertigten Chips hat die Millionengrenze bereits überschritten.

Eine breite Beteiligung über mehrere Fakultäten ist im Bereich der Sensorik zu verzeichnen. Gemeinsam mit Siemens und Infineon stellen diese Forschungsaktivitäten einen wertvollen Beitrag im Netzwerk der Strategischen Partnerschaft Sensorik dar. Auch die Tatsache, dass die Hochschule Regensburg (HS.R) als einzige Hochschule für angewandte Wissenschaften in Bayern über ein Reinraumlabor verfügt, haben wir dem beherzten Engagement von Siemens und Infineon mit zu verdanken. Die langjährige Partnerschaft drückt sich zudem durch zahlreiche persönli-

▲ Professor Dr. Josef Eckstein, Präsident der Hochschule Regensburg

che Verflechtungen – viele unserer Professoren waren vorher in beiden Firmen berufstätig – sowie durch eine Vielzahl von betreuenden und werbenden Aktivitäten für unsere Studenten aus. Ergebnis sind gemeinsame Aktionen wie beispielsweise „Girls4tech", am „Girls' Day" oder in unserem Mentoring-Programm, um den Anteil von studierenden Frauen in den technischen und naturwissenschaftlichen Studiengängen zu erhöhen.

Wir werden diese erfolgreiche Kooperation fortsetzen – als Kooperation selbstbewusster Partner, die sich wechselseitig mit ihrem je eigenen Aufgabenbereich und ihren jeweiligen Kompetenzen respektieren. Garant dafür ist zum einen der regelmäßig tagende „Arbeitskreis Infineon/Hochschule Regensburg", der nicht nur die bestehenden Aktivitäten analysiert, sondern auch neue Kooperationsfelder anstößt; zum anderen die aktive Mitarbeit der ehemaligen Personalleiterin von Infineon Regensburg, Dr. Susanne Hartmann, im Hochschulrat der Hochschule Regensburg.

Professor Dr. Josef Eckstein

> REGENSBURG VERFÜGT ÜBER DIE EINZIGE HOCHSCHULE MIT EINEM REINRAUMLABOR.

▲ Professor Hanns Georg Hofhansel

Mikrosystemtechnik: Das Resultat einer Kooperation von Siemens und FH

Im Sommersemester 1986 genehmigte mir das Bayerische Staatsministerium für Unterricht und Kultus ein Fortbildungssemester bei Siemens in Regensburg im Bereich Optoelektronik.

Mein Ziel war, diese Zeit zu nutzen, um mich in zwei zukunftsweisende Technologiebereiche am Standort, nämlich die „Optoelektronik" und die „Integrierten Speicher" (MEGA-Projekt), einzuarbeiten. In beiden Bereichen waren meine Kenntnisse rein theoretischer Natur. Durch die Werkleitung, Dipl.-Ing. Kurt Rümmele, und Dipl.-Physiker Dr. Werner Späth, dem Entwicklungsleiter der Optoelektronik, und seine Mitarbeiter, Dipl.-Ing. Frank Möllmer, Dr. Gerhard Kuhn und Dr. Hans-Ludwig Althaus und viele andere, wurde ich freundlich aufgenommen und erhielt bei größter Bewegungsfreiheit im Werk alle gewünschten Einblicke in Entwicklung und Produktion. Ich hoffte, mir möglichst viel zu merken, um es an die Studierenden weiterzugeben und ihnen ganz besonders auch Brücken zu den vielfältigen Bereichen bei Siemens zu bauen. Mein Schreibtisch stand in der Abteilung „Elektrische Entwicklung" in unmittelbarer Nähe zu Frank Möllmer. Der Zufall, besser das Zusammentreffen zweier Notwendigkeiten ergab, dass mir gegenüber ein junger Feinwerktechnik-Ingenieur der FH München an der Entwicklung eines Lasermoduls für ISDN arbeitete. Wir sprachen häufig miteinander und ich lernte viel von ihm. Bald wurde mir bewusst, dass unsere Absolventen der Fachbereiche Elektrotechnik und Maschinenbau nicht genügend für derartige Aufgaben vorbereitet sind, und daraus ergab sich eine Herausforderung für die FH Regensburg.

Der Gedanke, einen neuen Studiengang aufzubauen, ließ mich nicht mehr los und bestimmte weite Teile meines Fortbildungssemesters. „Feinwerktechnik" oder besser „Feinstwerktechnik" wurden Planungsziele, die mit bekannten und neuen Inhalten als Folge vieler Gespräche gefüllt wurden. Alle Gesprächspartner bei Siemens unterstützten mich bei meinem Wollen.

Anlässlich eines Aufenthalts bei MBB 1987 lernte ich dann Dr. Kroy kennen, der einer Arbeitsgruppe von ca. 30 Physikern, Mathematikern und Ingenieuren vorstand, die sich mit zentralen Fragen der Technik im Jahr 2020 befasste. Ich war fasziniert. Dr. Kroy benutzte bei seinen Ausführungen den noch völlig unbekannten Begriff „Mikrosystemtechnik". Nach weiterführenden Gesprächen mit ihm stand für mich fest, dass an der FH Regensburg ein Studiengang „Mikrosystemtechnik" aus regional-politischen Gründen aufgebaut werden müsste.

In großer Einmütigkeit beschloss im Wintersemester 1987/88 der Fachbereich „Allgemeine Wissenschaften", sich dieser Aufgabe anzunehmen. Das Genehmigungsverfahren stand vor uns und dazu bedurfte es ganz besonders sachkundiger Argumentation der regionalen Wirtschaft. Planungssicherheit für die ersten Semester erforderte Zusagen durch die Werkleitung, Kurt Rümmele, und die Abteilung „Technische Bildung" hinsichtlich der Praktika, der Klaus Streer vorstand. Wir hatten alle Visionen und ein hohes Maß an Optimismus. Durch die kräftige Fürsprache von MdB Benno Zierer brachte am 20. Dezember 1989 Staatsminister Hans Zehetmair per KMS die Mitteilung, dass Einverständnis zur Errichtung des Studiengangs „Mikrosystemtechnik" an der FH Regensburg besteht und dieser neue Studiengang als erster seiner Art in Deutschland am 1. Oktober 1990 anlaufen soll. An diesem Tag also nahmen die ersten Studierenden das Studium der „Mikrosystemtechnik" auf. Die Gründung dieses Studiengangs war ein wesentlicher Meilenstein in der Zusammenarbeit der Firma Siemens mit der Fachhochschule Regensburg. Das Miteinander erwies sich als Symbiose.

Wir in den Hochschulen brauchen die Hilfe der Wirtschaft auch in Zukunft. Partner der Fachhochschule sind in erster Linie die Unternehmen der Region. Arbeitsteilung bei der Ausbildung von Ingenieuren an Hochschulen war Ausgangspunkt bei der Gründung der Fachhochschule 1971. Dabei sollte es bleiben: Kooperationen ja, aber nie zu Lasten der Qualität der Hochschulen.

Professor Hanns Georg Hofhansel

▼ Hochschule Regensburg, Mikrosystemtechnik

Johann Wein
Als Gesamtschwerbehindertenvertreter von Infineon begrüße ich, dass das Unternehmen seine soziale Verantwortung ernst nimmt und sich bemüht, individuelle Lösungen zu finden, damit Mitarbeiter, die durch Unfall oder Krankheit eine Behinderung tragen, entsprechend ihren Fähigkeiten beschäftigt werden können. Jedem sollte bewusst sein, dass er jederzeit selbst betroffen sein kann.

Infineon und die Universität Regensburg – mehr als nur ein Zweckbündnis

Von Professor Dr. Thomas Strothotte

Universitäten und Wirtschaftsunternehmen sind mitunter eng miteinander verflochten. Dabei ist nicht allein die Funktion der Unternehmen als künftige Arbeitgeber von Universitätsabsolventen zu nennen. Denn nicht selten erwachsen aus universitärer Grundlagenfor-

▶ Professor Dr. Thomas Strothotte, Rektor der Universität Regensburg

schung wichtige Impulse für Neu- und Weiterentwicklungen im industriellen Sektor. Anzuführen wären an dieser Stelle vielfältigste Neuerungen beispielsweise im naturwissenschaftlichen oder technischen Bereich. Zudem ist auch im kulturellen und sozialen Sektor das Engagement von Wirtschaftsunternehmen für Universitäten unverzichtbar geworden.

Vor diesem Hintergrund ist auch die Zusammenarbeit zwischen dem Regensburger Standort von Infineon Technologies und der Universität Regensburg zu bewerten. Im Juni 2005 wurde der bis dato eher lose Austausch auch auf institutioneller Ebene durch die Einrichtung des Arbeitskreises „Universität Regensburg – Infineon" befestigt, in dessen Rahmen sich Vertreter beider Seiten über den Fortgang noch laufender oder die Einrichtung zukünftiger Gemeinschaftsprojekte verständigen.

Der Schwerpunkt lag und liegt hierbei in den Bereichen der Nanotechnologie bzw. auf den Feldern der magnetischen Messungen, der Spintransistoren und der Untersuchung von Oberflächen. Darüber hinaus wurden auf dem Gebiet der allgemeinen Datenanalyse mehrere Kooperationsprojekte auf den Weg gebracht. Häufig konnten nach ersten Sondierungsgesprächen zwischen Universitätsprofessoren aus den Disziplinen Physik, Chemie, Mathematik und Medizin sowie Vertretern von Infineon Diplom- oder Doktorarbeiten an hervorragende Nachwuchswissenschaftler der Universität vergeben werden. Regensburger Studenten erhalten auf diese Art schon frühzeitig einen Einblick in die berufliche Praxis, während Infineon gleichzeitig von den Ideen der jungen Forscher profitieren kann.

Im kulturellen Bereich machte sich Infineon unter anderem durch die finanzielle Förderung der Regensburger „Universität für Kinder" verdient. Das Projekt der Universität Regensburg geht 2009 in sein siebtes

Jahr und ist aufgrund der finanziellen Unterstützung durch Infineon mittlerweile zu einer festen Institution in der Regensburger Bildungslandschaft geworden. Die gemeinsame Zusammenarbeit legt den Grundstein dafür, dass interessierte Kinder zwischen acht und dreizehn Jahren durch Fachexperten mit interessanten und kindgerechten Vorlesungen an wissenschaftliche Themen und Fragestellungen herangeführt werden. Infineon folgte dabei dem Unternehmensmotto „Education of the future Generation" und fördert hier das technische und wissenschaftliche Interesse junger Menschen.

Vor allen Dingen das Engagement von Infineon im Rahmen der Regensburger „Universität für Kinder" ist ein Ausdruck dafür, dass die Partnerschaft von Universität und Unternehmen bei weitem mehr ist als ein reines Zweckbündnis. Auch die Forschungskooperationen haben sich in vielerlei Hinsicht als fruchtbar erwiesen. Eine nachhaltige Entwicklung in beiden Feldern ist daher von beiden Seiten erstrebenswert. Sie würde sicherlich auch dazu beitragen, den Wirtschafts- und Wissenschaftsstandort Regensburg und die internationale Bedeutung der Region Oberpfalz weiter zu befördern.

◄ ▲ Infineon ist Partner der Universität für Kinder.

Schulpartnerschaft mit der Beruflichen Oberschule Regensburg – mehr als eine Schein-Ehe

Von Karl-Heinz Kirchberger und Sabine Schmitt

▼ 2008: Zum zehnten Mal Infineon-Preisverleihung für die besten Absolventen der Beruflichen Oberschule und der Städtischen Berufsoberschule Regensburg

Eine Verbindung einzugehen, eine Ehe zu schließen, kann verschiedene Gründe haben: Gegenseitige Verbundenheit vertraglich legitimieren, Zusammengehörigkeit öffentlich dokumentieren, finanzielle Vorteile nutzen, Image verbessern und nicht zuletzt die Erkenntnis, dass man aufgrund der Stärken des anderen Vorhaben gemeinsam besser als alleine realisieren kann. Insofern mag sich die „Ehe" zwischen der Infineon Technologies AG und der Beruflichen Oberschule Regensburg nicht wesentlich von traditionellen Ehen unterscheiden. Was den Ehe-Alltag anbelangt, so machen die vielen Kooperationsschritte in der vor zehn Jahren geschlossenen Partnerschaftsvereinbarung deutlich, dass die Verbundenheit zwischen Infineon und der Beruflichen Oberschule Regensburg keine Schein-Ehe darstellt, sondern vielmehr eine aktive, gelebte Partnerschaft ist.

Maßgeblich an der Entstehung dieser Verbindung beteiligt war die Siemens AG, mit der unsere Schule bereits seit 1970 im Rahmen der Fachpraktischen Ausbildung für die Schüler der 11. Jahrgangsstufe der Ausbildungsrichtung Technik durch eine vertrauensvolle und fruchtbare Zusammenarbeit verbunden ist. Als aus dem Siemens-Bereich „Halbleiter" 1999 die Infineon Technologies AG entstand, war es insbesondere dem großen Engagement von Günter Kirchberger, dem damaligen Leiter der Siemens Professional Education, sowie Studiendirektor a. D. Hartwig Grasse, seinerzeit Schulbeauftragter für die Fachpraktische Ausbildung, zu verdanken, dass Infineon noch im selben Jahr erstmals den Infineonpreis verlieh. Der Preis war ursprünglich auf 10.000 DM dotiert und ist seitdem auf 7500 Euro angewachsen. Je 1000 Euro davon erhalten die fünf jahrgangsbesten Absolventen für ihre herausragenden Leistungen, 2500 Euro gehen an die Schulen für die Finanzierung verschiedener Schulprojekte.

Bereits im Jahr 2001 wurde dann eine Partnerschaftsvereinbarung zwischen Infineon und unserer Schule geschlossen. Hintergrund aller im Rahmen dieser Vereinbarung durchgeführten Maßnahmen

und Veranstaltungen war und ist, angesichts des raschen Wandels und technischen Fortschritts in der Wirtschaft eine engere Verzahnung von Wirtschaft und Schule herbeizuführen und so die Schulen bestmöglich auf die Erfordernisse des 21. Jahrhunderts vorzubereiten. Der Unterricht musste sich umstellen, sodass die Schüler anhand von Projekten eigenverantwortliches Arbeiten im Team erlernen konnten – Skills, die die freie Wirtschaft bei ihren zukünftigen Auszubildenden bzw. Mitarbeitern voraussetzt. Was lag da näher, als die bereits bestehende Zusammenarbeit mit Infineon weiter zu intensivieren? Oberstudiendirektor a. D. Dr. Felix Novak, damaliger Leiter unserer Schule, ging daher auf Infineon-Standortleiter Christian Hagen zu und konnte Infineon als Berater für die neue Schulentwicklung gewinnen.

Gelebte Partnerschaft

Die Jahresprogramme, die seither jedes Jahr neu zusammengestellt werden, beinhalten Bewerbertrainings für die 11. Jahrgangsstufe Wirtschaft, Betriebsbesichtigung mit Erläuterung des Standorts und der Partnerschaftsvereinbarung, Video-Konferenzschaltungen BliK (Berufe live im Klassenzimmer) zum Anforderungsprofil zukünftiger Mitarbeiter, Arbeitsrecht, Marketing oder Schüleraustausch mit Ungarn sowie die Betreuung von Seminararbeiten der BOS Technik. Auch im Rahmen des Projektes „Zeitung in der Schule" und am Girls' Day nahmen Schüler der FOS/BOS bei Infineon teil. Gemeinsam mit der Hochschule Regensburg führten die beiden Partner bereits mehrfach Info-Veranstaltungen zur Vorstellung der dualen Studiengänge Technik durch.

Auch die Lehrkräfte sind in die Partnerschaft mit eingebunden; so wurden Workshops und Informationsveranstaltungen im Rahmen des Qualitätsmanagements durchgeführt, bei denen Mitarbeiter von Infineon unseren Lehrkräften Führungskonzepte und Organisationsstrukturen aus dem Unternehmen vorstellten, die die Schule auf ihre Bedürfnisse zugeschnitten umsetzen kann. Schwerpunktthema war hier zunächst der Kontinuierliche Verbesserungsprozess (KVP) selbst: konkrete Strategien, wie die Ressourcen von Mitarbeitern bezüglich einer Qualitätsverbesserung genutzt werden können und wie ein solcher KVP-Prozess an der Schule umgesetzt werden kann. Zum Jahresprogramm zählten weiter moderierte Feedbackgespräche (Schüler–Lehrer, Lehrer–Fachbetreuer, Lehrer–Schulleiter) und das Vorstellen des Instruments „Mitarbeiterbefragung" zur Feststellung eines Ist-Zustandes als Basis für einen Verbesserungsprozess und zur Umsetzung im Rahmen der internen Evaluation an der Schule. Auch an der Evaluation von Fachoberschulen und Berufsoberschulen in Ostbayern beteiligte sich Infineon mit einem Mitarbeiter als sogenanntem externen Evaluator des Evaluationsteams. Darüber hinaus konnte die Schule einen Einblick in die Besprechungskultur im Unternehmen gewinnen; praktische Anwendung fand das Gelernte dann beim effektiven Vorbereiten und Durchführen von Besprechungen, wie z. B. Lehrerkonferenzen, Fachbetreuersitzungen oder Treffen der Schülermitverantwortung. Auch um Konfliktmoderation ging es in einem der Workshops. Die vielen Veranstaltungen sind jeweils auf großes Interesse gestoßen, waren äußerst Gewinn bringend und haben daher zu einem ausgesprochen positiven Feedback durch die Teilnehmer geführt.

Auch das im November 2008 gefeierte zehnjährige Jubiläum der Infineonpreis-Verleihung zeigt, dass die Partnerschaft zwischen Infineon und der Beruflichen Oberschule Regensburg auf einem soliden Fundament steht, hat sie doch trotz manch stürmischen Zeiten der Statistik, wonach die meisten Ehen im „verflixten" siebten Jahr geschieden werden, ein Schnippchen geschlagen. Auch unter neuer Leitung ist die Berufliche Oberschule Regensburg vom Konzept und von den Inhalten dieser Public Private Partnership mit Infineon überzeugt. Zum Wohle aller an unserer Schule Beteiligten möchten wir unserer Hoffnung auf den Fortbestand dieser erfolgreichen Partnerschaft hiermit Ausdruck verleihen.

Barbara Frey
Als ich vor 30 Jahren bei Siemens anfing, war die tägliche Büroarbeit noch nicht von PC und E-Mail geprägt. Der Schriftverkehr wurde über manuelle Schreibmaschinen abgewickelt, um 1982 kam die erste Speicherschreibmaschine. Präsentationen wurden „handmade" gebastelt, ohne Powerpoint. 1985 hielten die ersten PCs Einzug, aber nicht für jeden Mitarbeiter, sondern man musste sich PCs teilen.

Zukunftssicherung durch Innovation und Entwicklung

Von Bernd Römer, Gottfried Beer, Bernd Waidhas, Thorsten Meyer, Reinhard Hess, Dr. Gunther Mackh

Das Halbleiter-Gebiet ist einer der innovativsten Bereiche der Elektrotechnik und deshalb ständigem und raschem Wandel unterworfen. Was in Regensburg mit einer Fertigung für passive Bauelemente anfing, hat sich stetig zu einem Werk mit einem vielfältigen Spektrum gewandelt. Chipherstellung, die Montage eines Chips in einem Gehäuse, die Chipkarten-Modulentwicklung mit -Produktion und die Gehäusetechnologie-Entwicklung sind die heutigen Schwerpunktbereiche.

Die Aufgaben und Anforderungen im Forschungs- und Entwicklungsbereich sind kontinuierlich gewachsen. Neben den Entwicklungen im Produktionsbereich sind Grundlageninnovationen, neue Fertigungsverfahren mit den entsprechenden Fertigungslinien sowie auch vielfältige Produktentwicklungen hinzugekommen. Dies spiegelt sich auch im Anteil der Ingenieure und Naturwissenschaftler wider, die in Regensburg tätig sind. Um Ideen zu generieren und in die Realität umsetzen zu können, braucht man kreative Köpfe aus verschiedenen Fachrichtungen, die in interdisziplinären Teams zusammenarbeiten. In diesen Teams sind unter anderem Physiker, Chemiker, Materialwissenschaftler, Fachingenieure und Techniker aus den Bereichen Mechanik, Maschinenbau, Thermik, Elektronik, Elektrotechnik und Mikrosystemtechnik tätig. So entstehen in der Gemeinschaft die besten Ideen und Realisierungen.

Durch den Wandel und mit den neuen Schwerpunkten hat sich das Werk heute zu einer Stätte entwickelt, die ständig neue Produkte hervorbringt, neue Ideen erarbeitet und umsetzt, die weltweit in die verschiedenen Standorte exportiert werden. Regensburg ist im Innovationsbereich mit der Welt vernetzt, z. B. ist hier seit vielen Jahrzehnten das Zentrum der Gehäuseentwicklung. Die vielfältigen Möglichkeiten und Fähigkeiten haben Regensburg zum Innovationsstandort der Infineon Technologies AG gemacht.

In der Historie gab es eine Vielzahl von Entwicklungen, auf die bereits in den vorhergehenden Kapiteln eingegangen wurde. Deshalb sollen nachfolgend nur einige ausgewählte Beispiele die Innovationskraft von Regensburg nochmals verdeutlichen.

Goldkugeln durch Strom

Halbleiter-Bauelemente bestehen aus einem oder mehreren Chips und einem Gehäuse. Die Verbindung zwischen Chip und Gehäuse wurde seit den 60er Jahren mit einem Draht aus Gold hergestellt. Anfangs wurde ein Verfahren der Bell-Labs eingesetzt, die Thermokompression. Ein Golddraht wird bei einer Temperatur von 300 °C mit einem kleinen Keil auf den Chipanschluss festgedrückt. Durch die plastische Verformung entsteht eine stabile Kaltverschweißung.

Besser geeignet, da es über eine größere Kontaktfläche höhere Haftung aufweist, ist das sogenannte „Nail-Head-Wirebonden". Dazu muss der Draht durch eine Kapillare geführt werden, in den Anfängen aus Glas, später aus Aluminiumoxidkeramik (AL_2O_3). Das Ende der Kapillare ist als Stempel ausgeführt. Durch Abschmelzen in einer kleinen Flamme wurde eine Kugel gebildet. Mittels Mikromanipulatoren und Mikroskop wurde das Drahtende aufgeschweißt und eine Drahtverbindung geformt. Danach wurde der Draht wieder mit einer kleinen Flamme getrennt, durchgeschmolzen und eine neue Kugel geformt.

Dieses Verfahren hatte jedoch einige Nachteile. Es musste eine Gasleitung vorhanden sein und der Gasverbrauch war sehr hoch, da man die Flamme nicht einfach so abstellen konnte. Der Abflammprozess war langsam und schwierig zu kontrollieren. Daher wurde die Idee entwickelt, diese Flamme durch einen über einen Stromschlag erzeugten Funken auszutauschen. Der durch die Kapillare geführte Draht ist an einen

◀ Kontaktierkopf mit Elektrode

Stromkreis angeschlossen. Der andere Teil des Stromkreises stellt eine kleine Elektrode dar, die neben der Kapillare platziert ist. Jedes Mal, wenn am Drahtende eine Kugel angeschmolzen werden muss, wird eine kleine Ladung von einem Kondensator abgegeben, der entstehende, sehr heiße Lichtbogen bringt den Draht zum Schmelzen. Diese Technik dauert nur Sekundenbruchteile und hat eine geringere Prozessschwankung. In Regensburg wurde viel Arbeit in die Umsetzung der Idee für die Hochvolumenfertigung gesteckt. Versuche zur Gestaltung und Position der Elektrode, die Energieeinbringung, aber auch Untersuchungen der Zuverlässigkeit der Verbindung waren notwendig, um aus einer Idee ein produktionstaugliches Verfahren zu entwickeln.

Bernd Römer

Einführung des Lasermarkings

Jeder Kunde, sowohl in der Industrie wie im privaten Bereich, wünscht sich eine übersichtliche Kennzeichnung der Produkte mit allen relevanten Hinweisen. Vor einem halben Jahrhundert war die Industrie zufrieden, wenn z. B. Widerstände mit Farbringen kodiert bedruckt wurden. Die Rückverfolgbarkeit wegen der Eingrenzung von Qualitätsproblemen und Fertigungsstreuungen und vor allem wegen Produkthaftung spielte eine untergeordnete Rolle. Je kleiner die Bauteile wurden, umso weniger Informationen können darauf gedruckt werden, weitere Informationen (Losnummer, Herstelldatum, -ort) befanden sich ausschließlich auf dem Etikett.

▲ Stempelbild-Information

Da viele manuell bestückte Platinen nach der ersten Prüfung nachbestückt oder auch häufig im Feld repariert werden mussten, wurde höchster Wert auf die Stempelhaftung der Bauteile gelegt. So musste die Stempelfarbe sogar einem Wischtest mit dem inzwischen weitestgehend verbotenen Azeton widerstehen. Dies stellte eine besondere Herausforderung an die Vorbehandlung der Stempeloberfläche sowie die Farbenauswahl dar.

Die Vorbehandlung erfolgte in den 70er Jahren „simultan" mit dem Entflashen, d. h. ungewollte Kunststoffreste an Oberflächen sowie Grate wurden entfernt. Diese Kunststoffreste entstehen beim Umhüllen der Bauteile, da die Pressmasse beim Einspritzen extrem dünnflüssig sein muss, um die dünnen Anschlussdrähte (damals bereits meist 30 μm) weder zu „verwehen" noch abzureißen. Negative Begleiterscheinung ist aber das Ausfüllen kleinster Spalte zwischen den eingelegten Bauteilen und dem Werkzeug, der sogenannte „Flash". Das Entfernen dieses nur wenige μm dicken Kunststoffrests erfolgte meist durch sehr „rabiates" Sandstrahlen, wobei die zu bestempelnde Oberfläche aufgeraut wurde, was wiederum zu einer hinreichenden Stempelhaftung führte. Die chemische Beständigkeit der Farben konnte nur durch nachträgliches thermisches Aushärten im Bereich von 150 ° C und 30 Minuten erreicht werden. Das Problem hierbei war, sicherzustellen, dass durch das Handling die noch nasse Farbe nicht verwischt wurde. Die damals neu aufkommenden UV-Farben wurden häufig erprobt, genügten aber meist nicht den Bedingungen der Haftfestigkeit und chemischen Beständigkeit.

Die Stempelmethode selbst erfolgte meist im Siebdruck. Hierzu wurden die Bauteile in einem Metallträger, dem sogenannten Leadframe, in einen Rahmen montiert, das Sieb über ein Scharnier zur Deckung gebracht und die Farbe auf das Bauteil gerakelt. Mitte der 70er Jahre wurden beim TO92-Gehäuse die ersten automatischen Stempelmaschinen in Betrieb genommen: Innovativ waren die Zuführung der Bauteile mittels Schwingförderer sowie die Übertragung der Farbe von einer Verteilerrolle über ein mechanisch graviertes Stempelklischee auf eine Gummiwalze, die wiederum die Farbe auf das Bauteil übertrug. Diese Gummiwalze musste häufig, je nach Verschmutzung der Bauteiloberfläche, gereinigt werden.

Nachdem das Sandstrahlen bei diversen Bauteilformen (chemisches Deflashen, Hochdruckwasserstrahl etc.) ersetzt wurde, führte man als Oberflächenvorbehandlung meist eine Wasserstoffflamme ein, die direkt auf das sich vorbeibewegende Bauteil gerichtet war.

Anfang der 80er Jahre begann die Zeit der automatischen Bestückung der bedrahteten Bauteile, nachdem die CNC-Steuerungen wegen der fortgeschrittenen IC-Technologie hinreichend zuverlässig und kostengünstig waren. Es war das Zeitalter der „Through Hole Technology" (THT). Die Durchsteckmontage hatte klare Vorteile beim Handbestücken, da die Bauteile gleich fixiert waren und schwallgelötet wurden. Die Vorteile der SMD-Bauteile (Surface Mounted Devices) lagen auf der Hand. Die Leiterplatte konnte doppelseitig bestückt werden, was zur deutlichen Flächenreduzierung der Baugruppe und der Platinenabmessung führte. Außerdem vereinfachte sich die Bestückung wesentlich und die Qualität stieg. Es brauchten keine Löcher für die Anschlussbeine gefunden zu werden und der Anteil verbogener Drähte reduzierte sich. Das Handling der SMD-Bauteile in den Gehäuse-Montage-Werken erforderte (beginnend mit SOT 23) allerdings bei den prognostizierten Stückzahlen komplett neue Denkansätze, vor allem auch im Bereich Testen, Beschriften/Kennzeichnen und Verpacken.

Parallel zur Halbleiter-Technik entwickelte sich die Lasertechnologie extrem schnell. Anfang der 80er Jahre waren die ersten industrietauglichen Festkörper- und CO_2-Laser auf dem Markt und wir führten eine detaillierte Machbarkeitsstudie bezüglich Laserbeschriftung durch. Beim flexiblen Laserschreiben mittels Galvoköpfen erfolgt die Ablenkung des Laserstrahls ohne mechanische Nachführung der Achsen nur mittels Ablenkspiegel. Die Leistung des Nd-YAG-Lasers erlaubte Taktzeiten, die damals nur bei ca. zehn Zeichen pro Sekunde lagen. Die gepulsten CO_2-Laser hatten je nach Pulsenergie eine Pulsfrequenz bis zu 12 Hz. Ca. 20 solcher Laser liefen zuverlässig im Industriebereich Getränke-Abfüllanlagen (Losnummer zur Rückverfolgbarkeit). So entschieden wir uns für einen CO_2-Laser mit den Leistungsdaten von 5J/Puls und 5 Hz

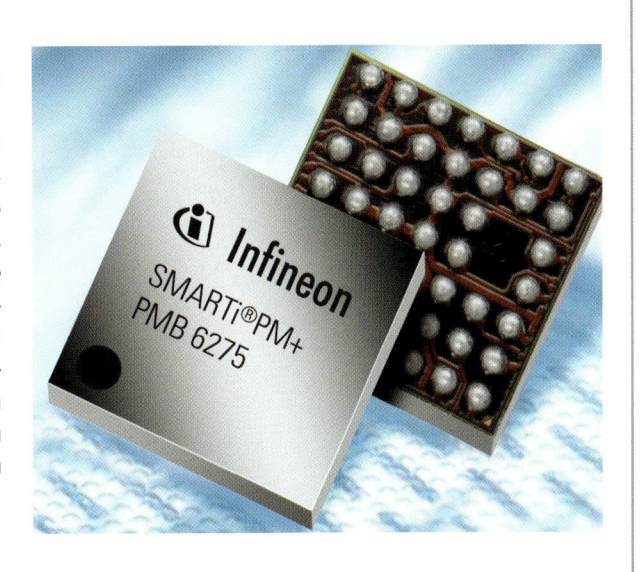

◀ Laser in Betrieb

Sonja Ullmann
Angefangen habe ich vor 20 Jahren als Operator an der Basis und bin über mehrere Fachabteilungen im Frontend zum globalen Einkauf gekommen. In meinen ersten Jahren habe ich operativ an Messgeräten gearbeitet, heute kaufe ich weltweit Analytikgeräte ein. Der Standort Regensburg bietet immer Möglichkeiten, sich beruflich weiterzuentwickeln.

maximale Pulsfrequenz. Dieser Laser hatte bereits eine höhere Taktrate als der Durchsatz eines Handhabungsgerätes für das Testen und für die Kundenverpackung und noch genügend Reserven für deren Optimierung. Die hohe Verfügbarkeit eines Lasers erlaubte erstmals die Integration des Beschriftens in eine Gurtungsanlage, was bei konventionellen Stempeln undenkbar war. Weiter gewährleistete die Pulsenergie eine einheitliche Maschinenstrategie für die nächstgrößeren Bauteile (z. B. SOT 223). Die kurze Pulsdauer von einer Mikrosekunde erlaubt das Markieren des Bauteils „im Flug". So brauchten die Bauteile nicht mehr fixiert zu werden – sie wurden in einer einfachen Schiene geführt und über eine Lichtschranke der Laserpuls für die Markierung getriggert.

Das Stempelbild wurde über eine Maske und eine Linse erzeugt, analog einer Diaabbildung auf der Leinwand. Der modulare Aufbau der Maske sorgte für höchste Flexibilität der Beschriftung. Beim SOT 23 konnte gleichzeitig ein Datumcode eingeführt werden, da der Laser wesentlich kleinere Schriftzeichen als jedes Stempelverfahren erlaubte. Der Datumcode war mit bloßem Auge nicht mehr lesbar, aber im Bedarfsfall die Losrückverfolgung unter dem Mikroskop korrekt identifizierbar. So wurden im Regensburger Bauelementewerk weltweit die ersten Laserbeschriftungsanlagen im Bereich Halbleiter-Fertigung eingeführt.

Die Maschinen liefen extrem zuverlässig, einige befinden sich noch heute, nach mehr als 25 Jahren, im Einsatz. Allerdings gab es Rückschläge mit der Akzeptanz bei größeren Bauteilen hinsichtlich der Lesbarkeit: Die Schriftzüge werden graviert und ergeben damit wesentlich weniger Kontrast als eine weiße Farbe auf schwarzer Pressmasse. Hier war Überzeugungsarbeit notwendig.

Mittlerweile ist die Laserbeschriftung weltweit Standard; die Abbildung über eine Maske ist allerdings ersetzt durch Galvoköpfe, die inzwischen mehr als 80 Zeichen pro Sekunde schreiben können.

Gottfried Beer

▶ QFP
Periphere Gehäuseanschlüsse
Periphere Chippads
Wire Bonding

▶ FBGA
Matrix Gehäuseanschlüsse
Periphere Chippads
Wire Bonding

▶ F²BGA
Matrix Gehäuseanschlüsse
Matrix Chippads
Flip Chip

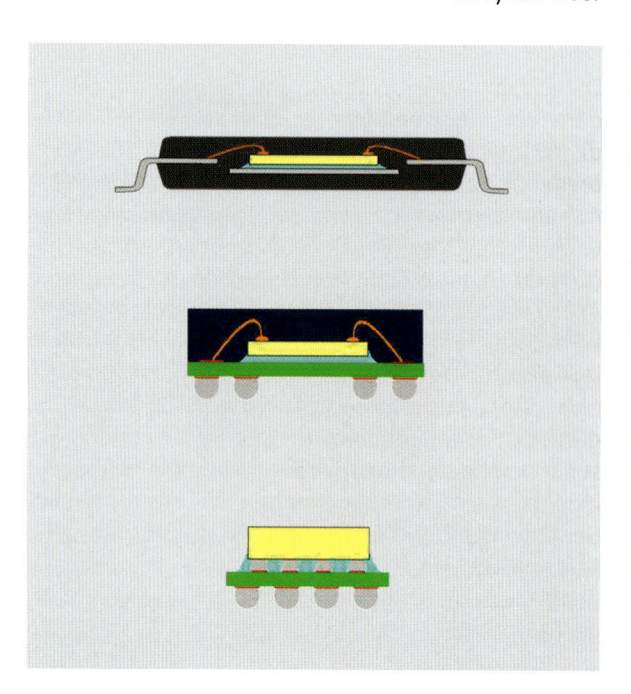

Wire Bond

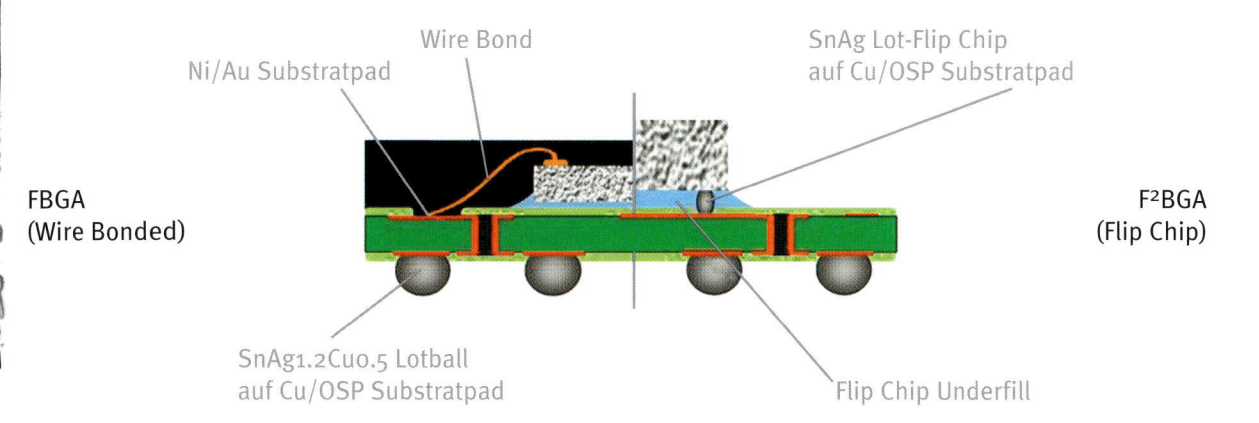

Ni/Au Substratpad

SnAg Lot-Flip Chip auf Cu/OSP Substratpad

FBGA (Wire Bonded)

F²BGA (Flip Chip)

SnAg1.2Cu0.5 Lotball auf Cu/OSP Substratpad

Flip Chip Underfill

Flip Chip-Technologie

Mit dem Wandel der Handys von reinen Mobilfunktelefonen hin zu Multimediageräten im Hosentaschenformat, wurden neue Herausforderungen an die Miniaturisierungen der Halbleiterkomponenten erforderlich.

Die Erhöhung der Anschlusszahl auf dem Halbleiter durch die zunehmende Integration von Funktionen in die Siliziumchips, verbunden mit feineren Strukturbreiten in der Chiptechnologie, führte in bestimmten Anwendungen wegen der daraus resultierenden Dichte an die Grenzen der Wirebond-Verbindungstechnik (Drahtkontaktierung). Deren ausschließlich periphere Anordnung der Kontaktflächen (Pads) auf dem Chip kann unter diesen Randbedingungen zu sogenanntem padlimitiertem Chipdesign führen, bei dem der Chip durch die erforderliche Pad-Anzahl und nicht durch den Flächenbedarf der aktiven Strukturen in seiner Größe bestimmt wird. Zusätzlich konnten die Möglichkeiten der Packungsdichte der kleineren Gehäuse der eingeführten Fine Pitch Ball Grid Array Packages (FBGA) in Ablösung der Quad Flat Packs (QFP) mit dieser Verbindungstechnik nicht vollständig genutzt werden.

Zur Lösung dieser Herausforderung wurde in der Montagetechnik Regensburg seit 2000 die Entwicklung von Flip Chip-Gehäusen (F²BGA) vorangetrieben. Dabei wird der Chip mit der aktiven Fläche nach unten – daher der Name – mit dem Verdrahtungsträger des Gehäuses kontaktiert. Dadurch ist es möglich, die gesamte Chipfläche für die Anordnung der Kontaktpads zu nutzen und damit die Voraussetzung für hohe Anschlußdichten zu schaffen.

Bei der Entwicklung konzentrierten wir uns von Anfang an auf ein Konzept mit geringen Material-

und Montagekosten sowie robusten Prozessen mit hohen Ausbeuten. Zukunftsweisend und als ein Novum für die damalige Flip Chip-Technik wurde der konsequente Einsatz von bleifreien und halogenfreien Materialien vom Entwicklungsteam in Regensburg ins Pflichtenheft aufgenommen. Bei dem daraus abgeleiteten Gehäusekonzept stehen Ökonomie und Ökologie im Einklang.

Die Solderbumps, kleine Zinn-Silber-Lotkügelchen auf den Kontaktpads des Chips, werden auf die korrespondierenden Pads des leiterplattenähnlichen Substrates durch Reflow-Löten elektrisch und mechanisch verbunden. Der durch die Oberflächenspannung des schmelzflüssigen Lotes hervorgerufene Einschwimmeffekt bewirkt eine Selbstzentrierung des Chips. Etwaige Oberflächenunebenheiten des Substrates werden durch das flüssige Lot ausgeglichen.

Den chemischen Schutz der aktiven Seite des Chips übernimmt ein sogenannter Underfiller, ein Polymer, das an die Chipkante aufgebracht wird und durch Kapillarwirkung selbstständig in den Spalt zwischen Chip und Substrat fließt. Dieser Underfiller schützt die Flip Chip-Verbindungen zusätzlich gegen mechanische Belastungen.

Auf der Gegenseite des Substrates werden Lotballs als Kontaktübergang zur Leiterplatte des Kunden aufgebracht. Durch die ausschließliche Nutzung der Löttechnik konnte auf eine beim Wirebonden notwendige galvanische Nickel/Gold-Schicht auf den Pads verzichtet und durch einen simplen organischen Schutzfilm ersetzt werden. Dieser wird beim Lötvorgang zerstört, sodass die Balls mit einer speziellen bleifreien Lotzusammensetzung direkt auf das Kupfer des Substrats verbunden werden. Dieses metallurgische System ist zuvor schon bei drahtgebondeten FBGAs zur Verbesserung der Robustheit der Verbindungen, z. B. beim Herunterfallen des Mobiltelefons, eingeführt worden. Dies ist eine Entwicklung aus Regensburg, die Infineon als erste bei ihren Produkten eingeführt hat. Mittlerweile ist sie zum Standard bei Handheld-Produkten weltweit geworden.

Sonst übliche Prozesse, wie das Dünnschleifen der Siliziumwafer bzw. ein Umhüllen der Chips, also Schritte, die keinen Beitrag zur Funktionalität des Flip Chip-FBGA's leisten, sind eliminiert worden. Das Entwicklungsteam beschränkte sich jedoch nicht nur auf Technologie- und Prozessentwicklungen. Parallel dazu wurde an optimierten Designkonzepten gearbeitet. Die Reduzierung der Verdrahtungslagen, als maßgeblichem Kostenfaktor, auf die technologische

▶ Entwicklung der Gehäusetechnologie

- Wechsel der Ankontaktierung am Kundenboard (Balls)
- Ersetzung des Leadframes durch Interposer

- Ersetzung des Wirebonds und des Interposers durch eine Leiterbahn
- Wegfall des Chipschutzes

- Künstliche Vergrößerung des Chips durch Backend-Prozesse zur Realisierung beliebiger Package Größen als WLB
- Erzeugung eines Chipschutzes

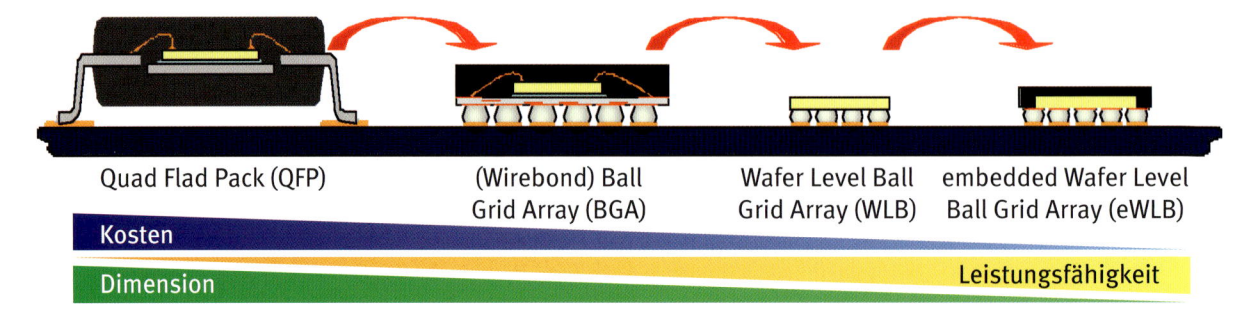

Quad Flad Pack (QFP) → (Wirebond) Ball Grid Array (BGA) → Wafer Level Ball Grid Array (WLB) → embedded Wafer Level Ball Grid Array (eWLB)

Kosten
Dimension
Leistungsfähigkeit

Mindestanforderung von zwei stand dabei im Vordergrund. Als Design-Richtlinien wurden prinzipielle Bump-Anordnungen zur Verfügung gestellt.

Der E-GOLD™lite, ein GSM/GPRS-Handy-Basisband-Baustein mit integrierter Mixed-Signal-Funktionalität, war das Pilotprodukt, das in diesem Gehäuse realisiert wurde.

▲ eWLB-Wafer

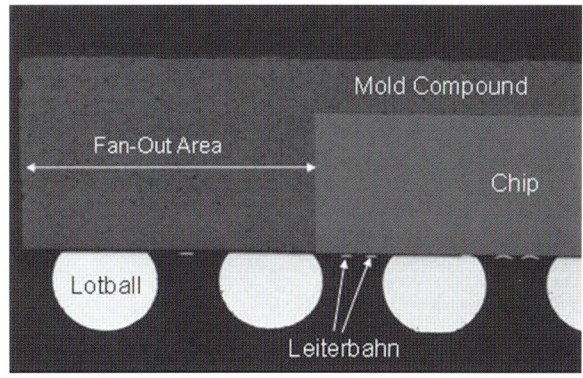

▲ Schliffbild eWLB

Es war das erste Flip Chip-Produkt mit umweltfreundlichen „grünen" Materialien und einem Zwei-Lagen-Substrat in einem Mobiltelefon. Durch die 8 mm x 8 mm kleinen Gehäuse mit 201 Anschlüssen konnte gegenüber seinem Vorgänger die benötigte Fläche auf der Leiterplatte auf 45 % verringert werden. Es wurde erstmalig 2005 in einem Siemens A70 Handy eingesetzt.

Neben der höheren Anschlussdichte bieten die verringerten parasitären Induktivitäten, das Übersprechverhalten sowie ein besseres Stromversorgungskonzept der Chips Vorteile gegenüber den FBGAs mit Wirebond-Technik. Sie sind die Voraussetzung für die Hochintegration der Basisband-Bausteine mit einer Ausprägung, wie z. B. beim E-GOLD™voice, der mit dem Innovationspreis der deutschen Wirtschaft 2008 ausgezeichnet wurde. Der Geschäftserfolg von bisher über 100 Millionen verkauften Bauteilen allein von diesem Produkt spricht für sich.

Mittlerweile ist basierend auf diesem Grundkonzept eine ganze Gehäusefamilie entstanden. Sie umfasst Gehäuse mit einem minimalen Anschlussraster der Balls von bis zu 0,4 mm, dünne Gehäuse mit nur 0,8 mm Gesamtdicke, Multichip-Gehäuse (SiP, System in Package), bei denen die Chips nebeneinander oder übereinander angeordnet sind, sowie Package on Package (PoP)-Optionen. Diese Innovation „made in Regensburg" ist zu einer gebräuchlichen Technologie beim Einsatz in Mobiltelefonen geworden und wird nun von allen großen Halbleiter-Herstellern und Auftragsfertigern eingesetzt.

Die Flip Chip-FBGAs werden ihre Stärken auch in Zukunft bei großen Gehäusen mit hohen Anschlusszahlen und hohen Zuverlässigkeitsanforderungen ausspielen. Der Ausbau des Portfolios wird dabei hauptsächlich durch die Herausforderungen neuer Chiptechnologien bestimmt sein.

Die Weiterführung der Grundidee der Flip Chip-Anordnung mit all ihren Vorteilen bezüglich den Herausforderungen der Zukunft nach weiterer Miniaturisierung und Kostenreduktion im Mobiltelefonsektor findet in weiten Bereichen im eWLB seine Entsprechung.

Bernd Waidhas

Wafer Level Packaging-Entwicklung

Das Gehäuse (Package) eines Chips dient einmal dazu, den Halbleiterchip vor Umwelteinflüssen wie Staub und Feuchte und mechanischer Beschädigung zu schützen; weiter dient es dazu, den Chip auch auf einer Leiterplatte, z. B. der Platine eines Mobiltelefons, zu befestigen und ihn mit der Schaltung der Leiterplatte zu verbinden. Im Laufe der Zeit wurden hierfür verschiedene Gehäusetechnologien entwickelt.

Eine der modernsten Arten, einen Chip mit einem Gehäuse zu versehen, ist das Wafer Level Packaging. Wafer Level Packages zeichnen sich dadurch aus, dass alle notwendigen Bearbeitungsschritte für das Gehäuse auf dem Wafer durchgeführt werden. Dies erlaubt gegenüber den klassischen Gehäusetechnologien die Herstellung extrem kleiner und flacher Gehäuse mit exzellenten Eigenschaften bei besonders niedrigen Herstellungskosten. Es erfordert aber auch ein weit stärkeres Zusammenfließen von Frontend- und Backend-Know-how als das bisher für klassische Package-Technologien nötig war.

Standard Wafer Level Packages, auch Wafer Level Ball Grid Arrays (WLB) genannt, sind kommerziell verfügbar. Sie gibt es mit und ohne Umverdrahtung. In Regensburg werden beide Varianten gebaut. WLBs ohne Umverdrahtung werden hauptsächlich für kleine Bauelemente wie z. B. Filter eingesetzt, bei denen sich die Kontakte des Chips bereits an der Position der externen Kontakte befinden. WLBs mit Umverdrahtung kann man in Fan-In-WLBs und Fan-Out-WLBs unterscheiden. Bei Fan-In-WLBs müssen alle Kontakte auf den Chip passen. Daher können vor allem Bausteine mit einer beschränkten Anzahl von Kontakten gehäust werden (z. B. Bluetooth, RF-Transceiver).

Bei Wafer Level Packages für Chips mit vielen Kontakten hat Infineon Regensburg mit der „embedded Wafer Level Ball Grid Array"-Technologie (eWLB) einen Weltstandard gesetzt. Das Gehäuse wird dabei nicht wie bei klassischen WLBs auf dem Silizium-Wafer, sondern auf einem künstlichen Wafer hergestellt. Dazu wird ein im Frontend fertig prozessierter Silizium-Wafer gesägt und die vereinzelten Chips auf eine Trägerplatte umgesetzt. Die Chips werden dabei in einem größeren Abstand zueinander abgelegt als dies auf dem Silizium der Fall ist. Die Zwischenräume und der Randbereich werden nun durch eine Vergussmasse aufgefüllt. Nach deren Härtung ist ein künstlicher Wafer entstanden, der einen Rahmen aus Vergussmasse um die Chips beinhaltet und der zusätzliche Kontakte aufnehmen kann. Nach der Herstellung des künstlichen Wafers werden nun wie bei klassischen Wafer Level Packages die Verbindungslagen in Dünnfilmtechnik hergestellt. Zunächst wird eine Isolationsebene aufgebracht, darauf entstehen dann die Leiterbahnen, die die Chipkontakte mit den Positionen der Gehäusekontakte verbinden. Danach folgt eine weitere Isolationsebene, um die Leiterbahnen zu schützen. Zum Schluss werden die Kontaktelemente, meist kleine Lotkugeln, aufgebracht. Es lassen sich mit dieser Technologie beliebig viele zusätzliche Lötkontakte im gewünschten Abstand auf dem Gehäuse unterbringen. Dadurch lässt sich die Wafer Level Packaging-Technologie auch für neue, platzsensitive Anwendungen einsetzen. eWLB

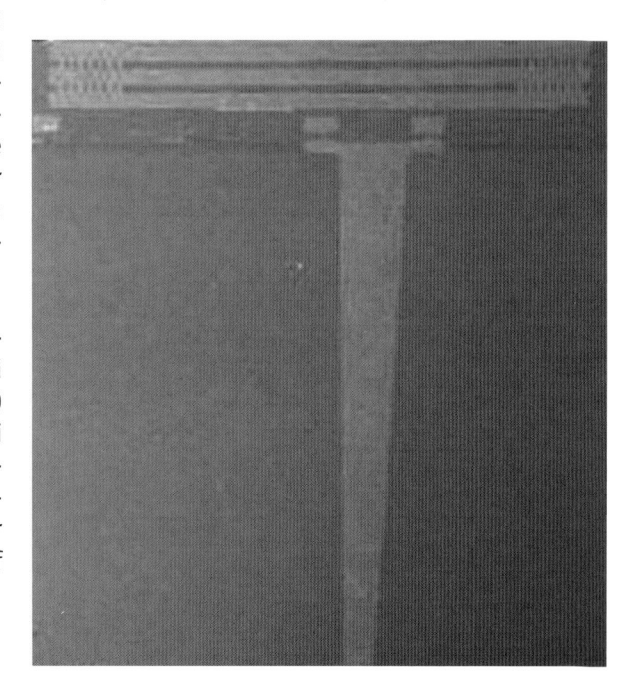

▶ TSV mit Anschluss an eine 5-Lagen-Kupfer-Metallisierung

wurde in Regensburg entwickelt und wird dort auch übergreifend in den Bereichen Frontend und Backend qualifiziert und gebaut. Daneben werden die neuen Gehäuse auch im Rahmen eines Lizenzmodels bei verschiedenen Partnern gefertigt. Erste Bausteine kamen Mitte 2009 produktiv auf den Markt.

Thorsten Meyer

Through Silicon Via (TSV) in Regensburg

Ein Through Silicon Via (TSV) ist eine vertikale elektrische Verbindung (Durchführung) durch die vollständige Dicke einer Silizium-Scheibe oder durch einen Mikrochip hindurch. Derartige Verbindungen durch das Silizium ermöglichen neuartige Konzepte zur dreidimensionalen Gestaltung von Halbleiter-Produkten und -Systemen. Ein Beispiel hierfür sind sogenannte Systems in Package (SiP), in welchen mehrere Mikrochips übereinander gestapelt werden. Ein anderes Beispiel ist die einfache Herstellung eines direkten Kontaktes zum Gehäuse.

TSV ermöglichen zum einen Kostenvorteile und zum anderen Performancevorteile. Kostenvorteile entstehen aus der größeren Packungsdichte durch TSV. So kann die Zahl der Bondpads reduziert werden und die kleineren Chips können in billigere Gehäuse eingebaut werden. Performancevorteile entstehen durch reduzierte Leitungsverluste und dadurch, dass die Substratdotierung nicht an den Anforderungen eines diffundierten Rückseitenkontakts ausgerichtet werden muss, sondern optimal für die aktiven Bauelemente gewählt werden kann.

Die Herstellung von TSV erfolgt mit klassischen Halbleiter-Prozessen. Mit einer Plasmaätzung werden sehr tief geätzte Kontaktlöcher hergestellt, die dann mit einem Metall gefüllt oder zumindest ausgekleidet werden. Vorzugsweise bietet sich hier Kupfer an. Die besondere Herausforderung in der Herstellung von TSV erklärt sich aus der extremen Geometrie der Vias (bis zu 200 µm tief), die eine spezielle Optimierung der Ätz- und Füllprozesse erfordert.

Die Entwicklung eines TSV-Konzeptes („Via first") wurde bei Infineon bereits im Jahre 2002 im Rahmen einer Machbarkeitsstudie begonnen. Im Jahre 2005 konnten erste 6-Zoll-Musterscheiben erzeugt werden. Nach dem Prozesstransfer auf 8-Zoll-Scheibendurchmesser ist der TSV-Prozess in Regensburg zu einer Fertigungstauglichkeit entwickelt worden, die es ermöglicht, ein 100 µm-TSV als Ground-Kontakt in verschiedenen Produktlinien einzusetzen.

Im internationalen Vergleich zeigt das Regensburger TSV sehr gute elektrische Ergebnisse und einen Vorsprung in der Fertigungstauglichkeit im Vergleich zu vielen anderen Veröffentlichungen.

Reinhard Hess und Dr. Gunther Mackh

◀ Röntgenaufnahme eines Produktes mit Through Silicon Vias, die an Spulen kontaktiert sind.

Dirik Zafer
1998 begann ich in der Abteilung Plasmaätzen als Operator, war dann als Lineflex-Operator in allen Fertigungsbereichen flexibel eingesetzt, als „Feuerwehr der Linie" sozusagen. Seit 2009 bin ich nun in der Liniensteuerung. Hervorheben möchte ich vor allem die gute kollegiale Zusammenarbeit. Für die Zukunft wünsche ich uns den Erhalt unseres Standorts und bin gerne bereit, dafür alles zu geben.

INNOVATIONSTREIBER CHIPKARTEN-GEHÄUSE

Von Peter Stampka

Der Bereich Chipkarte in Regensburg befasst sich seit 1990 mit der Entwicklung, Produktion und Vermarktung von innovativen Gehäusetechnologien. Mit über 100 Patenten und knapp 7 Milliarden produzierten Modulen (inklusive Wuxi, China) hat sich Regensburg als eine feste Größe im Chipkartenmarkt etabliert.

Als Chipkarten-Gehäuse, auch Modul genannt, bezeichnet man das goldene Plättchen auf der Chipkarte, das den Chip wie ein Gehäuse umgibt. Diese spezielle Goldauflage stellt innerhalb des Leseterminals, z. B. in Arztpraxen, Telefonzellen oder Bankautomaten, die elektrische Verbindung zwischen dem Computer im Terminal und dem Chip her. Der Aufbau des Moduls schützt den Chip gegen Einwirkungen von außen und verhindert eine Korrosion der Kontaktflächen. Das Modul stellt die zuverlässige Lesbarkeit des gespeicherten Chipinhalts sicher.

▼ Typischer Aufbau einer Chipkarte

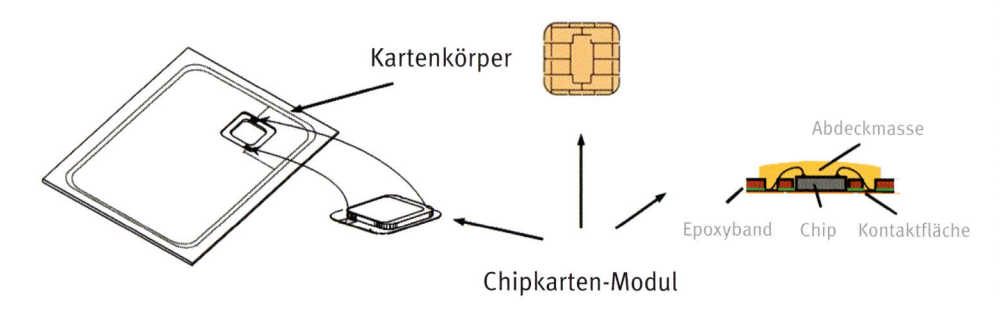

Kartenkörper
Chipkarten-Modul
Abdeckmasse
Epoxyband Chip Kontaktfläche

Seit 1990 wurden in Regensburg mehr als vier Modultechnologieplattformen entwickelt, die die Grundlage für über 30 Produkttypen bilden. Aufgrund der Tatsache, dass die Bearbeitung der Wafer, das Dünnen und Sägen im Preassembly, einen erheblichen Einfluss auf die Robustheit der Chipkarten-Module hat, sind diese Prozesse stets mitzubetrachten. Die immer weiter steigenden Anforderungen an Lebensdauer und mechanische Belastbarkeit können nur durch optimal abgestimmte Prozessfolgen gewährleistet werden.

Im Folgenden nun ein Überblick über die wichtigsten Innovationen im Bereich der Chipkarten-Gehäuse:

1995 – Die „Huckepack"-Innovation

Aufgrund der Chipgröße, bedingt durch den erhöhten Speicherbedarf für Pay-TV-Anwendungen, reichte 1995 der Platz in einem Standard-Chipkarten-Modul nicht mehr aus. Deshalb wurden zwei Chips in einem Gehäuse übereinander verbaut, wobei die mechanische Belastbarkeit (z. B. 1000 Biegungen der Karte) gewährleistet sein musste. Durch eine einfache wie geniale Materialkombination und Anpassung der Fertigungsprozesse konnte dies realisiert werden. Der Kunde zeigte so große Begeisterung, dass diese innovative Lösung in einen Millionenauftrag überführt werden konnte. Sie ist bis heute immer noch einzigartig im Bereich der Chipkarten-Gehäuse.

» Innovationspfad Gehäuseentwicklung

Entwicklung und Modulproduktion

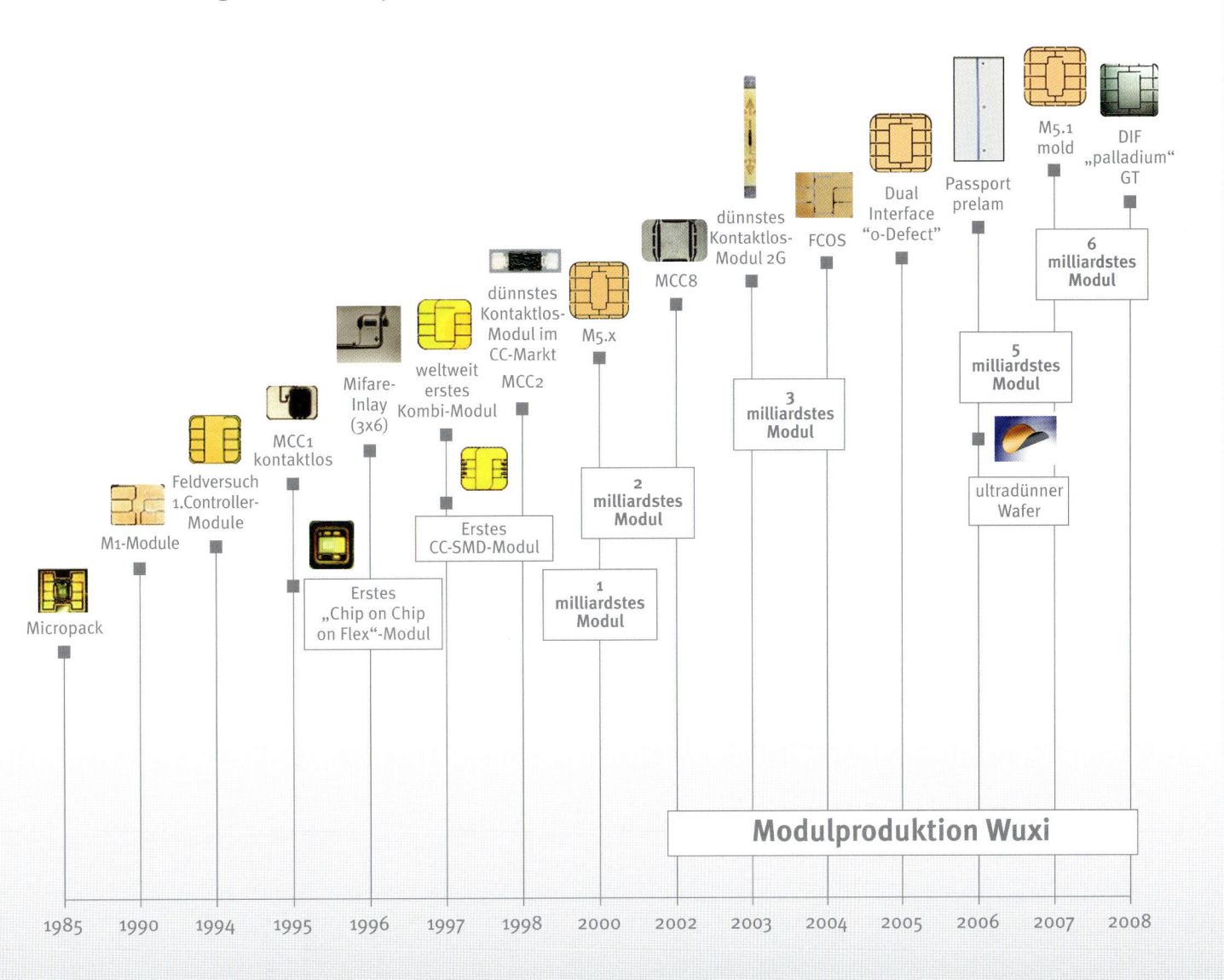

1985	Micropack
1990	M1-Module
1994	Feldversuch 1.Controller-Module
1995	MCC1 kontaktlos
1995	Erstes „Chip on Chip on Flex"-Modul
1996	Mifare-Inlay (3x6)
1997	weltweit erstes Kombi-Modul
1997	Erstes CC-SMD-Modul
1998	dünnstes Kontaktlos-Modul im CC-Markt MCC2
2000	M5.x
2000	1 milliardstes Modul
2002	MCC8
2002	2 milliardstes Modul
2003	dünnstes Kontaktlos-Modul 2G
2003	3 milliardstes Modul
2004	FCOS
2005	Dual Interface "o-Defect"
2005	ultradünner Wafer
2006	Passport prelam
2006	5 milliardstes Modul
2007	M5.1 mold
2008	DIF „palladium" GT
2008	6 milliardstes Modul

Modulproduktion Wuxi (ab 2003)

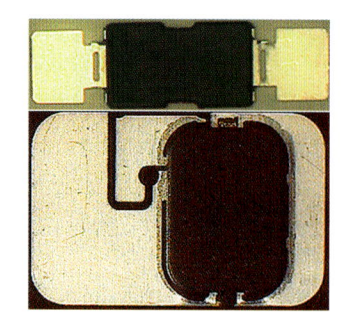

▲ Vergleich eines Kontaktlos-Moduls der ersten Generation (MCC1) mit der zweiten Generation (MCC2)

1998 – Klein und dünn ist „in"

Nachdem der Markt für kontaktbehaftete Chipkarten eine gewisse Größe erreicht hatte, wurde nach Lösungen gesucht, um auch kontaktlose Anwendungen im Markt zu etablieren. Aufgrund der Tatsache, dass die erste Generation an Kontaktlos-Modulen (MCC1) sehr groß und dick war, drängten die Kartenhersteller nach Lösungen, die den Einbau in eine 0,8 mm dicke Karte erleichterten. Die Antwort aus Regensburg war das Modul (MCC2), das mit seiner Dicke von nur 0,33 mm den Standard setzte. Bis heute wird dieses Modul für kontaktlose Speicheranwendungen von unseren Kunden geschätzt.

2003 – Zero Defect für den japanischen Chipkarten-Markt

Im Jahr 2003 entschieden sich große japanische Banken, die Dual-Interface-Technologie (kontaktlose und kontaktbehaftete Technologie auf einem Chip) für den Zahlungsverkehr in Japan einzuführen, um damit den Kunden das kontaktlose Bezahlen zu ermöglichen. Bei Projektstart sollte nur der Chip von Infineon geliefert werden und die Weiterverarbeitung in Gehäuse und Karte in Japan erfolgen. Nachdem die Volumenfertigung immer näher rückte und sich die Verarbeitung der Chips in Japan als schwierig herausstellte, fiel die Entscheidung, kurzfristig nun doch auf ein Infineon-Package zurückzugreifen.

▶ Funktionsprinzip des „zero defect"-Moduls

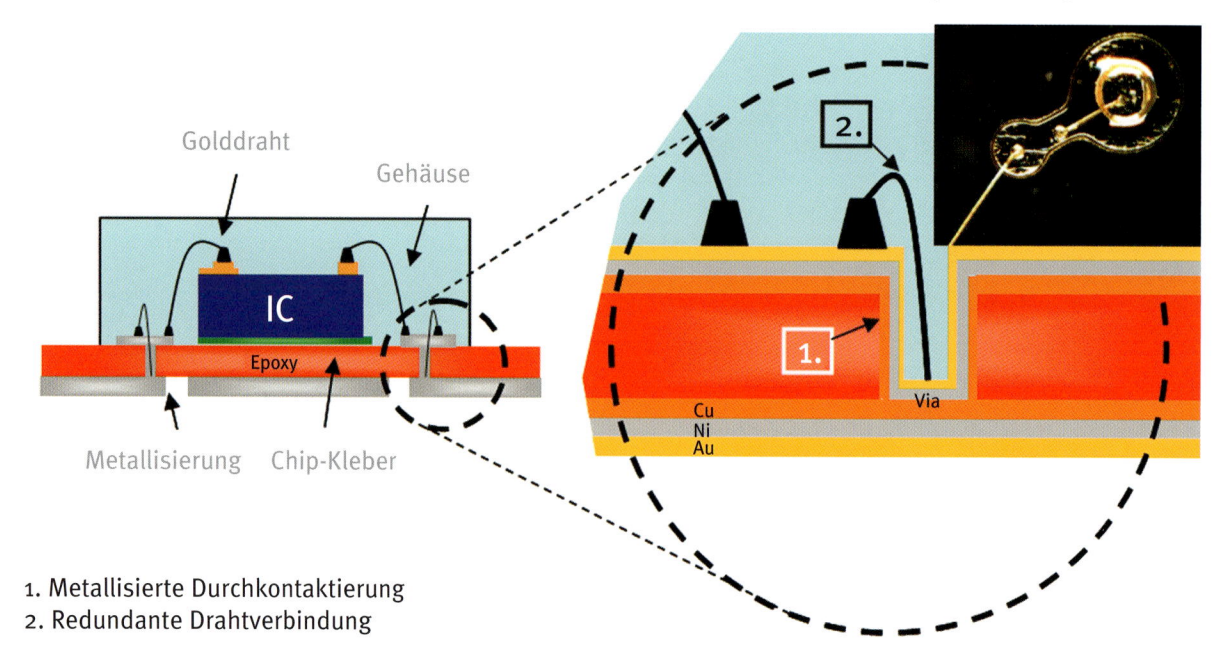

1. Metallisierte Durchkontaktierung
2. Redundante Drahtverbindung

Dies war der Startpunkt für eine turbulente Entwicklungszeit für die Projektmitarbeiter in Regensburg und Japan. In Rekordgeschwindigkeit wurde das damals bereits abgekündigte, mold-basierte Dual-Interface-Modul P-M8.4 wieder ins Leben gerufen und musste an die japanischen Anforderungen angepasst werden.

Nach kurzer Qualifikation, die sowohl bei Infineon als auch beim Kunden bestanden wurde, erfolgte der Ramp Up. Während dieser Zeit startete auch die steile Lernkurve bezüglich der japanischen Erwartungen, die dem Projektteam in Regensburg einige Überraschungen bescherte. In diesem Projekt galten nun Anforderungen, die im bislang bekannten Chipkartengeschäft außerhalb Japans als nicht machbar eingeschätzt wurden. So wurden z. B. Fehlerraten (bezogen auf funktionale Fehler) kleiner als 10 ppm (10 Fehler pro 1 Million Teile) gefordert, die mit der ersten Modulgeneration nicht erreicht werden konnten.

Nun war die Innovationskraft des Regensburger Entwicklungsteams gefragt, um die Kundenanforderungen zu erfüllen. Gelöst wurde diese Aufgabe mit der Einführung eines redundanten Systems, vergleichbar mit dem „Hosenträger zum Gürtel". Hierbei wird die Verbindung zwischen Chip und Kontaktfläche auf den Modulen über einen Draht und eine metallisierte Durchkontaktierung doppelt abgesichert. Nach Einführung dieser Lösung gab es keine weiteren Kundenbeschwerden bezüglich eines funktionalen Fehlers. Basierend auf dieser Technologie ist Infineon heute der größte nicht-japanische Modullieferant für den japanischen Markt.

2005 – „Flippiges" für Chipkarten

Speziell für den Einsatz von Chipkartenanwendungen wurde in Regensburg gemeinsam mit dem Kartenhersteller Giesecke&Devrient ein innovatives Gehäuse entwickelt. Bei dem sogenannten FCOS™ (Flip Chip on Substrate)-Verfahren wird erstmals ein Chipkarten-IC in seinem Gehäuse umgedreht – also „geflippt". Seine Funktionsseite wird über leitende Kontaktstellen direkt mit dem Modul verbunden. Golddrähte und die Verkapselung in Kunstharz sind nicht mehr notwendig.

Die neue Art der Verbindung spart im Modul Platz und ist noch widerstandsfähiger als die bisherige Verdrahtungstechnik. Durch den Verzicht auf die bisher übliche Verdrahtungstechnik kann bei gleichbleibender Modulgröße der eingebettete Chip größer werden. Der Richtwert für dessen maximale Größe lag bisher bei ca. 25 mm^2. Ohne die bei der Chipentwicklung zeit- und kostenintensive Flächenoptimierung lässt sich mehr Funktionalität auf die Karte bringen. Die weltweit einzigartige Gehäusetechnologie für Chipkarten wurde bisher über eine Milliarde Mal an 30 verschiedene Kunden weltweit verkauft.

2005 – Be flexible!

Mitte 2000 starteten Projekte für Identifikations-Anwendungen, bei denen zu Beginn noch die Con-

▼ Ultradünner flexibler Wafer

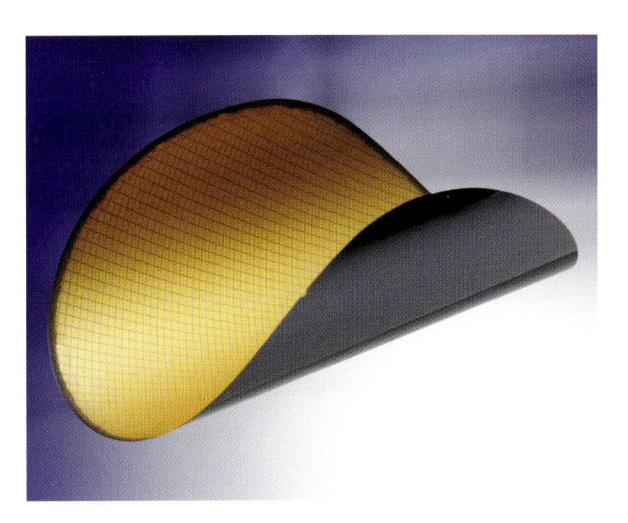

troller-Chips mit Standard-Nassätzverfahren auf 150 µm gedünnt wurden. Parallel dazu entwickelte Infineon zusammen mit dem Anlagenhersteller Disco den DBG (Dicing Before Grinding)-Prozess. Hierbei wird das Sägen vor dem Dünnschleifen ausgeführt. Das hat den enormen Vorteil, dass das Fehlerbild Backside-Chipping fast vollständig vermieden wird und Chipdicken hinunter bis zu 50 µm möglich sind. Um die nach dem Dünnen entstandenen Schäden im Silizium zu heilen, ist ein separater Schritt nötig, mit dem die mechanischen Spannungen auf der Wafer-Rückseite reduziert werden. Bis zum heutigen Tag hat Infineon Regensburg fast 10 Millionen Stück der 55 µm-Chips mit Ni-Au-Bumps (Nickel-Gold-Kontakte) für Identifikation und andere High-End-Anwendungen geliefert.

2006 – Elektronik in den Reisepass integriert

Bei Projektstart war nicht klar, wie der fertige ePass am Ende aussehen sollte; basierend auf vorhandenen Produkten aus dem Bereich Chip Card wurde eine erste Version des Prelams entwickelt und dem Kunden vorgestellt. Ein Prelam besteht aus einem Modul, das in einen Kunststoffträger mit Antenne integriert und mit einer Deckfolie „zusammengeklebt" wird. Die Herausforderung war hier, die z. T. völlig neuen Kundenanforderungen in relativ kurzer Entwicklungszeit zu erfüllen; beispielsweise wurden Produkteigenschaften verbessert, Prozesse umgestellt, neues Equipment entwickelt und die Verarbeitung beim Kunden angepasst. Diese Optimierungen

▶ Vorprodukte für den ePass

ohne große Verzögerungen im Projektplan durchzuführen, war nur durch hervorragendes Engineering und die enge Zusammenarbeit mit Zulieferern und Kunden möglich. Für Infineon stellte die erfolgreiche Einführung des amerikanischen elektronischen Reisepasses auch einen Türöffner für weitere Projekte und Produkte im Bereich der Identifikation dar.

Die Bürger, z. B. aus Ländern wie Deutschland, USA, Spanien und Südkorea, können auch weiterhin auf die Zuverlässigkeit und Sicherheit der Komponenten aus Regensburg auf ihren Reisen vertrauen. Die hohe Kompetenz in neuen Materialien und Technologien und die enge Kundenbindung fördert die stetige Weiterentwicklung von elektronischen Identifikationsdokumenten. In einem elektronischen Reisepass wird z. B. in den Buckdeckel ein hochrobustes, sicheres, dünnes Chipkarten-Modul integriert. Dieses Modul wird während des Herstellungsprozesses mit einer Antenne verbunden. Dabei stehen verschiedene Antennen- und Verbindungstechnologien zur Verfügung. Diese Verbindung des Moduls mit der Antenne ermöglicht anschließend ein sicheres Auslesen der Daten aus dem Chip, z. B. bei der Einreise am Flughafen. Vorteile sind unkomplizierte Grenzkontrollen und kürzere Wartezeiten.

Besondere Merkmale dieser „ePassports" sind hohe Zuverlässigkeit, eine hochsichere Chip-Lösung und gute Verarbeitbarkeit durch neue Materialien und Materialkombinationen, welche den heutigen Sicherheitsstandards und Fertigungsstandards bei weitem Genüge tun.

2009 – Innovative Ideen für die Zukunft

Unsere Kunden erwarten auch in Zukunft, dass wir auf die Fragen von morgen mit innovativen Lösungen antworten. So stehen wir heute vor der Herausforderung, unsere Gehäuse noch dünner, aber robust zu machen – die Entwicklung dazu ist in vollem Gange. Voraussichtlich werden wir 2011 ein Modul für kontaktlose ID-Anwendungen auf den Markt bringen, das nur noch zweimal so dick ist wie ein menschliches Haar, aber Bruchwerte von ca. 3 kg erreicht.

Eine weitere Innovation, an der wir heute arbeiten, ist die Realisierung einer kontaktlosen Verbindung zwischen Modul und Antenne in der Karte (induktive Kopplung). Dabei wird die mechanische Verbindung durch eine berührungslose Verbindung ersetzt. Dies führt zu erheblicher Steigerung der Produktzuverlässigkeit im Feld und spart Kosten bei der Produktherstellung beim Endkunden.

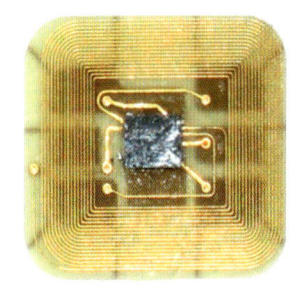

▲ Antenne auf dem Modul – realisiert als Versuchsmodul

Sägen ohne Sägestraße – unmöglich? Beim traditionellen Vereinzeln der Chips wird durch das Sägeblatt Silizium in der Sägestraße mechanisch abgetragen. Um Beschädigungen an der Chipkante zu vermeiden, ist ein „Sicherheitsabstand" zu aktiven Strukturen des Chips notwendig. Der Flächenbedarf für die Sägestraßen beträgt in Abhängigkeit der Chipgröße bis zu 15 % der gesamten Waferfläche. Die Herausforderung ist nun, durch Verschmälerung der Sägestraße die maximale Flächeneinsparung auf dem Wafer zu erreichen. Dies kann durch die Nutzung einer neuen innovativen Sägetechnologie erreicht werden. Aus diesem Grund arbeiten unsere Entwickler an der Einführung der sogenannten Stealth-Dicing-Technologie (Laser-Sägeverfahren) und -Adaption für künftige Chipgenerationen.

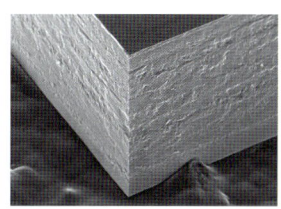

▲ Mit Stealth-Dicing-Technologie gesägter Chip

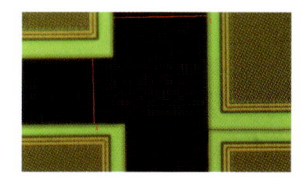

▲ Vergleich alte (links) und neue Sägestraße (rechts)

Industrialisierung in Regensburg am Beispiel des Infineon-Standorts

Von Dieter Daminger

▲ Dieter Daminger, Wirtschafts- und Finanzreferent der Stadt Regensburg

Wie eine Rakete ist Regensburg als Wirtschaftsstandort in der jüngeren Vergangenheit an die Spitze der deutschen Wirtschaftszentren aufgestiegen. Dies bescheinigen verschiedene Rankings, unter anderem das renommierte Europäische Zentrum für Wirtschaftsforschung und Strategieberatung PROGNOS im Zukunftsatlas 2007. Darin wurden alle 439 deutschen Stadt- und Landkreise auf ihre wirtschaftliche Wettbewerbsfähigkeit hin bewertet und Regensburg landete auf einem hervorragenden fünften Platz. Damit gehört die Donaustadt zu den Regionen, denen die „besten Zukunftschancen" in Deutschland eingeräumt werden. In einer weiteren Studie, die PROGNOS im Auftrag der Wirtschaftswoche durchgeführt hat, rangiert die Region Regensburg hinsichtlich ihrer technologischen Kompetenz nach München und dem Raum Darmstadt (Region Starkenburg) sogar auf Platz drei noch vor den Hightech-Standorten Karlsruhe, Stuttgart oder Köln. Mit 724 sozialversicherungspflichtig Beschäftigten je 1000 Einwohner weist Regensburg nach Wolfsburg die höchste Arbeitsplatzdichte deutscher Großstädte auf und lässt damit Erlangen und die Bankenmetropole Frankfurt am Main hinter sich.

Das war allerdings nicht immer so, führte doch Regensburg nach dem Krieg ein Schattendasein als „graue Maus" im Reigen der Großstädte. Wirtschaftlich gesehen ist die Stadt ein regelrechter Spätzünder, an dem die Industrialisierung des 19. Jahrhunderts, die das Erscheinungsbild vieler Städte und Regionen tiefgreifend verändert hat, nahezu spurlos vorübergegangen ist. Diese Besonderheit hatte auf der einen Seite Vorteile, denn die Innenstadt blieb im II. Weltkrieg weitgehend von Luftangriffen verschont und negative Begleiterscheinungen der Industrialisierung, unter anderem Umweltschäden, Altlasten oder Industriebrachen, spielen eine untergeordnete Rolle. Auf der anderen Seite entstanden dadurch spezifische Herausforderungen, wie z. B. große Sanierungsaufgaben in der Altstadt oder ein erheblicher Nachholbedarf bei der überörtlichen Verkehrsanbindung. Aufgrund der Zonenrandlage und der daraus resultierenden schlechten Infrastrukturanbindung – die Autobahn nach Süden, Richtung München, wurde erst 1986 fertig gestellt – waren Regensburg und ganz Ostbayern lange Zeit von den Zentren der wirtschaftlichen Entwicklung abgeschnitten. Regensburg hatte den Ruf einer traditionsbehafteten Verwaltungs- und Beamtenstadt. Knapp zwei Drittel der sozialversicherungspflichtig Beschäftigten arbeiteten 1982 im tertiären Sektor (63 %), im Durchschnitt aller deutschen Städte mit 100.000 bis 200.000 Einwohner hingegen nur 51 %. Bis 1985 gab es in Regensburg lediglich vier Industrieunternehmen mit mehr als je 1000 Beschäftigten.

Allerdings war die damalige Situation im produzierenden Sektor nicht ganz so düster, wie sie teilweise gemalt wird: Insbesondere kleinere und mittelgroße Unternehmen haben sich seit den 50er Jahren gut entwickelt. Ein wichtiges Standbein der städtischen Wirtschaft war die Nahrungs- und Genussmittelindustrie. Neben der Süddeutschen Zucker AG sind hier insbesondere das Brauereigewerbe und die Schnupftabakfabrik zu nennen. Aumüller und Niedermayr waren bekannte Druckereibetriebe, während Aukofer, Riepl, Klug und Tausendpfund für ein florierendes Baugewerbe Pate standen. Darüber hinaus war die Textil- und Bekleidungsindustrie (u. a. Elfi Strumpffabrik GmbH), die insbesondere viele Arbeitsplätze für Frauen bot, bedeutsam. Die größten Arbeitgeber waren aber bereits damals im Bereich Chemische Industrie (Heyden), Elektrotechnik und Maschinenbau zu finden (u. a. Siemens, Sachsenwerk, Maschinenfabrik Reinhausen). Trotzdem wiesen die wesentlich kleineren Städte Amberg und Weiden höhere Industrialisierungsgrade auf als Regensburg. Viele der in den 50er Jahren neu in Regensburg gegründeten Unternehmen verlagerten ihre Produktionsstandorte ins Ausland oder mussten schließen, wodurch ganze Industriebereiche, zum Beispiel die Textilbranche, wieder wegbrachen.

Erst mit der Errichtung der Universität Ende der 60er Jahre und der Gründung der Fachhochschule Anfang der 70er Jahre wurden entscheidende Impulse für die folgende dynamische wirtschaftliche Prosperität gesetzt. Die Ansiedlung und der Ausbau der beiden Hochschulen einschließlich des Klinikums hatten vor allem positive Effekte auf das geistige und kulturelle Klima der Stadt und bereiteten den Weg für eine beispiellose wirtschaftliche Entwicklung, die Mitte der 80er Jahre einsetzte. Voraussetzung war neben gut ausgebildeten Fachkräften auch eine leistungsfähige Verwaltung, die flexibel, schnell und kundenorientiert arbeitet.

Ein entscheidender Schritt in Regensburg ist eng mit zwei Ereignissen verknüpft, der Inbetriebnahme der Chipproduktion bei Siemens, heute Infineon, und der Ansiedlung des BMW Werks, das 1986 die Produktion aufnahm und heute knapp 10.000 Menschen beschäftigt. Diese historischen Meilensteine lösten eine Dynamik aus, die sich nicht nur in der Stadt, sondern in der ganzen Region bis heute fortgesetzt hat und ohne die die herausragende wirtschaftliche Stellung Regensburgs kaum denkbar wäre. Die Aktivitäten der Firmen Siemens und BMW haben zum Anschluss Regensburgs an den Münchner Wirtschaftsraum geführt. Neben den positiven Beschäftigungseffekten durch die Unternehmen selbst sowie durch einschlägige Zulieferbetriebe hat vor allem die Werbewirkung der beiden Global-Player das positive Image Regensburgs geprägt. Darüber hinaus haben aber auch die Effekte für Handel, Gastronomie oder den Wohnungsmarkt einen unschätzbaren Wert.

Heute sind für die Stadt und die lokale Arbeitsmarktsituation, entgegen dem allgemeinen Trend in Deutschland, die nach wie vor große Bedeutung und positive Entwicklung des produzierenden Gewerbes charakteristisch. Um auch für die Zukunft gerüstet zu sein, muss sich der Produktionsstandort aber immer mehr hin zu einem Technologiestandort wandeln. Die zunehmende Globalisierung rückt eine internationale Standortvermarktungs- und Unternehmensansiedlungsstrategie immer stärker in den Fokus. Regensburg muss sich gegenüber anderen internationalen Standorten bei der Ansiedlung nationaler und internationaler Unternehmen behaupten. Voraussetzung hierfür ist das produktive Miteinander von erstklassigen Forschungseinrichtungen und finanzstarken Hightech-Unternehmen wie Infineon. Diese können den idealen Nährboden für weiteres kräftiges Wachstum und verstärkte Innovationen bilden.

Auch der Blick in die Zukunft Regensburgs stimmt optimistisch: Prognosen des Bundesamtes für Bauwesen und Raumordnung und einer Reihe renommierter Wirtschaftsforschungsinstitute gehen davon aus, dass die Region Regensburg auch weiterhin zu den wachstumsstärksten Regionen im Bundesgebiet zählen wird. Damit diese Prognosen Wirklichkeit werden, müssen allerdings alle Verantwortlichen aus Politik, Verwaltung, Wissenschaft und Wirtschaft ihre Kräfte bündeln und weiterhin gemeinsam Hand in Hand den Weg Regensburgs in eine erfolgreiche Zukunft beschreiten.

Dr. Stefan Gallus
Vom Chemie-Studium in Regensburg wusste ich, dass die Oberpfalz-Metropole hohe Lebensqualität bietet. 1998 hat mich Siemens jedoch zunächst in München gebraucht, 2001 konnte ich in die Einzelprozesstechnik wechseln und bin sehr herzlich aufgenommen worden. Mit den engagierten Kollegen wird es auch zukünftig möglich sein, Ideen und Innovationen erfolgreich zu vermarkten und wegweisende Impulse für alle Infineon-Standorte zu setzen!

Das Siemens-Werk West im Jahr 1971

▲ Der Standort im Jahr 2003

▶ Netz der Infineon Forschungs- und Entwicklungs-Standorte in Europa

- Aalborg
- Riga
- Bristol
- Warstein
- Dresden
- Duisburg
- Nürnberg
- Augsburg
- Linz
- Ulm
- **Regensburg**
- München, Neubiberg
- Sophia Antipolis
- Graz
- Padua
- Villach
- Bukarest

50 Jahre Standort Regensburg

Von Dr. Reinhard Ploss

Kaum eine Industrie ist so dynamisch wie die Halbleiter-Branche: alle zwei bis drei Jahre eine neue Technologie, immer an der Grenze des Machbaren. Da sind 50 Jahre für einen Standort eine lange Zeit. Eine Zeit mit viel Auf und Ab, gekennzeichnet durch ein stetes Kommen und Gehen von Aufgaben und der damit einhergehenden bemerkenswerten Anpassungsfähigkeit.

Wo stehen wir heute? 50 Jahre nach der Gründung nutzen wir im Alltag selbstverständlich Hightech-Produkte. Dabei ist uns nicht bewusst, dass oft Halbleiter aus Regensburg diese möglich machen: Sensoren für ABS, Airbag, Motorsteuerung im Auto, RF-Chips für Mobiltelefone oder neueste Sicherheitstechnik im elektronischen Reisepass. Zur Zeit der Kondensatoren und wahrscheinlich noch lange danach wäre das wohl Stoff für Science-Fiction-Filme gewesen.

Jahre der Veränderung liegen hinter und sicher auch noch vor uns und dem Standort Regensburg. Siemens und später Infineon haben immer wieder in neue Technologien am Standort investiert. Durch unternehmerisches Denken, Eigenverantwortung und den Willen zum Erfolg hat Regensburg viel zum Erfolg dieser Projekte beigetragen. Der nächste Wandel steht an. Die Zeit der Hochvolumenfertigung ist wohl vorüber, die Zukunft von Regensburg liegt immer mehr darin, Ideen zu entwickeln und umzusetzen. Mit der InnovationFab-Initiative, der engen Zusammenarbeit mit den Divisions und dem steten Ringen um Produktivität wird der Standort Regensburg erfolgreich seine Zukunft gestalten und zum Erfolg von Infineon in den Zukunftstrends Energieeffizienz, Sicherheit und Kommunikation beitragen.

Und so bin ich mir sicher, dass wir noch viele Gelegenheiten haben werden, die Erfolge von Regensburg gebührend zu würdigen.

◀ Dr. Reinhard Ploss, Vorstand Infineon Technologies AG

Autoren und Bildnachweis

Ohne die Mithilfe und Unterstützung zahlreicher Personen hätte es dieses Buch nicht gegeben. Dank gebührt deshalb Dr. Hans-Ludwig Althaus (ehem. Entwicklung Fiberoptik-Komponenten, Infineon Regensburg), Erika Bauer (Infineon Personalabteilung), Gottfried Beer (Infineon Entwicklung), Josef Bezold (Schulleiter Berufliches Schulzentrum Matthäus Runtinger), Dr. Walter Böld (ehem. Entwicklung Kondensatoren, Siemens Regensburg), Dieter Daminger (Wirtschafts- und Finanzreferent Stadt Regensburg), Dr. Georg Draeger (Infineon Entwicklung), Oskar Duchardt (ehem. Fertigungsleiter Backend Siemens Regensburg), Prof. Dr. Josef Eckstein (Präsident Hochschule Regensburg), Georg Forster (Infineon Unternehmenskommunikation), Alois Grabsch (Infineon Umwelt und Arbeitssicherheit), Heinz Gräber (ehem. Hauptabteilung Bauten und Anlagen, Siemens AG), Erhard Graf (Infineon Personalabteilung), Christian Hagen (ehem. Standortleiter Infineon Regensburg), Iran Hauser (Infineon Personalabteilung), Lodevicus Hermans (Reinraum-Experte bei Infineon), Reinhard Hess (Infineon Entwicklung), Christian Hoferer (Leitung Siemens Berufsbildung Regensburg), Prof. Hanns Georg Hofhansel (ehem. Fachhochschule Regensburg, Allgemeinwissenschaften/Mikrosystemtechnik), Prof. Dr. Helmut Hummel (Hochschule Regensburg, Fakultät Allgemeinwissenschaften/Mikrosystemtechnik), Walter E. Hupf (ehem. Fertigungsleiter Frontend Siemens Regensburg), Hartmut Keßler (ehem. Entwicklung Kondensatoren, Siemens Regensburg), Günter Kirchberger (ehem. Leitung Siemens Berufsbildung Regensburg), Karl-Heinz Kirchberger (Schulleiter Berufliche Oberschule Regensburg), Stephan Kolibius (Infineon Personalabteilung), Toni Lautenschläger (Amt für Wirtschaftsförderung Regensburg), Prof. Dr. Alfred Lechner (Hochschule Regensburg, Fakultät Allgemeinwissenschaften/Mikrosystemtechnik), Katharina Lenz (Deutsche Technoplast GmbH Wörth/Donau), Johann Luft (ehem. Entwicklung Laserdioden, Osram OS Regensburg), Dr. Gunther Mackh (Infineon Entwicklung), Karl-Heinz Matz (Leitung Siemens Berufsbildung, Regensburg Siemensstraße), Artur Meller (Infineon, Yip), Thorsten Meyer (Infineon Entwicklung), Walter Meyer (ehem. 1. Bevollmächtigter der IG Metall OPf.), Josef Mühlbauer (Vorstandsvorsitzender Mühlbauer AG Roding), Dr. Rüdiger Müller (Vorsitzender der Geschäftsführung Osram OS), Klaus Obermeier (ehem. Fertigungsleiter Backend, Siemens Regensburg, und Werkleiter Siemens Malacca), Dr. Leonhard Ochs (ehem. Werkstofftechnik, Siemens Regensburg), Christian Paulwitz (Epcos Regensburg), Dr. Klaus Panzer (ehem. Entwicklung Fiberoptik-Komponenten, Infineon Regensburg), Dr. Reinhard Ploss (Infineon Vorstand), Jürgen Pütz (ehem. Entwicklung Kondensatoren, Siemens Regensburg), Bernd Römer (Infineon Entwicklung), Eberhard Ristig (ehem. EMV-Labor, Epcos Regensburg), Gottfried Schmid (Infineon IT), Gerd Schmidt (Infineon Gesamtbetriebsrat), Sabine Schmitt (Berufliche Oberschule Regensburg), Dr. Werner Späth (ehem. Entwicklungsleiter Optohalbleiter), Peter Stampka (Infineon Chipkarten-Marketing), Dr. Norbert Stath (ehem. Entwicklung III-V-Halbleitertechnologie, Osram OS Regensburg), Dr. Michael Stein (Infineon Arbeitsmedizin), Dr. Günter Stöberl (ehem. Leiter des Planungs- und Baureferats Stadt Regensburg), Klaus Streer (ehem. Leitung Siemens Ausbildungszentrum Regensburg West), Prof. Dr. Thomas Strothotte (Rektor der Universität Regensburg), Bernd Waidhas (Infineon Entwicklung), Markus Werst (Infineon, Assistent des Vorstands), Theo Wiendl (ehem. Vorsitzender Siemens Meistervereinigung), Prof. Dr. Ernst Wild (Hochschule Regensburg, Fakultät Allgemeinwissenschaften/Mikrosystemtechnik), Wolfgang Winkler (Infineon Chipkarten-Marketing), Günter Wittstock (ehem. Betriebsratsvorsitzender Siemens Regensburg), Barbara Zierer (Infineon Unternehmenskommu-nikation), Angelika Zirngibl (Geschäftsführung Jakob Zirngibl Haustechnik GmbH).

Bildnachweis (die Ziffern beziehen sich auf Seitenzahlen)
altro – die fotoagentur Rgbg.: 14/15; Deutsche Technoplast Wörth: 107 beide; Epcos Mannheim: 48, 50; Haase, Hans-Jürgen: 47 li; Hochschule f. angew. Wissensch. Rgbg.: 139, 141 li; Infineon Technologies Rgbg. (Archiv): 31, 53 re, 64, 97, 103 re, 108, 109, 110, 116, 118, 119, 121, 122, 124, 135, 137 beide, 138, 144, 147, 148, 149 mi, 149 u., 151 u., 153 beide, 154, 155 li, 159, 160, 165, 166, 167; Infineon Technologies Rgbg. (Hanke, Stefan): Einband re, 17, 95 beide, 104, 114, 125, 126, 129, 130, 132, 133 li; Mittelbayerische Zeitung Rgbg.: 90, 91 beide, 99 li; Nicklas, Peter: 105; Osram Opto Semiconductors Rgbg. (Archiv): 68, 69, 72, 74, 77 li, 79, 80 beide, 82, 83 li; Privatfotos: 11, 13, 19, 33 beide, 41, 45, 47 re, 49, 51, 57, 63 re, 65, 71, 73, 77 re, 81 re, 83 re, 84, 86, 87, 89, 99 re, 101 re, 111 re, 117, 123 re, 131, 133 re, 140, 141 re, 145, 149 re, 155 re, 163; Siemens Rgbg. (Archiv): 8, 10, 12, 18, 30, 34, 35 beide, 38, 40, 43 beide, 44 beide, 52 beide, 53 re, 56, 58 beide, 61, 62, 63 li, 66, 81 li, 92 alle, 94 alle, 102, 103 li, 113, 134, 164; Siemens Rgbg. (Berger, Ernst): Einband li, 37, 42, 60, 93 alle; Siemens Rgbg. (Hanitzsch, Dieter): 59; Siemens Rgbg. (Kugemann, Walter R.): 36; Siemens, Rgbg. (Wolf, Lorenz): 54; Siemens SPE: 20 beide, 21 alle; 22 alle, 23 alle, 24 beide, 25 alle, 26 beide, 27 alle, 28 beide, 29 alle; Stadt Regensburg: 162; Universität Regensburg: 142; Universität Regensburg (Dietze, Rudolf): 143 beide; Zirngibl Regensburg: 101 li Allen Bildleihgebern herzlichen Dank!

Hinweis:
Der Einfachheit halber werden in diesem Buch Begriffe wie *Mitarbeiter, Student, Ingenieur* u. ä. als Sammelbegriffe verwendet; auf die weibliche Endung wird in Singular und Plural verzichtet.